푼돈목돈 재테크
금융상품 & 앱 Top3

1 | 점심도시락 싸기 전용 적금통장 Top3 (57쪽 참고)

**카카오뱅크
저금통**

**신한
한달愛저금통**

**케이뱅크
코드K 자유적금**

make
money

Kbank

2 | 통신 할인혜택 좋은 체크카드 Top3 (132쪽 참고)

**KB국민
LG U+ 체크카드**

**KT 신한카드
체크**

우리 오하 CHECK

3 | 주유 할인혜택 좋은 체크카드 Top3 (155쪽 참고)

**KB국민
스타체크카드**

**GS칼텍스 신한
경차사랑체크카드**

**KB국민
민체크카드**

4 | 대중교통 할인혜택 좋은 체크카드 Top3 (163쪽 참고)

**광역알뜰교통
신한카드 S20
(체크)**

**우리카드
광역알뜰교통카드
(COOKIE CHECK)**

**하나카드
광역알뜰교통카드
(체크)**

5 | 앱테크 리워드앱 Top3(179쪽 참고)

캐시슬라이드

엠브레인

해피포인트

6 | 중고물품 팔기 전용 중고거래앱 Top3(221쪽 참고)

당근마켓

번개장터

중고나라

7 | 돈 모으기 전용 고금리 적금통장 Top3(251쪽 참고)

카카오뱅크 자유적금

카카오뱅크 26주 적금

토스뱅크 키워봐요 적금

8 | 금 모으기 전용 금테크 적금통장 Top3(288쪽 참고)

신한 알·쏠 적금

우리 WON 적금

신한 스마트적금

9 | 외화거래 전용 환테크 외화통장 Top3(303쪽 참고)

신한 외화체인지업예금

KB국민 외화보통예금

하나 밀리언달러 통장

맘마미아 푼돈목돈 재테크 실천법

초판 1쇄 발행 2016년 9월 5일
개정판 1쇄 발행 2020년 11월 6일
개정판 3쇄 발행 2024년 4월 1일

지은이 맘마미아
발행인 강혜진
발행처 진서원
등록 제2012-000384호 2012년 12월 4일
주소 (04021) 서울 마포구 동교로 44-3 진서원빌딩 3층
대표전화 (02)3143-6353 | 팩스 (02)3143-6354
홈페이지 www.jinswon.co.kr | 이메일 service@jinswon.co.kr

책임편집 · 이재인 | 편집진행 · 임지영 | 기획편집부 · 한주원, 김유진 | 표지 및 내지 디자인 · 디박스
일러스트 · 최윤라 | 종이 · 다올페이퍼 | 인쇄 · 보광문화사 | 마케팅 · 강성우

ISBN 979-11-86647-51-6 13320
진서원 도서번호 20002
값 15,000원

독자 A/S - 재인쇄 수정 내용 확인하는 법
재인쇄시 바뀌는 정보(금융상품, 금리변동, 연말정산 등)를 온라인으로 제공하고 있습니다. 독자 여러분 참고 바랍
니다. '월급쟁이 재테크 연구' 카페(cafe.naver.com/onepieceholicplus) → 월재연 필독서 → 필독서 집필 &
개정 내용 게시판에서 확인

Special Thanks To

"푼돈이 목돈 된다!"

**하루 한 번 말하기에 참여한
100만 회원 여러분께 감사드립니다.**

★ ★ ★ ★ ★

부자의 기본기는 '푼돈'을 모으는 것입니다.
쥐꼬리만 한 수입, 무섭게 오르는 물가! 저축하기 참 힘들지요.
그래서 "푼돈이 목돈 된다!" 함께 외치기 시작했습니다.

긍정적인 말은 긍정적인 생각을 낳고,
뇌의 구조를 바꿔서 습관과 행동을 바꿉니다.
결과적으로 재테크뿐만 아니라
삶까지 바뀌는 놀라운 말의 힘을 경험했습니다.

이 책은 여러분과 함께 만든 책입니다.
푼돈이 목돈 되는 경험을 나누고자
아낌없이 공유해주신 카페 회원 여러분께 진심으로 감사드립니다!

띠아나님, 댄싱퀸님, 풀잎먹는깨미님, samsara님, 오늘내일맑음님, 똥이땡이맘님, 부부우자님,
지눙님, 다공공1223님, 재밌멍님, klovep님, 쏘난님, hhs님, 블랙홀님, 국이님, 해피리더님,
혜경낭님, 민트쟁이님, 단짱님, 현정1님, 은느님, 영and리치님, 러빙이맘님, 프로N잡러Min님,
norway님, 그때정신차릴걸님, LEE여사님, eve0708님, 월재테크조아님, 네콩이님, 에스님, kmk9759님,
행복한미래님, 진샘님, 쪼알콩님, 투생님, 설춘환 교수님, 엠찌님,
규잉 kyuing님, 리뼈님, 악어펭귄님, 자기야님, 헬로마녀님, 나는루비(RUBY)님

머
리
말

자기 자랑 대회에 나갈 재테크 책은 이제 그만!

매년 수많은 재테크 책이 쏟아진다. 하지만 안타깝게도 알맹이는 쏘옥 빼버린 채 자기 자랑만 늘어
놓은 책이 많다. 이런 재테크 책은 아무리 읽어봐야 결국 남는 게 없다. 그냥 부럽다는 생각만 들게
한다. "나도 성공하고 싶은데 어떻게 따라하면 되지?"라는 물음을
던졌을 때 구체적인 답을 속시원하게 찾기란 더욱 어렵다.
대다수 사람들에게 필요한 것은 내 현실과 동떨어진 재테크 책이 아
니다. 삶 속에서 구체적으로 실천할 수 있게끔 친절하게 안내해주는
재테크 책이 필요하지 않을까?

푼돈의 위력을 알면 부자 될 확률 100%!

그렇다고 재테크 책을 통해 한 방에 엄청난 목돈을 만들 수 있는 방법만 찾아서는 안 될 것이다. 가
끔 목돈을 한 방에 만든 사람들의 이야기를 듣는다. 하지만 우리 주변에서 쉽게 찾기는 힘들고, 그런
사람들의 이야기에 알찬 내실이 있지도 않다.
유사 이래 변하지 않는 부자의 길은 푼돈을 꾸준히 쌓아야 목돈을 만들 수 있다는 것이다. 이 길만이
우리를 부자로 만들어줄 수 있는 가장 확실한 방법이다. 그렇다면 푼돈을 어떻게 모을 것인가? 무엇
보다 지출을 줄이고 수입을 늘리는 게 우선이다. 이렇게 모은 푼돈은 마치 공돈과도 같다. 이 돈을
차곡차곡 모으면 '월 100만원' 이상의 공돈을 거머쥘 수 있다. 그리고 이런 공돈을 저축과 투자를 통
해 효율적으로 굴려서 목돈으로 불려나가는 것이 부자가 되는 핵심적인 방법이다.

왕초보도 할 수 있다, 푼돈 모아 월 100만원 만들기 프로젝트!

이 책은 '월급쟁이 재테크 연구' 카페에서 왕초보 회원들을 대상으로 진행 중인 "푼돈이 목돈 된다!"
하루 한 번 외치기 미션에서부터 시작되었다. 매일 사람들 앞에서 자신의 결심을 외치는 순간 각오와
결심이 새롭게 다져진다. 말로 그치지 않고 실천에 옮긴 회원들로부터 다양한 성공사례가 올라왔다.

이 책에 나오는 실천법은 회원들의 사례를 토대로 현실에 적용할 수 있게끔 정리한 것이다. 최대한 알기 쉽게 '월 100만원' 이상의 공돈을 만들어 목돈으로 불려나갈 수 있도록 다양한 실천법과 성공사례로 풀었다. 재테크 왕초보라도 지금 당장 실천하기만 하면 생활을 능동적으로 이끌어갈 수 있다는 자부심과 함께 비로소 부자의 길에 들어설 수 있을 것이다.

학생, 주부, 군인, 직장인… 모두가 볼 수 있는 책!

아울러 이 책은 《맘마미아 월급 재테크 실천법》의 연장선상에 있는 책이다. 《맘마미아 월급 재테크 실천법》이 재테크 분야별(예적금, 청약, 펀드, 주식, 부동산경매, 보험, 연말정산 등) 알짜정보를 담은 책이라면 이 책은 월급쟁이 외에 다양한 사람들도 재테크에 대한 답을 찾을 수 있도록 구성했다. 《맘마미아 월급 재테크 실천법》을 읽고 실천 중인 사람도 이 책을 함께 읽고 추가로 실천하면 상당한 시너지 효과를 얻을 수 있을 거라고 믿는다.

행운을 좇을 것인가, 행복을 좇을 것인가?

누구나 한 번쯤 찾아봤을 네잎 클로버의 꽃말은 '행운'이다. 반면 아무도 거들떠보지 않는 세잎 클로버의 꽃말이 '행복'이라는 사실을 알고 있는가? 네잎 클로버를 찾기 위해 행복의 상징인 세잎 클로버를 짓밟으면서 행운만을 좇고 있었던 것은 아닌지 스스로 되돌아보길 바란다.

한 방에 엄청난 목돈을 만들기를 바라는 것은 행운만을 좇는 꼴이다. 행운은 찾아오기도 어려울뿐더러 설령 찾아온다 하더라도 오래가지 못한다. '푼돈은 아끼고 모아봐야 푼돈일 뿐'이라는 생각에 푼돈을 세잎 클로버처럼 하찮게 여겨서는 안 된다. '푼돈이 목돈 된다!'는 진리를 진실하게 깨닫고 푼돈을 꾸준히 목돈으로 불려나간다면 세잎 클로버의 꽃말처럼 자연스럽게 행복도 함께 찾아와서 진정 행복한 부자가 될 수 있을 것이다.

한 명이라도 희망을 얻어갈 수 있다면!

마지막으로, 직장 일! 카페 운영! 그리고 집필까지! 하루 24시간이 턱없이 부족했다. 가족과 보내는 시간은 양보할 수 없기에 결국 쪽잠을 자면서 집필했다. 어쩌면 인생은 하나를 내줘야만 하나를 얻을 수 있는 등가교환의 법칙이 성립하는 것은 아닐까? 비록 이 책을 집필하느라 잠자는 시간을 내줬지만, 이 책을 통해 단 한 명이라도 소중한 희망을 얻어가길 진심으로 바란다. 이른 새벽 조용히 커피잔을 내밀어주던 아내에게 사랑한다는 말을 전하며, 이 책이 나오기까지 애써주신 진서원출판사 이재인 편집자님께도 고마움을 전한다. 또한 항상 아낌없는 응원과 격려를 해준 '월급쟁이 재테크 연구' 카페 회원 분들께도 감사의 말씀을 올린다.

맘마미아

푼돈이 목돈 된다!

100만 회원 인증!
푼돈목돈 재테크 실천법 5단계!

1
월 100만원 모으는 푼돈목돈 기본기

☐ 나와 주변인 사랑하기
☐ 250원의 행복 실천
☐ 월 100만원 모으기 4단계 개념도
⋮

2
월 30만원 SAVE! 생활비 다이어트

☐ 점심 도시락과 냉파로 식비 줄이기
☐ 야식은 NO! 식비는 SAVE!
☐ 통장첩 살림법
⋮

보너스 ## 푼돈목돈 **부자 6인**의 재테크 **노하우** 대공개!

취업 6개월 후 1,000만원 달성!

취준생 짠테크부터 사회초년생으로 1,000만원 모으기까지!

'규잉kyuing'님

푼돈 모아 1,500만원!

푼돈을 모으고 아끼고 만들었더니 목돈이 되었다!

'리삐'님

2년 만에 5,000만원 상환!

외벌이에 아이 하나, 육아+재테크 하며 대출금 상환하기!

'악어펭귄'님

3

월 20만원 SAVE!
새는 돈
틀어막기

- □ 공과금 줄이는 꿀팁
- □ 알면 아끼는 통신비
- □ 보험 리모델링
- □ 대중교통비 아끼기

⋮

4

월 30만원 UP!
부업으로
제 2의 월급 만들기

- □ 스마트폰 앱테크
- □ 블로그 애드포스트
- □ 제휴마케팅 활용하기
- □ 중고물품 팔아 돈 벌기

⋮

5

월 20만원 UP!
저축·투자로
돈 굴리기

- □ 고금리 예적금통장
- □ 채권투자하기
- □ 세관공매 수익내기
- □ 배당주 풍차돌리기

⋮

결혼 8개월 만에
내집마련 성공!

전월세로 시작했지만
분당 '내집마련'
목표달성 성공!

'자기야'님

원룸에서
신축아파트로!

원룸에서 시작한
신혼생활, 현재는
신축아파트 입성!

'헬로마녀'님

-1,200만원, 지금은
평창동 사모님!

여유 OK! 사치 NO!
-1,200만원에서
평창동 삶까지!

'나는루비(RUBY)'님

목 차

셋째 마당

월 100만원 모으기 | 3
월 30만원 부수입 벌기

170

TIP

준비 마당

돈과 행복이 저절로!
푼돈목돈
재테크 도전하자

01 돈돈거리면 행복이 달아난다

행복 vs 돈, 나의 최우선순위는?

재테크란 재무 테크놀로지(Financial Technology)의 줄임말로, 돈을 모으는 기술을 말한다. 많은 사람들이 재테크를 해서 보다 많은 돈을 모으기를 원한다. 하지만 재테크의 최종 목표를 오로지 돈으로만 규정하는 것은 바람직하지 않다. 돈을 좇아서 재테크를 하다 보면 결국 돈돈거리며 살 수밖에 없기 때문이다.

물론 돈돈거리며 사는 것이 나쁜 것만은 아니다. 열심히 알뜰하게 살고 있다는 반증일 수도 있다. 하지만 인생에서 돈보다 더 중요한 것이 행복 아닐까? 재테크도 돈이 아닌 행복의 관점에서 바라볼 필요가 있다.

다음 체크리스트 항목 중 5~7개 이상에 'Yes'라고 답했다면 너무 돈돈거리며 사는 것이다. 이제는 그런 마음을 조금만 내려놓길 바란다. 시작이 힘들 뿐, 일단 내려놓으면 나와 주변사람들을 돌아볼 수 있는 여유가 생길 것이다. 그리고 재테크의 최종 목표를 돈이 아니라 행복으로 규정해보길 바란다.

| 행복 재테크 체크리스트 |

No.	체크리스트	Yes	No
1	남편에게 "옆집처럼 돈 좀 잘 벌어다 줘봐!" 하고 투정을 부린 적이 있는가?	☐	☐
2	"난 왜 이렇게 아등바등하며 살까?" 하며 서러움이 밀려온 적이 있는가?	☐	☐
3	여행하면서 "이 돈이면 일주일 치 식비인데……" 하고 후회해본 적이 있는가?	☐	☐
4	로또를 일주일에 3~4번 이상 사는가?	☐	☐
5	식당에서 무조건 싼 음식만 주문하는 아내나 남편 때문에 부부싸움을 한 적이 있는가?	☐	☐
6	아이들이 놀이공원을 너무나 가고 싶어 하는데 돈 때문에 가지 않은 적이 있는가?	☐	☐
7	고수익을 보장해준다는 광고를 보고 연락해봐야겠다고 생각한 적이 있는가?	☐	☐
8	커피값, 밥값이 부담스러워 오랜만에 만난 친구와의 식사 자리를 피한 적이 있는가?	☐	☐
9	'나도 돈벼락 한번 맞아봤으면 좋겠다'라는 생각을 자주 하는가?	☐	☐

재테크는 과정이 중요! 수익만 좇다가 행복을 놓칠라

재테크는 결과도 중요하지만 과정이 더 중요하다. 돈돈거리면 과정보다는 결과에만 집착하게 된다. 악착같이 돈을 아꼈는데 고작 푼돈만 모았다면 당장 자괴감이 찾아올 수 있다.

또한 돈에 욕심을 부리면 일확천금이나 고수익에 눈이 멀어 많은 돈을 벌 수 있는 방법만 찾게 된다. 섣불리 위험한 투자를 결정하거나 사기꾼들의 말에 현혹되기 십상이다. 결국 힘들게 모아둔 피 같은 돈을 허무하게 날려먹고 땅을 치며 후회할 수도 있다. 무엇보다 "돈 없다, 돈 아껴야 한다……" 등 온통 돈 생각뿐이라면 점점 행복한 삶과는 거리가 멀어질 것이다.

하지만 돈이 아닌 행복을 좇아서 재테크를 하다보면 결과뿐만 아니라 과정도 중요하게 여기게 된다. 비록 푼돈일지라도 그 돈을 모은 시간이 소중하게 여겨지고, 부정적인 마음가짐(서러움, 자괴감 등)을 긍정적인 마음가짐(뿌듯함, 자부심 등)으로 바꿀 수 있는 힘이 생긴다.

또한 허황된 환상에 사로잡히지 않고 기본에 충실한 재테크를 지속 가능하게 안정적으로 하게 되며, '무조건 돈을 안 써야겠다'라는 생각보다는 '돈을 쓸 때는 합리적으로 쓰자'라는 생각을 하게 된다.

"일이 잘되니까 행복한 것인지, 행복한 생각 덕에 일이 잘되는 것인지……. 글쎄요, 생각해보니까 저는 후자입니다!"

오랜 무명시절 끝에 국민 MC로 우뚝 선 개그맨 유재석이 한 말이다.

행복하다고 자꾸만 되뇌다보니 자연스럽게 일이 잘되어서 성공한 것이다.

재테크도 똑같다. 재테크를 행복의 관점에서 바라보면 정말 신기하게도 자연스럽게 돈이 따라오면서 성공할 수 있다. "어떻게 더 많은 돈을 벌 수 있을까?"가 아닌 "어떻게 더 행복하게 돈을 벌 수 있을까?"를 고민해야 한다. 물론 돈돈거리며 살고 싶은 사람은 없을 것이다. 돈돈거리면 돈을 조금 더 벌 수 있을지는 모른다. 하지만 정작 돈보다 더 소중한 행복을 잃고 살게 될 수도 있다는 사실을 잊어서는 안 된다.

만약 "넌 왜 그렇게 돈돈거리며 사니?" 이런 말을 들어서 마음에 상처를 받았다면 평생을 이런 상처로 아파하면서 살지는 말자. 이제부터라도 재테크를 통해 돈 버는 방법만 배우는 것이 아니라 행복하게 살 수 있는 방법도 함께 배워보길 바란다. 분명 마음의 상처를 따뜻하게 끌어안고 행복한 부자가 되기 위한 첫걸음을 내딛을 수 있을 것이다.

02 누구나 할 수 있다, 나와 주변인들을 사랑하는 일!

행복은 나눠야 얻는 법!

《인투 더 와일드(Into the Wild)》라는, 실화를 바탕으로 한 영화가 있다. 개인적으로 감명 깊게 본 터라 기억에 남는다.

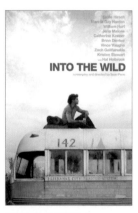

우수한 성적으로 대학을 졸업한 주인공 크리스토퍼는 장밋빛 미래가 보장된 청년이었다. 그런데 어느 날 갑자기 가족과 연락을 끊고는 자기만의 행복을 찾기 위해 자연으로 여행을 떠난다. 히피족, 농부, 집시 등 여러 사람들을 만나 정신적인 교감을 나

영화 《인투 더 와일드》

누면서 산, 계곡, 바다로 여행을 계속하다가, 안타깝게도 그만 독이 있는 야생초를 먹고 버려진 버스 안에서 죽음을 맞이한다.

어린 시절 부모님의 불화로 마음속에 상처와 원망을 갖고 있었던 크리스토퍼! 그는 가족이 없어도 자기만의 행복이 존재할 것이라고 믿었지만 죽기 직전에야 자신의 행복은 가족 곁에 존재한다는 사실을 깨닫게 된다. 비로소 부모님을 용서하고, 사랑한 기억을 떠올리며 마지막 일기에 다음과 같은 글을 남긴다.

"Happiness is only real when shared."
(행복은 나눌 때만 진정한 가치가 있다.)

행복이란 무엇일까? 행복의 사전적인 의미는 '삶 속에서 충분한 만족과 기쁨을 느껴 흐뭇한 상태'이다. 그럼 행복하기 위해 필요한 것은 무엇일까? 돈이라고 답할 수도 있다. 그런데 과연 돈만 많다고 진정으로 행복할까? 돈이 없어도 얼마든지 행복할 수 있다는 말을 하려는 것은 아니다. 최소한의 생활(의식주)을 해결할 정도의 적당한 돈은 행복한 삶을 위해서 반드시 필요하다.

하지만 행복하기 위해 돈보다 더욱 필요한 것은 크리스토퍼가 죽음 앞에서 깨달은 것처럼 바로 사랑이 아닐까? 진정한 행복은 그것을 함께 나눌 주변인들부터 사랑해야만 비로소 찾아오는 게 아닐까?

누구와 행복을 나누고 싶은가?

예전에 MBC 추석 특집 프로그램인 《위대한 유산》을 본 적이 있다.

"건강검진을 받았는데 가상으로 시한부 판정이 내려졌다면 남은 시간을 누구와 함께 보내고 싶은가?"에 대해 김태원(부활의 리더)은 이렇게 이야기했다.

의사 : 건강검진 결과로만 보면 많이 잡아봐야 앞으로 6개월?

김태원 : 허허, 이건 또 무슨 소리인가요……. 앞으로 6개월밖에 못 산다고요?

의사 : 당신에게 남은 인생은 약 34년, 잠자는 시간은 14년 2개월, 일하는 시간은 7년 1개월, 취미생활이나 혼자 있는 시간은 5년 2개월……. 당신 인생에서 이런 시간들을 빼면 당신에게 남은 '가족과 함께할 시간'은 6개월입니다.

김태원 : 이 얘기를 듣는 순간, 지금 이 순간 부활한 듯한 느낌이 듭니다. 제 아들 우현이는 애착 장애가 있는 자폐아입니다. 아들에게 다가갈 용기가 없었던 아버지……. 이제는 그 시간을 갖고 싶습니다. 가족과 함께할 남은 시간 6개월 동안 나는 아들과 보통의 일상을 보내고 싶습니다.

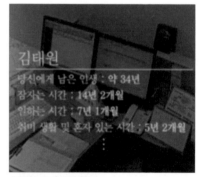

《위대한 유산》의 한 장면

사랑하는 사람들과 함께할 시간 계산해보기

과연 나에게 남은 '사랑하는 사람들과 함께할 시간'은 몇 개월일까?
다음의 표를 참고해서 한번 계산해보길 바란다.

| 당신에게 남은 사랑하는 사람들과 함께할 시간 |

구분	첫 번째 질문	나이
①	내 나이는?	
구분	두 번째 질문	시간
	일하는 시간은?	
	스마트폰을 하는 시간은?	
	컴퓨터를 하는 시간은?	
하루 평균	TV를 보는 시간은?	
	취미생활, 자기계발로 보내는 시간은?	
	혼자 있는 시간은?	
	잠자는 시간은?	
②	합계	
구분	최종 결과	개월
③	나에게 남은 '사랑하는 사람과 함께할 시간'은?	

※ 계산식 ③ = [(24 − ②) × 365 × (80 − ①)] ÷ 730
※ 평균수명 80살 기준

계산을 해본 결과 '사랑하는 사람들과 함께할 시간'이 얼마 남지 않았다면 최소한 그 시간만이라도 주변인들을 사랑하면서 보내도록 해보자.

사랑을 하는 일은 절대 어렵지 않다. 따뜻한 말 한마디와 행동 하나만으로도 충분하다. 조금만 더 주변인들과 시간을 보내고 조금만 더 사람들을 배려해보자. 또한 주변인들뿐만 아니라 나도 사랑해야 한다. 스스로를 히키코모리*로 만들거나 자기비하와 패배의식에 빠져 있어서는 안 된다.

나를 사랑하는 가장 손쉬운 방법은 잠자리에 들기 전에 내 이름을 부르면서 "고생 많았어, 힘내!" 하고 스스로 응원해주는 것이다. 물론 주변 사람들로부터 응원을 받으면 자존감이 생겨서 더욱 나를 사랑할 수 있다. 그렇다고 사람들에게 나를 응원해달라고 닦달하지는 말자. 내가 먼저 그들을 사랑하면, 사랑을 받은 사람들이 자연스럽게 나를 응원해줄 것이다.

진정한 행복은 나와 주변인들을 함께 사랑할 때 찾아온다. 재테크의 최종 목표도 행복이다. 따라서 행복이 무너지면 재테크도 무너지기 마련이다. 돈이 아닌 행복을 좇는 재테크에 성공하기 위해서는 나와 주변인들을 사랑하는 일이 우선이어야 한다는 사실을 절대 잊지 말자.

★　**히키코모리** : 일본어 '히키코모루(틀어박히다)'의 명사형으로, 사회에 적응하지 못해 집에만 틀어박혀 사는 은둔형 외톨이를 말한다.

지금 당장 실천!
250원짜리 푼돈의 행복

누군가를 사랑하는 일, 마음보다 표현이 중요!

　나와 주변인들을 사랑하는 일!
과연 삶 속에서 어떻게 실천해야
할까? 먼저 필자의 이야기를 해볼
까 한다. 평소와 다름없이 출근하
려고 하는데 아내가 무언가를 건
네주었다. 바로 막대사탕이었다.

아내가 건네준 막대사탕

웬 사탕이지? 그런데 자세히 보니까 사탕 막대기에 포스트잇이 말려
있었다. 아내가 정성스럽게 쓴 손 편지였다. 비록 짧은 내용이었지만
그날의 행복은 절대 짧지 않았다. 손 편지를 읽고 흐뭇한 미소가 얼굴
에서 떠나지 않았고, 하루 종일 정말 신나게 일했다.

막대사탕 1개의 가격은 250원이다. 겨우 250원짜리 막대사탕에도 사랑이 담기면 이런 행복을 느끼게 해주는구나! 역시 행복은 평범한 일상의 소소한 것들로부터 찾아오며, 이것이 재테크에도 긍정적인 변화를 이끌어낸다는 사실을 다시 한 번 깨달았다.

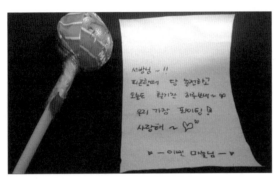
행복은 막대사탕을 타고~ 재테크는 행복을 타고~

가정의 행복은 최고의 재테크!

물론 "가정의 행복이 재테크에 무슨 긍정적인 변화를 이끌어내나요?" 이렇게 반문하는 분도 있을 것이다. '안에서 새는 바가지 밖에서도 샌다'라는 말이 있다. 가정의 행복이 무너지면 직장생활이 제대로 될 리가 없다. 부모님, 남편, 아내, 연인 등과 싸우고 출근하면 직장에서 일도 손에 안 잡히고 괜히 짜증만 나던 경험이 다들 있을 것이다.

가정에 행복이 넘치면 직장생활에도 활력이 넘친다. 표정과 생각이 밝아지고 건강한 자존감이 생기며 자연스럽게 직장생활도 바뀐다. 직장 내 인간관계도 좋아지고 업무효율이 훨씬 증가하므로 결국 연말에 인사평가를 좋게 받아서 연봉이 조금이라도 더 올라갈 가능성이 크다. 직장에서 연봉을 올리는 것이 가장 기본적인 자기계발 재테크다.

또한 부모님, 남편, 아내, 연인 등과 싸우고 난 후에 기분을 푼다며 술을 마시거나 홈쇼핑 등에서 충동구매를 한 경험이 다들 있을 것이다. 만약 싸우지 않았다면 비싼 술값을 탕진하거나 쇼핑으로 카드를 긁어대며 불필요한 지출을 할 일도 없지 않았을까? 불필요한 지출을 때려잡는 것이 가장 기본적인 절약 재테크다.

무엇보다 가정의 행복은 재테크를 하는 과정에서 찾아오는 역경을 이겨내는 강한 원동력이다. 필자는 신혼시절에 식비를 절약하느라 외식을 자주 하지 못했지만 고급 레스토랑에서 비싼 코스요리를 먹는 사람들이 전혀 부럽지 않았다. 무엇을 먹는지보다 누구와 먹는지가 더 중요했기 때문이다. 어떠한 역경이 찾아와도 행복을 나누는 사람과 함께라면 절대 힘들지 않다.

실천법 푼돈으로 주변인들에게 소박한 선물을 한다

① 푼돈으로 소박한 선물을 산다. 단, 선물의 비용은 되도록 1,000원을 넘지 않도록 한다. (막대사탕, 초콜릿, 비타민음료 등)
② 사랑을 가득 담은 손 편지를 쓴다.
③ 부모님, 남편, 아내, 연인 등에게 준비한 손 편지와 선물을 같이 준다.

마음을 표현하는 1,000원 이하의 선물들

푼돈의 놀라운 효과

① 행복은 평범한 일상의 소소한 것에서 온다는 사실을 깨닫는다.

② 직장생활도 행복하게 변한다.

③ 사람들과의 싸움으로 인한 불필요한 지출(술값, 충동구매 등)을 막아 준다.

④ 어떠한 역경도 이겨낼 수 있는 원동력이 생긴다.

⑤ 행복하게 사는 방법을 배울 수 있으며, 행복을 좇다보면 자연스럽게 돈도 모인다.

비싼 선물을 받을 때만 행복을 느끼는 것이 아니다. 세상에서 가장 저렴한 선물일지라도 진실된 사랑이 담기면 세상에서 가장 비싼 선물이 될 수 있다. 출퇴근길에 푼돈으로 살 수 있는 소박한 선물을 사보자. 그리고 사랑을 가득 담은 손 편지를 써서 지금 옆에 있는 부모님, 남편, 아내, 연인 등에게 선물해보길 바란다.

비록 푼돈으로 산 소박한 선물이지만 분명 2만원, 20만원, 200만원

이상의 가치를 느낄 수 있을 것이다. 또한 자연스럽게 나와 주변인을
사랑하며 행복한 마음으로 재테크를 실천할 수 있을 것이다.

한 달에 한 번 가족회의!
행복을 일깨우자

04

가족 간의 부족한 대화, 가족회의로 해결!

가족을 뜻하는 영어인 패밀리(Family)를 풀어쓰면 'Father And Mother I Love You' 라고 한다. 가족이라는 단어에 '사랑'이라는 의미가 담겨져 있는 셈이다. 사랑은 이해가 수반되어야 하며 이해는 많은 대화에서 나온다.

우리 가족은 얼마나 많은 대화를 나누고 있을까? 만약 가족 간에 많은 대화를 나누고 있다면 재테크에도 굉장히 긍정적인 영향을 받을 수 있다. 많은 대화를 통해 가족을 보다 이해하고 사랑할 수 있고, 이로 인해 일깨워진 행복은 돈을 모으는 과정에서 찾아올 수 있는 시련과 역경을 가족이 똘똘 뭉쳐서 이겨낼 힘을 만들어주기 때문이다.

가족 간에 많은 대화를 나누기 위해 필자가 제안하는 방법은 강제성을 부여하여 무조건 한 달에 한 번 가족회의를 하는 것이다. 가족회의!

처음에는 귀찮고 어색할지 몰라도 꾸준히 하다보면 가족 간의 대화가 놀랍도록 많아진다. 또한 아이가 먼저 가족회의를 하자고 아빠, 엄마를 졸라댈지도 모른다.

"퇴근하고 집에 가면 밤 11시라서 대화할 시간이 없어!", "말이 안 통해서 대화하기 싫어!" 등 직장 탓, 남 탓만 하지 말고 다음의 '한 달에 한 번! 가족회의 실천법'을 실행에 옮겨보길 바란다.

실천법 우리 가족만의 가족회의를 시작한다

일단 준비물이 필요하다.
○ 메모장 또는 화이트보드
○ 펜 또는 보드마커

그리고 다음의 행동지침을 참조해서 우리 가족만의 가족회의 실천법을 완성하면 된다.

가족회의 행동지침
① 가족회의 날짜를 정한다. (예 : 매월 1회, ○○일)
② 가족회의 진행 역할을 분담한다. (예 : 아빠 또는 엄마 → 진행자, 아이 → 서기)
③ 가족회의 날짜에 온 가족이 모여 앉는다.
④ 지난달의 가족회의 결과를 되돌아본다. 첫 가족회의 때는 생략한다.
⑤ 한 달 동안 아빠, 엄마, 아이가 가족에게 바라는 점을 각각 2개씩

적는다.(예 : 아빠 2개, 엄마 2개, 아이 2개) 바라는 점을 너무 아이에게 집중되게 적어서는 안 된다. 가족에게 바라는 점, 아빠와 엄마에게 바라는 점도 꼭 포함시키자.

⑥ 가족이 다수결로 아빠, 엄마, 아이가 바라는 점 1개씩을 최종 선정한다.

　　－ 다수결 선정 방법 (예시)

　　"1번, 2번 중에서 마음에 드는 번호를 손가락으로 들어주세요."

　　"하나, 둘, 셋……."

　　"1번이 많이 나왔네요."

　　"그럼 1번으로 최종 선정합니다."

　　"박수! 짝짝짝."

⑦ 상과 벌칙을 정한다. 반드시 아빠, 엄마의 상과 벌칙도 정하자. 그래야만 아이가 혼자가 아닌 가족이 함께한다는 느낌을 받을 수 있다.

⑧ 가족회의 결과를 눈에 잘 띄는 곳에 붙여둔다.

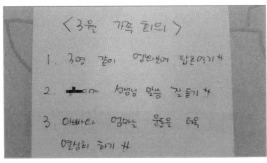

친구들이나 연인과 함께해도 좋아요!

한 달에 한 번 가족회의 실천하자!

한 달에 한 번! 가족회의 실천법의 장점

- 가족과 진솔하게 대화할 수 있는 시간이 생긴다.
  - 아빠, 엄마 또는 아이가 갖고 있던 생각에 새삼 놀랄 수도 있다.
- 가족 모두가 행복감을 느낄 수 있다.
  - 행복의 원천은 오로지 돈이 아니라는 것을 배우게 된다.
- 약속이라는 말에 담긴 무게를 알게 된다.
  - 가족회의 결과는 곧 가족과의 약속! 약속을 지키지 않으면 벌칙이 따른다.
- 아이의 발표력이 향상되고 의사표현이 명확해진다.
- 아이가 용돈의 소중함을 깨닫는다.
  - 아이의 상이 용돈이었다면, 용돈은 무언가를 열심히 해야 받을 수 있다는 것을 알게 된다.
- 더욱 행복한 마음으로 재테크를 할 수 있는 원동력이 생긴다.

월 100만원 모으는 푼돈목돈 재테크 4단계!

푼돈목돈 재테크로 지출은 DOWN! 수입은 UP!

돈이 좀처럼 잘 모이지 않으면 "지출을 더 줄여야 할까? 수입을 더 늘려야 할까?" 한 번쯤 이런 고민에 빠지곤 한다. 하지만 대부분의 사람들은 수입을 늘리기보다는 무조건 지출을 줄이려고만 한다. 왜냐하면 수입은 오로지 월급으로만 한정해서 생각하여 딱 정해진 월급은 늘리기 어렵다고 단정하기 때문이다. 과연 오로지 지출만 줄이려고 머리를 싸매는 것이 최선일까?

지출만 줄이려는 것은 반쪽짜리에 불과하며 분명한 한계가 존재한다. 푼돈목돈 재테크의 핵심은 지출을 줄이면서 수입도 함께 늘려주는 것이다. 이를 위해 합리적이고 효율적으로 지출을 줄이는 방법을 찾고 월급 이외의 수입을 늘리는 방법을 찾아서 꾸준히 실천하는 것이 중요하다.

월 100만원 모으기의 개념도를 파악한다

다음은 필자가 이 책을 통해서 말하고자 하는 '푼돈목돈 재테크 : 월 100만원 모으기 4단계'의 전체 개념도다. 단계별 구체적 실천법과 성공 사례는 〈첫째마당〉부터 〈넷째마당〉까지 알기 쉽게 정리해두었다.

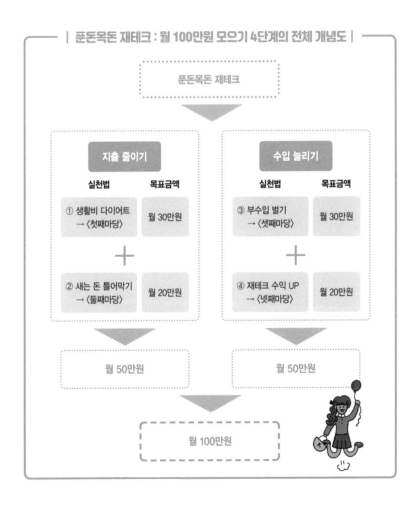

| 푼돈목돈 재테크 : 월 100만원 모으기 4단계의 전체 개념도 |

① 1단계 : 식비, 생활용품비, 취미활동비 등 지출 줄이기 → **월 30만원**
② 2단계 : 공과금, 통신비, 보험료 등 지출 줄이기 → **월 20만원**
③ 3단계 : 부업 등을 통해 수입 늘리기 → **월 30만원**
④ 4단계 : 이자·투자수익을 증대시켜 수입 늘리기 → **월 20만원**

행복한 부자 되기 지금 당장 도전하자!

목표금액은 가이드로 제시한 것이나, 누구나 노력하면 현실적으로 충분히 달성할 수 있는 금액이다. "푼돈으로 월 100만원 모으기! 내가 과연 해낼 수 있을까?"라고 두려워하지 말라. 필자가 운영하는 카페의 수많은 회원들이 증명해낸 사실이다. 또한 "다음 달부터 도전해봐야지!"라고 미루지 말라. 용기내서 지금 당장 도전해보길 바란다.

"아무것도 하지 않으면 아무 일도 일어나지 않는다."

— 기시미 이치로

그리고 한두 달 안에 성과가 보이지 않는다고 포기해서는 안 된다. 나도 해낼 수 있다는 믿음을 가지고 꾸준히 실천하면 분명 그 이상의 목표금액도 달성하는 날이 올 것이다.

마지막으로 아무리 돈을 많이 모아도 현재의 삶이 행복하지 않으면 그냥 돈만 많은 사람에 불과하다. 현재의 삶까지 행복해야 돈과 행복을 모두 거머쥔 진정으로 행복한 부자가 될 수 있다는 사실을 절대 잊지

말았으면 한다. 그러면 이제 〈첫째마당〉에서 생활비 다이어트를 위한
구체적인 실천법을 살펴보도록 하자!

카페 회원들의 하루에 한 번 '푼돈이 목돈 된다!' 말하기

월 100만원 모으기 | 1

월 30만원
생활비 다이어트

06 생활비 다이어트하려면? 생활비 정체부터 파악!

생활비 세부항목, 이렇게나 많다니!

지출 줄이기의 기본은 '생활비 절약'이다. 그럼 생활비(변동지출[*])란 무엇일까? '한 달 동안 가계살림을 꾸리기 위해 필요한 돈!' 이렇게 두루뭉술하게 답하는 분들이 많을 거라고 본다.

생활비를 절약하고 싶은가? 그렇다면 이제 생활비의 정체부터 파악해보자. 생활비의 세부항목 정도는 알고 있어야 어떤 항목을 집중적으로 틀어막을 것인지 구체적인 목표와 계획을 세울 수 있기 때문이다. 일반적으로 생활비 세부항목은 다음 표와 같다.

---

[*] **변동지출** : 생활비는 매월 들쭉날쭉해서 변동지출이라고 말한다. 반면 고정지출은 비소비성 지출로, 금액이 매월 일정한 것이 특징이다. 대출상환원리금, 임차료, 아파트 관리비, 공과금, 보험료 등이 고정지출의 세부항목이다. 특히 공과금(전기요금, 가스요금, 수도요금 등)은 변동지출이 아닌 고정지출로 구분해서 관리하는 것이 좋다.

구분	변동지출	
특징	소비성 지출, 금액이 매월 일정하지 않다.	
세부항목	① 식비	집밥 식재료, 야식이나 외식 등에 쓴 돈
	② 생활용품비	세제, 휴지, 문구류 등 생활하면서 쓴 돈
	③ 의류 · 미용비	옷, 신발, 화장품 구입 및 세탁, 미용실 등에 쓴 돈
	④ 병원 · 의료비	병원 치료, 질병 예방, 약 구입 등에 쓴 돈
	⑤ 취미활동비	영화, 공연, 책, CD, DVD, MP3, 경기 관람 등에 쓴 돈
	⑥ 교통 · 유류비	대중교통, 주유비 등에 쓴 돈
	⑦ 자기계발비	자신과 가족들의 자기계발이나 공부에 쓴 돈
	⑧ 용돈	본인 또는 가족이 개인적으로 쓴 돈

왕초보 핵심
절약 항목!

생활비 절약, 선택과 집중이 필요해!

어떤가? 생활비를 살펴보면 세부항목이 의외로 많다. 따라서 생활비 절약에 성공하기 위해서는 선택과 집중이 필요하다. 그런데 왕초보들은 의욕이 앞선다. 모든 생활비를 줄이겠다는 생각으로 야심차게, 중구난방으로 덤비지만 작심삼일로 끝나거나 결국 지쳐서 포기하고 만다.

절약 왕초보라면 생활비 중에서 '식비'에 집중해서 꾸준하게 절약을 실천하는 것이 바람직하다. 금액이 가장 클뿐더러 절약 효과도 가장 크기 때문이다.

그럼 나머지 생활비(생활용품비, 의류·미용비 등)는 어떻게 해야 할까? 상대적으로 줄이기도 힘들고 노력 대비 효과가 크지 않으므로 '절약'하려고 애쓰기보다는 비정상적으로 지출되지 않도록 '관리'에 중점을 두어야 한다.

즉 왕초보들은 식비부터 절약해서 성공을 경험하는 것이 중요하다. 어느 정도 고수의 반열에 오른 다음에 나머지 생활비까지 단순 관리를 넘어서 절약을 확대하는 것이 올바른 순서라는 것을 기억하자.

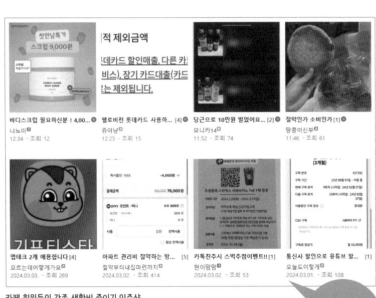

카페 회원들의 각종 생활비 줄이기 인증샷

즐겁게
절약해야
오래간다!

왕초보 핵심공략 항목인 생활비 절약, 소비습관 개선이 우선!

식비 줄이기! 자린고비처럼 굴비를 천장에 매달아놓고 밥만 먹어야 할까? 식비는 인간생활의 3가지 기본요소인 의식주 중 하나이므로 무작정 줄여서는 곤란하다. 누구는 근사한 집밥도 해 먹고 멋진 레스토랑에서 외식도 하는데 정작 본인은 그런 걸 꿈도 못 꾸고 있다면 자괴감이 생길뿐더러 삶이 점점 우울해질 것이다. 결국 잘 먹고 잘살기 위해서 열심히 일하고 돈 버는 것 아닌가?

강한 정신력, 독한 의지만을 강조하는 자린고비식 방법은 최대한 탈피해보자. 이제는 불필요하고 불합리하게 지출되는 식비를 효율적으로 줄여야 한다. 그러기 위한 최우선 과제는 소비습관을 개조하는 것이다. 소비습관이 올바르게 개조되면 식비뿐만 아니라 기타 생활비까지도 줄일 수 있다. 따라서 주먹구구식이 아닌 검증된 '실천법'과 강력한 도구를 통해 소비습관 개조 시스템을 만들어야 한다. 여기에 재미가 부여되면 금상첨화다. 재미가 있으면 누가 시키지 않아도 스스로 하게 되니까 말이다.

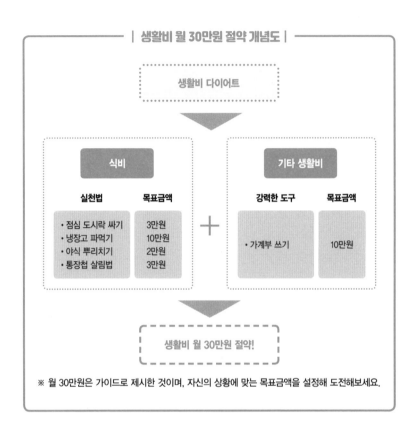

| 생활비 월 30만원 절약 개념도 |

생활비 다이어트

식비

실천법	목표금액
• 점심 도시락 싸기	3만원
• 냉장고 파먹기	10만원
• 야식 뿌리치기	2만원
• 통장첩 살림법	3만원

+

기타 생활비

강력한 도구	목표금액
• 가계부 쓰기	10만원

생활비 월 30만원 절약!

※ 월 30만원은 가이드로 제시한 것이며, 자신의 상황에 맞는 목표금액을 설정해 도전해보세요.

위는 왕초보를 위한 생활비 월 30만원 절약 개념도인데, 이것을 머릿속에 넣어두도록 하자. 머리로 안 뒤에 몸으로 실천하면 된다. 다음 장부터 소개하는 내용을 차근차근 실행에 옮겨보면 분명히 생활비를 월 30만원 이상 줄일 수 있을 것이다. 만약 한 달 생활비 자체가 30만원이 안된다면, 생활비를 최소한 수입의 20% 이하로 줄여보도록 하자.

07 알뜰살뜰 점심 도시락 싸기

| 월 3만원 절약 |

점심값 1만원 시대, 점심시간이 무서워!

사람들이 가장 즐겨 먹는 점심 메뉴 1위는 백반, 수도권 기준 평균 점심값은 1만 ~ 1만 2,000원이라는 조사결과를 본 적이 있다. 사람들이 체감하는 물가상승의 기본척도인 점심값. 이제는 1만원 한 장으로 점심을 해결하기가 쉽지 않다. 후식으로 커피라도 마시려면 최소 2만원은 있어야 한다.

물론 일부 회사에서는 구내식당을 운영하거나 식대를 지원하기도 한다. 하지만 비용절감을 위해서 구내식당 운영을 중단하거나 식대지원금이 평균 점심값에 턱없이 모자라는 경우가 많다. 따라서 식비를 아끼기로 결심했다면 점심값 부담에서 해방될 수 있는 방법을 고민할 필요가 있다.

가장 손쉽게 점심값을 절약할 수 있는 방법은 바로 도시락을 싸는 것이다. 만약 귀차니즘 때문에 점심 도시락을 싸고 있지 않다면 다음의 '점심 도시락 싸기 실천법'을 실행에 옮겨보길 바란다. 분명히 점심값을 한 달에 3만원 이상 절약할 수 있을 거라고 본다.

실천법 1 도시락 적금을 만든다

의지만으로 점심 도시락을 싸는 경우 중간에 포기하기 십상이다. 남들보다 일찍 일어나서 꾸준히 도시락을 싸는 것은 결코 쉽지 않다. 보다 강한 동기부여가 필요하다.

가장 먼저 자신만의 '도시락 적금'부터 만들어보자. 도시락 적금은 절약한 점심값을 모아서 저축하는 통장을 말한다. 차곡차곡 돈이 쌓이는 통장을 눈으로 보는 것만큼 강한 동기부여는 없다.

"도시락 적금에 얼마를 저축해야 할까?" 이런 고민이 생길 수도 있다. 너무 욕심내서 저축 금액을 산정하면 실패할 가능성이 크다. 점심 도시락 식재료비를 감안해서 3,000원을 절약한다고 가정하고 3,000원 정도 저축하는 것이 가장 무난하다.

 Tip '도시락 적금' 성공을 위한 저축 방법

- 도시락 싼 날 : 3,000원을 저축한다.
- 도시락 싸지 않은 날, 휴가를 낸 날 : 1,000원을 저축한다.
  - 큰돈 주고 점심을 사 먹었는데 거기다 도시락 적금까지 따로 모은다? 우선 욕심내지 말고 저축습관 유지를 위해서 1,000원만 저축해보자.
- 주말 : 그동안 도시락 싸느라 고생한 당신! 돈 대신 마음속에 칭찬을 저축한다.

실천법 2 재미있게 저축할 수 있는 통장을 찾는다

이왕이면 재미있게 저축할 수 있는 도시락 적금을 만드는 것이 좋다.
도시락 적금! 어느 은행의 어떤 통장이 가장 좋을까? 카페(월급쟁이 재테

| 도시락 적금 만들기 안성맞춤 통장 Top3 |

	카카오뱅크 저금통	신한 한달愛저금통	케이뱅크 코드K 자유적금
통장명	조금씩 매일매일 쌓이는 카카오뱅크 저금통		make money Kbank
저축 기간	제한 없음	제한 없음	1~36개월
저축 한도	최대 10만원 이내	최대 30만원 이내 (1일 입금 한도 : 3만원)	월 30만원 이내
최대 금리 (연이율, 세전)	8.0%	3.0%	4.3% (1년 기준)
특징	연결된 입출금통장의 1,000원 미만 잔돈을 저금통에 자동으로 저축해준다. (동전만 모으고 싶다면 동전 모으기, 내 입출금패턴에 맞춰 모으고 싶다면 자동 모으기를 선택하면 된다.)	• 푼돈을 쉽게 저축할 수 있다. (인터넷 · 스마트뱅킹 전용, 1일 3만원 이내 자유롭게 저축) • Swing 서비스가 제공된다. (한 달간 모은 돈을 적금 · 펀드에 입금 또는 결제자금으로 활용 가능)	• 복잡한 우대금리 조건이 없다 • 부담없이 여윳돈 생길 때마다 모을 수 있다 (매월 30만원까지 자유롭게 입금 가능) • 급하게 돈이 필요할 땐 꺼내 쓸 수 있다 (해지할 필요없이 2번까지 부분 출금 가능)

저축액에 따라
이모티콘 등장!

크 연구 cafe.naver.com/onepieceholicplus) 회원들도 자주 물어보는 질문이다. 참고 차원에서 도시락 적금에 적합한 통장 Top3를 정리해보았다.

이 통장들은 도시락 적금뿐만 아니라 푼돈 모으기에도 매우 유용한 통장들이므로 참고자료로 활용하길 바란다. 특히 '카카오뱅크 저금통'은 쌓인 푼돈에 따라 바뀌는 이모티콘을 보는 재미가 쏠쏠해서 카페 회원들로부터 굉장히 많은 사랑을 받고 있다.

실천법 3 21일 법칙을 적용해서 습관을 키운다

도시락 적금을 만들어서 강한 동기부여를 했다면 21일 법칙*을 적용해서 습관을 키워보자. 어떤 일을 21일 동안 반복하게 되면 자연스럽게 습관이 된다. 필자도 경험했지만 정말 신기하다.

한 달 동안 도시락을 쌀 수 있는 날은 평균 21일이다. 따라서 21일 법칙을 적용하기에 딱 좋다. 처음 21일 동안은 절대 포기하지 말고 점심 도시락을 싸보길 바란다. 만약 성공했다면 21일 단위로 도시락 싸기를 계속 반복하면 된다. (21일 × 2회, 21일 × 3회 등)

일단 습관이 길러지면 점심 도시락을 싸지 않으면 허전한 마음마저 든다. 처음에는 힘들지만 숙달되면 뚝딱 금방 싸게 되고 은근히 재미있어진다. 습관의 힘은 정말 무섭다.

도시락 적금을 만들고 습관을 키우는 것이 점심 도시락 싸기를 성공으로 이끄는 핵심이라고 할 수 있다. 마지막으로, 다음의 행동지침을 함께 참고해서 '점심 도시락 싸기 실천법'을 완성해보길 바란다.

점심 도시락 싸기 행동지침

① 전날 먹고 남은 반찬을 최대한 활용한다. 식재료비가 절약되고 반찬 회전율도 좋아진다.

② 아침잠이 많다면 전날 저녁에 미리 도시락을 싸두는 것도 방법이다.

③ 귀차니즘이 찾아온 날에는 편의점에서 해결한다. 편의점 도시락, 저렴하면서 의외로 알차다.

④ 가끔 점심 도시락이 너무 지겨울 때는 식당에서 사 먹자. 무작정 참으면 회의감이 밀려온다.

⑤ 겨울에는 보온도시락으로 갈아타는 것도 좋다. 조금 무겁지만, 최소한 찬밥의 처량함은 없다.

★ **습관을 키워주는 21일 법칙** : 21일이란 기간은 미국의 언어학자 존 그린더 교수와 심리학자 리처드 벤들러의 'NPL 이론'에 근거한다. 사람이 의식적인 행동을 21일간 반복하게 되면 그때부터 뇌가 행동을 기억해서 습관으로 형성해준다. 21일 법칙은 강제저축 습관을 기르는 데도 상당한 효과가 있다. 21일 법칙을 습관으로 만들어주는 《맘마미아 21일 부자습관 실천법》을 활용해보자. 21일 강제저축 방법과 다양한 성공사례는 《맘마미아 월급 재테크 실천법》 19장을 참고하기 바란다.

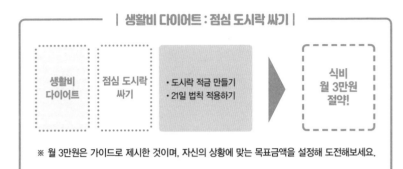

| 생활비 다이어트 : 점심 도시락 싸기 |

| 생활비 다이어트 | 점심 도시락 싸기 | • 도시락 적금 만들기
• 21일 법칙 적용하기 | 식비
월 3만원
절약! |

※ 월 3만원은 가이드로 제시한 것이며, 자신의 상황에 맞는 목표금액을 설정해 도전해보세요.

21일간 매일 3,000원을 절약하고 저축한다면? 모을 수 있는 돈은 6만 3,000원! 중간에 도시락을 싸지 않는 날을 감안하더라도 한 달에 3만원은 충분히 절약하고 모을 수 있다. 이는 곧 식비를 '월 3만원' 줄이는 셈이다.

"월 3만원? 푼돈 아닌가요?" 이렇게 생각할 수도 있다. 하지만 1년으로 환산하면 36만원이다. 절대 푼돈이 아니다. 그리고 "푼돈이 목돈 된다!"는 진리를 잊지 말자.

"이제는 기상 알람이 되어버린 점심 도시락 싸기! 시간도 더 알차게 보내고 더 부지런해졌어요!"

"점심값도 절약하고 남편의 건강도 챙기고! 1석 2조인 것 같아요!"

"결혼 전에는 엄마가 싸주신 도시락을 편하게 먹었는데, 결혼 후 직접 도시락을 싸보니까 엄마의 마음이 이해가 돼요. 엄마에게 감사했다는 전화 한통 드려야겠어요!"

점심 도시락을 꾸준히 싸고 있는 카페 회원들이 종종 올려주는 글이다. 이렇듯 점심 도시락을 싸면 나와 가족을 다시 한 번 되돌아보는 기회가 되기도 한다. 또한 직장 인근 식당으로 이동하는 시간을 줄일 수 있기 때문에 점심시간을 더욱 효율적으로 활용할 수 있고, 힘들게 점심 메뉴를 고를 필요도 없다. 마냥 귀찮고 어렵다고 단정 짓지 말고 한 번쯤 점심 도시락 싸기에 꼭 도전해보길 바란다.

현재 카페의 '[뚝딱]점심 도시락 싸기' 게시판에서 많은 회원들이 점심 도시락 인증샷을 올리면서 함께 응원과 격려를 나누고 있다. 그중에서 카페 내 인기스타이면서 살림 최강고수인 '띠아나'님의 사례를 소개하고자 한다.

카페 회원들의 점심 도시락 인증샷

도시락도 자랑하고, 식비도 아끼고!

'띠아나'님의 점심 도시락 싸기, 30만원 적금 성공!

집에 있는 반찬을 탈탈 털어서 싸기! 아침에 먹은 반찬을 그대로 옮겨서 싸기! '띠아나'님은 점심 도시락은 집밥의 연장선이라는 생각으로 꾸준히 점심 도시락을 싸고 있다. 물론 가끔 귀차니즘이 발동해서 고비가 찾아올 때는 간단히 누룽지를 싸거나 편의점에서 해결하면서 극복하고 있다.

또한 절약한 점심값은 꾸준히 저축하고 있다. 매일 저축현황과 실천한 내용을 엑셀로 정리하면서 관리하는데, 역시 살림 최강고수다운 모습이다. '띠아나'님의 도시락 적금에는 목표

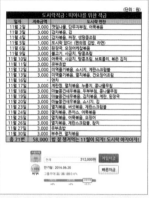

'띠아나'님의 도시락 적금 엑셀 관리표 인증샷

가 있다. 바로 열심히 저축한 돈으로 사랑하는 엄마와 여행을 가는 것이다. 6개월 동안 무려 31만 2,000원을 모았다.

'띠아나'님의 점심 도시락 인증샷

"점심값을 절약해서 차곡차곡 돈이 쌓여가는 것이 기쁘고 설렙니다. 6개월 동안 30만원이 넘는 목돈이 생겼네요. 습관의 힘이란 참 무섭습니다!"

이런 말도 해주었는데, 진심으로 다시 한 번 응원하고 싶다. '띠아나'님, 멋진 여행 되시길 바랍니다!

줄이고 비우자!
냉장고 파먹기

카드 고지서를 볼 때마다 깜짝 놀라는 외식비

집에서 밥하기 귀찮은 날 "외식할까?" 이런 말이 자연스럽게 나온다. 그리고 대수롭지 않게 카드를 긁게 된다. 하지만 한 달 뒤 카드값 고지서를 보면 놀란다. 무시 못 할 금액이기 때문이다. 외식을 자주 하면 마트에서 장보는 비용이라도 줄어야 하는데 아이러니하게도 줄지 않는다.

물론 특별한 날 사랑하는 사람과 함께하는 외식! 분명 필요하다. 하지만 외식을 밥 먹듯이 하고 있다면 효율적으로 줄일 필요가 있다.

'냉파'를 하면 버리는 식재료가 줄어든다

외식비를 절약하는 가장 손쉬운 방법은 무엇일까? 바로 냉장고 파먹기*다. 외식비뿐만 아니라 집밥을 해 먹는 돈까지 줄일 수 있다.

냉장고 파먹기! 어떻게 해야 할까? 문득 예전에 수영 강사가 한 말이 생각난다. "자유형? 본인이 편한 대로 자유롭게 수영하면 그게 자유형입니다!" 냉장고 파먹기도 결국 똑같지 않을까? 냉파! 그냥 본인이 편한 대로 자유롭게 하면 된다. 정형화된 고급 기술? 필요치 않다. 다만 다음의 '실천법 1, 2'는 반드시 선행해야만 냉장고 파먹기를 시작할 수 있다는 것은 명심하자.

실 천 법 1 냉장고를 정리한다

냉장고 안에 어떤 식재료가 들어 있는지부터 알아야 한다. 냉장실, 냉동실, 김치냉장고에서 모든 식재료를 꺼내 정리부터 하자. 실온에 보관 중인 식재료도 함께 정리하자. 분명 유통기한 지난 식재료가 엄청 많이 나올 거라고 본다. 결국 음식물쓰레기가 되어버린 식재료! 반성이 많이 될 것이다.

실 천 법 2 식재료 목록표를 붙인다

냉장고 안에 있는 식재료 정리가 끝났다면 목록표를 작성한다. 목록표는 냉장실, 냉동실, 김치냉장고 모두 칸별로 구분하되 개수, 유통기

★ **냉장고 파먹기** : 냉장고 안에 있는 식재료들을 하나둘씩 소진하면서 집밥을 해 먹는 것을 말한다. 줄여서 '냉파'라고 부른다.

한까지 함께 작성하는 것이 좋다. (실온 보관 식재료도 포함!) 작성한 목록표는 냉장고 문에 붙여둔다. 그리고 소진한 식재료가 나올 때마다 줄을 그어서 지우면 된다.

'멋진롬'님의 식재료 목록표

	냉장고 파먹기 식재료 목록표(예시)	

냉동실		냉장실	
내용	유통기한	내용	유통기한
만두	~ 2024.10.30	비엔나소시지	~ 2024.11.5
윤가리 치킨	~ 2024.1.10	떡국 떡	~ 2024.11.17

실천법 3 식단을 짜고 요리 실력을 키운다

앞의 2가지 실천법은 결심이 섰을 때 하루 날을 잡아서 하면 누구나 할 수 있다. 그리고 다음의 행동지침을 참고해 편하고 자유롭게 본인만의 식단을 짜면서 냉장고 파먹기를 실천해보길 바란다.

냉장고 파먹기 행동지침

① 꾸준히 요리 실력을 쌓는다. 인터넷이나 요리책을 통해 재료 중심 요리법을 찾자. 《맘마미아 냉파요리》, 《맘마미아 냉파요리 김치》 등)

② 선순환 구조(파먹기 ↔ 채우기)를 만든다. 냉장고 안이 비워져가면 꼭 필요한 식재료만 구입한다.

냉파, 즉 냉장고 파먹기의 핵심은 '잘하느냐, 못하느냐'가 아니라 '하느냐, 하지 않느냐'다. 설령 며칠 하다가 귀찮아져서 포기하더라도 계속 도전하려는 의지가 가장 중요하다. 그래서 카페 회원들의 성공사례를 최대한 많이 소개하고자 한다. 성공사례를 보면서 할 수 있다는 동기부여를 받아 끊임없이 도전해보았으면 한다.

잊지 말자! 누구나 가장 손쉽게 식비(집밥 식재료비 + 외식비)를 줄일 수 있는 방법이 바로 냉파라는 사실을! 분명 식비를 한 달에 10만원 이상 절약할 수 있을 것이다.

카페의 '냉장고 파먹기! 냉파방'

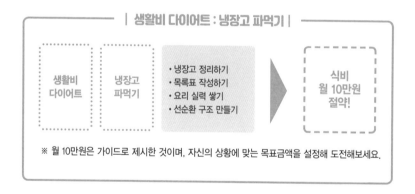

현재 카페의 '냉장고 파먹기! 냉파방'에서 많은 회원들이 냉파 인증샷을 올리면서 함께 응원과 격려를 하고 있다. 그중에서 대표적인 성공사례 세 건을 소개한다.

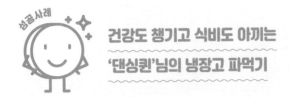

건강도 챙기고 식비도 아끼는
'댄싱퀸'님의 냉장고 파먹기

'댄싱퀸'님은 냉파 고수다. 특히 식비를 효율적으로 절약할 수 있는 냉파 꿀팁 5가지가 있다고 한다. 한번 살펴보자.

1 | 체험단을 활용한다

블로그, SNS 등에서 다양한 음식 체험단(샐러드, 곱창, 통문어 등)을 진행하는 경우가 종종 있다. 처음에는 다소 귀찮지만 익숙해지면 새로운 음식을 맛보는 재미도 쏠쏠하다.

'댄싱퀸'님의 음식 체험단 인증샷

2 | 간단한 작물을 키운다

"작물까지 키워야 하나?", "가격도 얼마 안 하는데 그냥 사 먹지."라고 할 수도 있다. 하지만 콩나물, 상추, 파, 바질 등은 키우기 어렵지도 않고 직접 키운 신선한 작물을 바로 수확해 먹는 재미도 있다. 특히 아이를 키우는 집이라면 교육용으로도 굉장히 유용하다.

3 | 식단을 계획한다

식단을 계획적으로 짜두면 충동적으로 식재료를 사는 것을 막을 수 있다. 충동구매는 금물이다. 계획된 식단에 맞는 식재료가 필요할 때 그날그날 구입하는 것이 좋다.

4 | 싸다고 무작정 사지 않는다

"왕대박 초특가 세일! 지금이 마지막! 놓치지 마세요!" 이런 마트 광고에 현혹되어서는 안 된다. 해당 마트 광고에 계획된 식단의 식재료가 포함되어 있는지, 만약 포함되어 있다면 할인율은 몇 %인지 등을 잘 따져봐야 한다. 그리고 저렴하게 많이 구입했다면 다양한 방법으로 요리하면 반찬이 더욱 다채로워진다. (1,000원에 구입한 콩나물로 콩나물국, 콩나물무침, 콩나물조림 3가지 요리 완성)

5 | 배달 찬스를 효과적으로 활용한다

365일 배달음식의 유혹을 떨치기는 힘들다. 이왕 배달음식을 시켜 먹었다면 남은 배달음식으로 한 끼 더 해결하는 것도 효과적이다. (1 + 1 구입해서 남은 피자에 토핑을 추가해서 더 맛있게 먹기, 남은 떡볶이에 양파와 밥을 추가해서 떡볶이밥 해 먹기 등)

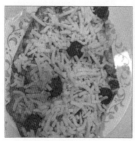 

남은 배달음식으로 만든 한 끼

"주부라면 최우선으로 아낄 수 있는 게 바로 식비인 것 같아요~"

'댄싱퀸'님이 남긴 말이다. 냉파로 건강도 챙기고 식비도 아껴나가는 모습! 역시 냉파 고수답다. 냉파는 멈추지 않는다! '댄싱퀸'님, 진심으로 응원합니다!

'풀잎먹는깨미'님의 분가 전과 후의 냉장고 파먹기

'풀잎먹는깨미'님의 냉파는 시부모님과 함께 살 때와 분가했을 때로 나누어진다. 냉파의 기본은 역시 냉장고 정리부터! 냉장고 안의 식재료를 모두 꺼내서 정리했는데, 남편이 냉장고 정리의 일등공신이었다. 아내가 혼자서 힘들게 냉장고 정리를 할 때 남편 분들! 함께하는 센스가 필요하다.

냉장고 안에 뭐가 있는지 보이면서 냉파가 시작되었다. 또한 시어머니가 쌓아온 노하우가 합쳐져 보다 특별한 냉장고 정리 노하우가 만들어졌다. 시어머니와 함께하는 냉파! '풀잎먹는깨미'님, 정말 멋진 분인 것 같다.

'풀잎먹는깨미'님의 냉장고 정리 노하우

① 반찬류는 바로 꺼낼 수 있게 앞에 몰아둔다.
② 장류는 잘 변하지 않고 깨끗하게 먹을 수 있도록 조금씩 작은 통에 담아둔다.
③ 반찬통은 내용물이 보이도록 투명한 용기로 바꾼다.
④ 육류와 생선은 냉동보관하지 않는다. (필요할 때 조금씩 사서 3일 안에 소진)

'풀잎먹는깨미'님의 점심밥상 인증샷

분가 후에는 265L짜리 작은 냉장고로 갈아타면서 본격 냉파에 돌입했다. 냉장실, 냉동실, 실온으로 나누어 식재료 목록표를 만들었고 유통기한까지 적었다. 유통기한이 짧은 식재료에는 형광펜으로 표시를 해두었다. 특히 장을 보기 전 목록표를 스마트폰에 찍어서 들고 가면

스마트폰으로 찍은 '풀잎먹는깨미'님의 식재료 목록표 인증샷

어떤 식재료가 있는지 없는지 한눈에 확인할 수 있다. 내 두 손이 장바구니이자 카트다! 꼭 필요한 물품만 소량으로 사는 것은 장보기 노하우의 기본이다.

"나는 음식물 쓰레기통이 아닙니다! 맛있게 먹을 권리가 있습니다."

기억에 남는 '풀잎먹는깨미'님의 말이다. 주부들은 대부분 음식이 남으면 아까워서 꾸역꾸역 먹는다. 그리고 집에 혼자 있으면 점심을 대충 해결한다. 이제는 '풀잎먹는깨미'님처럼 자투리 재료나 반찬을 활용해서 혼자 먹는 점심도 즐겁고 행복한 밥상으로 바꿔보는 것은 어떨까?

싱글인 'samsara'님의 냉장고 파먹기

'samsara'님은 싱글이다. 싱글의 냉파는 어떤 모습일까? 일단 냉장고가 작고 냉장고 안의 식재료도 심플하다. 하지만 'samsara'님은 김치볶음밥, 된장찌개, 김치찌개, 달걀찜, 닭가슴살튀김, 핫케이크, 스테이크까지 정말 다양하게 집밥을 해 먹고 있다. 이게 가능할까? 물론 가능하다. 역시 냉장고 정리는 기본! 장을 볼 때 식재료를 꼭 필요한 양만큼만 사서 그때그때 해 먹기 때문이다.

> 적은 식재료로 그때그때 신선하게 조리해 먹어요.

'samsara'님의 냉장고 인증샷

냉파 전에는 외식비 포함해서 최고 65만원까지 나왔다고 한다. 하지만 한 달 뒤에는 54만원! 5개월 뒤에는 32만원까지 줄었다. 냉파를 통해서 식비를 무려 33만원이나 줄인 셈이다. 특히 외식을 완전히 아웃시켰다. 'samsara'님의 장보기 노하우와 냉파 노하우는 다음과 같다.

'samsara'님의 집밥 인증샷

'samsara'님의 인터넷 장보기 노하우

① 필요한 식료품을 최저가로 찾는다.

② 다음날 일어나서 꼭 필요한 식료품인지 다시 한 번 생각한다.

③ 꼭 필요하다면 필요한 양만큼 주문한다.

'samsara'님의 냉파 노하우

① 만사 귀찮을 때는 간단히 토스트, 구운 달걀, 커피 한 잔으로 해결한다.

② 딱 먹을 만큼만 산다! 많으면 주위 사람들에게 나눠준다.

③ 마트에서 한우데이 행사하는 날이 스테이크 해 먹는 날이다.

④ 고구마 삶기, 우엉차 끓이기, 달걀과 견과류 미리 사놓기를 생활화한다. (이것만 해놔도 과자 살 일이 없다!)

"음식을 평소보다 적게 먹게 된 것도 냉파를 하면서 생긴 좋은 습관이에요~"

소소한 식재료로도 훌륭한 집밥을 뚝딱 해결! 먹을 만큼만 사서 적게 먹기! 진정 건강한 삶을 사는 모습이 아닐까 한다. 'samsara'님, 파이팅입니다!

09 야뿌 작전 돌입! 야식 뿌리치기

| 월 2만원 절약 |

몸무게는 줄이고 통장 잔고는 늘리자!

저녁식사 이후에 별도로 야식을 먹는 분들이 많다. 야식 메뉴도 치킨, 족발, 피자 등 다양하다. '배가 출출해서', '스트레스를 해소하려고', '불규칙한 식습관 때문에' 등 야식을 먹는 이유도 여러 가지다. 하지만 야식 횟수가 늘수록 한 달 야식비만 20만원이 훌쩍 넘어가는 일도 다반사다. 잦은 야식! 결국 느는 것은 살이고 줄어드는 것은 통장 잔고가 아닐까?

물론 야식을 100% 끊는 것은 현실적으로 어렵다. 따라서 야식의 유혹을 뿌리쳐 최대한 합리적인 목표까지 줄이는 것이 중요하다. 만약 이번 기회에 야식을 줄여보려는 분들이 있다면 다음의 '야식 뿌리치기 실천법'을 실행해보길 바란다.

실천법 ① 배달음식 책자 버리고 배달 앱 지우기

대부분 가정에 배달음식 책자가 한두 권 있기 마련이다. 늦은 밤 TV 먹방을 보다가 야식 생각이 나면 자연스럽게 배달음식 책자로 손이 가게 된다. 그러니 배달음식 책자부터 눈앞에서 치우자. 혹시 없으면 아쉬울 거라고 생각하는가? 걱정할 필요 없다. 며칠 지나지 않아서 다른 배달음식 책자가 문 앞에 붙어 있을 테니까. 배달음식 책자! 보이는 족족 쓰레기통에 투척하자.

배달 앱 '요기요'

요즘은 배달의 민족, 요기요 등 배달 앱을 통해서도 편리하게 야식을 주문할 수 있다. 배달 앱이 설치되어 있으면 나도 모르게 들어가게 되고, 들어가면 맛있는 음식 사진이 나를 유혹한다. 과감하게 배달 앱을 삭제해보자. 물론 악순환(배달 앱 설치 → 삭제 → 설치 → 삭제……)을 반복할 수 있지만 최소한 삭제하는 순간만큼은 결심이 다져질 거라고 본다.

실천법 ② 나만의 야식 횟수 목표를 정한다

야식을 줄여야겠다고 결심했다면 '야식은 한 달에 ○번!' 등으로 명확하게 목표를 정해야 한다. 목표는 꾸준히 실천 가능하도록 최대한 합리적이어야 한다. 따라서 한 번쯤은 남의 생각도 엿보면서 객관적인 관점을 가질 필요가 있다. 다음은 카페 회원들을 대상으로 설문조사한 결과

이니 참고해보길 바란다.

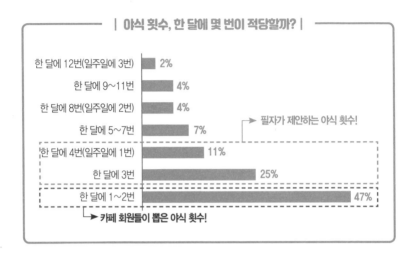

| 야식 횟수, 한 달에 몇 번이 적당할까? |

한 달에 12번(일주일에 3번) 2%
한 달에 9~11번 4%
한 달에 8번(일주일에 2번) 4%
한 달에 5~7번 7%
한 달에 4번(일주일에 1번) 11%
한 달에 3번 25%
한 달에 1~2번 47%

→ 필자가 제안하는 야식 횟수!

→ 카페 회원들이 뽑은 야식 횟수!

카페 회원들은 대부분 야식을 먹는 횟수는 '한 달에 1~2번'이 적당하다고 답했다. 하지만 스트레스를 받는 시기에는 거의 매일 야식을 먹는다고 해도 과언이 아니다. 정말 스트레스가 폭발하는 날에 야식은 충분히 훌륭한 탈출구가 될 수 있다. 그리고 치킨을 시켜놓고 가족이 모여 앉아 도란도란 이야기를 나누는 시간은 소중하다.

그러니 야식이 주는 긍정적인 효과와 행복감을 감안해서 목표를 정해보자. 필자가 제안하는 야식의 목표는 한 달에 3~4번이다.

물론 야식증후군*에 시달리는 분들이라면 당장

야식이 주는 행복은 놓치지 말자!

야식을 한 달에 3~4번까지 줄이는 것도 쉽지 않을 것이다. 일단 자신만의 목표를 정해서 야식 먹는 횟수를 점차적으로 줄여나가되 '한 달에 3~4번'까지 도전해보면 어떨까? 만약 도전에 성공한다면 횟수를 더 줄일 수 있겠지만 꾸준히 유지만 해도 어느 정도 성과는 얻을 수 있을 것이다.

참고로, 야식을 줄여나가는 도전 과정에는 워낙 돌발변수가 많기 때문에 목표 기간은 일주일이 아니라 한 달 단위로 정하는 것이 효과적이다.

이 과정이 끝났다면 이제 생활 속에서 꾸준히 야식의 유혹을 뿌리쳐보자. 특히 야식을 거의 매일 습관적으로 먹고 있었다면 야식비를 한 달에 2만원 이상은 충분히 절약할 수 있을 것이다. 치킨을 한 번만 줄이면 된다.

실천법 3 삼시 세끼 소식 습관을 들인다

아침이나 점심을 제대로 먹지 않으면 저녁을 먹더라도 포만감을 느끼지 못해서 야식의 유혹에 빠지는 경우가 많다. 따라서 아침, 점심, 저녁! 세끼 식사를 규칙적으로 하는 것이 중요하다. 세끼 식사의 이상적인 비율은 20:40:40이다. 또한 저녁 먹는 시간을 조금 늦춰서 자기 전까지 포만감을 충분히 느낄 수 있도록 하는 것도 방법 중 하나다. 단,

---

★ **야식증후군** : 저녁 7시 이후의 식사량이 하루 전체의 50% 이상을 차지하는 것을 말한다. 이런 증상이 습관화되면 야식을 먹지 않으면 잠들지 못하거나 수면장애 등을 동반하는 경우가 많다. 한국인의 10%가 야식증후군에 시달린다고 한다.

음식을 소화하는 데 평균 3~4시간이 걸리므로 최소한 저녁 8시 이전에는 식사를 끝내는 것이 좋다.

실천법 4 다이어트 목표를 정한다

다이어트를 목표로 삼아 야식을 줄이는 게 가장 효과적이다. 운동을 병행하면서 체중계로 매일 몸무게를 체크하고 구체적인 감량 목표를 정하면 더욱 좋다.

기혼이라면 반드시 부부가 함께 노력해야만 그 힘이 발휘된다

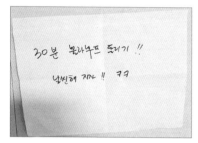

야식 차단 운동 돌입! 30분 훌라후프 돌리기

는 사실을 기억하자. 부부 중 한 명이 살을 빼려고 야식을 꾹 참고 있는데 옆에서 "족발이나 보쌈 어때?" 이런 말을 하면 정말 화가 난다.

필자의 집도 저녁 먹고 출출해져서 야식 생각이 날 때면 온 가족이 훌라후프를 돌리는 진풍경이 연출된다. 누가 훌라후프를 오래 돌리나 시합도 하면서 깔깔거리고 웃다 보면 야식 생각이 싹 달아난다. 잊지 않기 위해서 종이에 '30분 훌라후프 돌리기'라고 써서 거실에 붙여두었다. 야식비도 줄이고, 돈 안 드는 다이어트도 하고, 가족의 화목도 좋아지고! 1석 3조의 효과다.

그래도 야식 생각이 간절해지면 자극이 강한 치약(민트향 치약 등)을 사용해서 양치질을 하거나 견과류를 먹으면 도움이 된다. 또는 가볍게 과일, 채소를 먹거나 물을 마셔서 공복감을 없애거나 식욕이 억제되는 음식(귤, 김, 치즈 등)을 먹는 것도 효과가 있다.

잠을 잘 때도 충분히 숙면을 취해야 한다. 숙면을 취하면 멜라토닌이 라는 호르몬이 분비되어 식욕이 억제되고 다음날 폭식을 예방할 수 있 다. 따뜻한 우유, 두유, 열량이 낮은 방울토마토가 숙면에 좋다. 참고 로, 식욕을 억제하는 색깔인 파란색과 검은색으로 조작한 식욕 억제용 사진을 보는 것도 방법이 될 수 있다.

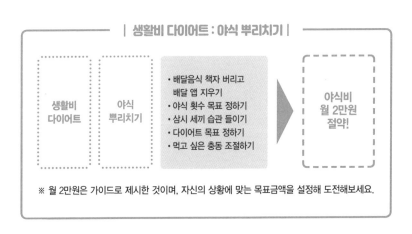

| 생활비 다이어트 : 야식 뿌리치기 |

| 생활비 다이어트 | 야식 뿌리치기 | • 배달음식 책자 버리고 배달 앱 지우기
• 야식 횟수 목표 정하기
• 삼시 세끼 습관 들이기
• 다이어트 목표 정하기
• 먹고 싶은 충동 조절하기 | ➡ | 야식비 월 2만원 절약! |

※ 월 2만원은 가이드로 제시한 것이며, 자신의 상황에 맞는 목표금액을 설정해 도전해보세요.

"저녁 먹고 퇴근하는 길에 치킨집에서 나는 냄새…… 순간 흔들렸지만 결국 이겨냈습 니다!"

"불금에 야뿌! 힘들 거라 생각했는데 성공했어요! 기분 좋아요~"

"야식 대신 팩하면서 일찍 잤어요. 돈은 아끼고 피부는 좋아지고~ 야식 뿌리치기 성공했어요!"

야식 뿌리치기를 꾸준히 실천하고 있는 카페 회원들의 성공담 중 일부다. 야식은 술, 담배처럼 중독성이 매우 강하다. 아무리 고수라 하더라도 자의든 타의든 계획에 없던 야식을 먹는 날이 분명 생기게 마련이다. 따라서 설령 야식 뿌리치기에 실패했다고 하더라도 자괴감을 가질 필요는 없다. 야식 뿌리치기는 실패와 성공을 반복하면서 끊임없이 도전할 때 비로소 완성된다는 것을 잊지 말자.

현재 카페의 회원들이 다양한 실패담과 성공담을 올리면서 함께 응원과 격려를 하고 있다. 그중에서 '오늘내일맑음'님의 사례를 소개한다.

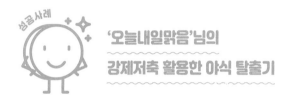

'오늘내일맑음'님의
강제저축 활용한 야식 탈출기

'오늘내일맑음'님은 야식을 뿌리치기 위해 다양한 노력을 하고 있다. 우선 저녁을 든든하게 먹는다. 저녁을 너무 적게 먹으면 밤 9~10시쯤에 꼭 배가 출출하기에! 그리고 야식을 먹지 않은 날은 1,000~3,000원 정도로 강제저축을 한다. 이렇게 모은 돈은 나를 위한 선물비용으로 사용하고 있다. 야식 생각이 간절하면 주로 과일(수박, 딸기 등)을 먹는다. 건강에도 좋고 양만 잘 조절하면 야식 생각이 금방 사라지기 때문이다. 만약 야식을 꼭 먹고 싶다면 시켜 먹지 않고 직접 해 먹으려고 노력한다. 에어프라이어로 치킨을 튀기거나 프라이팬에 소곱창을 볶아서 먹곤 한다.

야식을 꼭 먹고 싶다면 집에서 해결!

'오늘내일맑음'님의 야식 인증샷

야식 식재료는 앱테크를 통해 모은 포인트나 카드 할인혜택을 활용해 알뜰하게 구입한다. 그리고 종종 티몬, 위메프 등에서 브랜드 쿠폰을 저렴하게 파는 이벤트를 한다. (굽네치킨 40% 할인 쿠폰 등) 정말 배달 야식을 즐기고 싶을 때는 이런 이벤트를 적극 활용해 야식비를 아끼고 있다.

[66데이 타임딜] 한정수량 24,000장! 굽네치킨 굽네 고추바사삭 배달 이용권 - 추가수량 확보

9,666원 / 1개

야식쿠폰
미리 싸게
사놓는 센스!

브랜드 쿠폰 이벤트

"일주일에 두세 번 야식을 먹는다면 야식비가 얼마나 들까요? 1년에 대략 290만원! 웬만한 직장인 한 달 월급 수준이더라고요~"

'오늘내일맑음'님은 야식을 통제하지 않을 때 지출되는 야식비를 직접 계산해보고 놀랐다고 한다. 그리고 야식을 매번 뿌리치기는 힘들지만, 이 작은 도전이 나중에 큰 자산이 될 수 있을 거라는 말도 남겼다. 앞으로도 항상 응원하고 싶다. '오늘내일맑음'님, 파이팅입니다!

식비 잡는 '통장첩 살림법'

| 월 5만원 절약 |

재미있고 효율적으로 식비 줄이기

식비! 안 먹고 덜 먹고 무작정 아낀다? 그러다간 자칫 식비를 줄여나가는 과정이 너무 고통스러울 수 있다. 따라서 재미있게, 효율적으로 식비 줄이는 방법을 찾는 것이 중요하다.

이번 장에서는 식비 잡는 '통장첩 살림법'을 소개한다. 재미와 효율! 두 마리 토끼를 함께 잡을 수 있는 방법이다. 참고해서 실행에 옮겨보길 바란다.

먼저 준비물이 필요하다.

○ 통장첩(인덱스형)

○ 볼펜 또는 사인펜

통장첩(인덱스형)

통장첩과
펜만 있으면
준비 완료!

볼펜 또는 사인펜

준비물은 이렇게 딱 2개뿐이다. 단, 통장첩*은 최소 12포켓으로 이루어진 것이어야 한다. 그러면 이제 다음 실천법에 따라 실행에 옮겨보자.

실천법 1 한 달 식비 예산을 짠다

먼저 최근 3개월간의 식비를 파악한다. 평소 가계부를 쓴다면 식비에 해당되는 금액만 파악하면 끝! 최근 3개월간 식비 중 가장 적은 금액을 예산으로 정하면 된다. 만약 도전적으로 실천하고 싶다면 10%를 줄여서 한 달 식비 예산으로 정한다.

★ **통장첩** : 인터넷에 검색하면 저렴하고 예쁜 통장첩이 많으므로 본인의 취향에 맞는 통장첩을 구입해서 사용하면 된다. (청운그린화일 13포켓 등)

실천법 2 통장첩에 3일 단위로 식비 칸 10개를 만든다

　날짜는 3일 단위로 쓰되 가계살림을 시작하는 날짜를 기준으로 한
다. (1~3일, 4~6일, 7~9일 등) 한 달을 30일로 보면 통장첩의 10칸에 3일 단
위로 날짜를 쓴 식비 칸을 10개 만들면 된다.
　참고로 가계살림을 1일이 아닌 다른 날짜를 기준으로 시작하는 분들
도 있다. 그런 경우에는 시작하는 날짜를 기준으로 3일 단위로 순차적
으로 쓰면 된다.

 3일 단위의 칸을 만드는 이유는?

식비를 3일 단위로 관리하기 위해서다. 기간을 1일 단위로 너무 짧게 정하면 한꺼
번에 지출이 많은 날 대응이 어렵다. 반면 7일 단위로 너무 길어지면 자칫 나태해질
수 있다. 왕초보라면 3~5일 단위의 식비 칸을 만드는 것이 무난하다.

실천법 3 3일간 식비를 현금으로 칸마다 넣는다

　한 달 식비 예산에서 3일간의 식비를 계산한다. (예 : 한 달 식비가 30만
원이라면 1일 식비는 1만원, 3일 식비는 3만원) 계산이 끝나면 3일간의 식비를
통장첩 10칸에 나누어 넣는다.
　3일간의 식비에 해당되는 돈은 현금과 상품권으로 분산해서 구성하
는 것이 좋다. 특히 온누리상품권을 할인받아서 구입한 후 동네 슈퍼
등에서 적절히 사용하면 현금을 내는 것보다 훨씬 이득이다. 만약 3일

간의 식비를 3만원으로 정했다면 통장첩에 현금 2만원 + 온누리상품권 1만원으로 구성해서 3만원을 넣어두면 된다.

 식비, 평일은 적고 주말은 많다면?

주말을 낀 3일간의 식비에 더 많은 돈을 배분해도 된다. 하지만 3일간의 식비를 한 달에 걸쳐 최대한 동일하게 배분하되, 식비 지출이 많은 주말에는 되도록 체크카드를 활용하는 것이 더 좋은 방법이다.

실천법 4 비상금 칸을 만들어 비상금을 넣어둔다

갑작스런 돌발변수로 식비 칸에 넣어둔 돈이 부족할 수도 있다. 그럴 때를 대비하여 비상금을 확보해서 통장첩에 함께 넣어두는 것이 좋다. 비상금도 현금과 상품권으로 구성해서 넣어둔다. (예 : 비상금 칸 = 현금 10만원 + 상품권 10만원) 인덱스지에 ① 비상금(현금), ② 비상금(상품권)을 써서 마지막 칸에 꽂아 비상금 칸을 만든다.

'꽃을피운다'님의 통장첩 식비 칸 인증샷　　　'꽃을피운다'님의 통장첩 비상금 칸 인증샷

자, 정리해보자. 통장첩은 정해진 한 달 식비 안에서 소비하기 위해 일정기간 쓸 돈을 구분해놓은 것이다. 이렇게 통제 시스템을 마련해도 자신만의 규칙이 없다면 무너지기 쉽다. 다음 통장첩 살림법의 행동지침을 염두에 두고 실천해보자.

통장첩 살림법 행동지침
① 식비 칸별 이월과 가불은 없다.
② 식비 칸에서 돈이 부족한 경우에는 비상금 칸을 활용한다.
③ 영수증을 챙겨서 식비 칸별로 보관한다.
④ 한 달 결산 후 통장첩에 남은 돈은 저축한다.

"카드 사용이 잦은 편인데……. 이제 식비는 무조건 현금이나 상품권으로 지출해야 하나요?"

"마트에서는 주로 할인혜택이 높은 카드를 사용하는데, 통장첩 살림법을 실천하려면 카드 할인혜택을 포기해야 할까요?"

카페 회원들이 종종 하는 질문이다. 통장첩 살림법은 돈이 나가는 것을 직접 눈으로 보면서 식비를 줄여나가는 방법이다. 따라서 현금이나 상품권을 사용하는 것이 정석이다.

그런데 식비 지출을 일부 카드로 하고 있다면 어떻게 해야 할까? 신용카드를 사용한다면 용기 있게 이별을 고하고 잘라버리길 바란다. 신용카드는 카드사에서 빌리는 빚이며 식비를 줄이는 데 큰 도움이 되지 않는다. 하지만 체크카드를 사용하고 있다면 말이 달라진다. 체크카드는 통장 잔액 내에서만 사용이 가능하고 캐시백* 혜택을 모으면 상당히 쏠쏠하다.

만약 식비를 ① 현금, ② 상품권, ③ 체크카드 이렇게 적절히 섞어서 지출하고 있다면 보다 넓은 관점의 실천법을 그려봐야 한다. 다음 쪽의 개념도를 참고하면 도움이 될 것이다. 단, 월급통장을 지출통장으로 쪼개줘야 성공할 수 있으므로 반드시 월급통장 쪼개기**부터 올바르게 선행하길 바란다.

식비를 '현금 + 상품권 + 체크카드'로 지출하는 경우

① 한 달 식비 예산을 짠다. (예 : 50만원)
② 한 달 식비 예산을 현금, 상품권, 체크카드로 나눈다. (예 : 50만원 = 현금 20만원 + 상품권 10만원 + 체크카드 20만원)
③ 월급통장에서 지출통장으로 '현금 + 상품권'에 해당하는 돈을 한 달에 한 번 이체한다. (지출통장에 이체된 돈을 찾아서 현금으로 갖고 있거

★　**캐시백** : 캐시백은 일단 결제한 후 나중에 할인금액만큼을 통장으로 환급해주는 것을 말한다. 반면 현장할인은 결제시 바로 현장에서 할인해주는 것이다. 체크카드는 대부분 캐시백 형태로 할인을 해주고 있다.

★★　**월급통장 쪼개기** : 월급의 흐름에 따라 월급통장을 지출통장, 비상금통장, 재테크통장으로 쪼개는 것이다. 월급을 소비, 예비, 투자 개념으로 한눈에 관리할 수 있기 때문에 지출을 줄이고 저축·투자 여력을 높일 수 있다. 올바른 월급통장 쪼개기 방법은 《맘마미아 월급 재테크 실천법》의 〈첫째마당〉을 참고하기 바란다.

나 상품권을 사서 통장첩 살림법을 실천하면 끝!)

④ 월급통장에서 지출통장으로 '체크카드'에 해당하는 돈을 일주일에 한 번씩 이체한다. (일주일에 한 번, 한 달에 총 네 번! 이렇게 분할이체하면 체크카드의 남용을 통제하는 데 매우 효과적!)

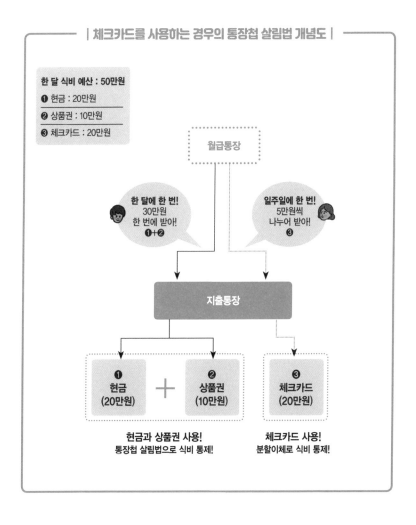

| 체크카드를 사용하는 경우의 통장첩 살림법 개념도 |

한 달 식비 예산 : 50만원
❶ 현금 : 20만원
❷ 상품권 : 10만원
❸ 체크카드 : 20만원

월급통장

한 달에 한 번!
30만원
한 번에 받아!
❶+❷

일주일에 한 번!
5만원씩
나누어 받아!
❸

지출통장

❶
현금
(20만원)
+
❷
상품권
(10만원)

❸
체크카드
(20만원)

현금과 상품권 사용!
통장첩 살림법으로 식비 통제!

체크카드 사용!
분할이체로 식비 통제!

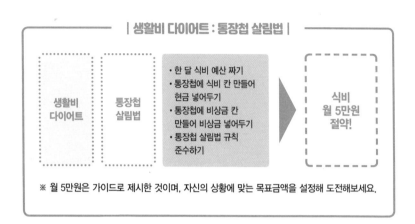

| 생활비 다이어트 : 통장첩 살림법 |

생활비 다이어트 → 통장첩 살림법 →
- 한 달 식비 예산 짜기
- 통장첩에 식비 칸 만들어 현금 넣어두기
- 통장첩에 비상금 칸 만들어 비상금 넣어두기
- 통장첩 살림법 규칙 준수하기

→ 식비 월 5만원 절약!

※ 월 5만원은 가이드로 제시한 것이며, 자신의 상황에 맞는 목표금액을 설정해 도전해보세요.

식비가 들쑥날쑥한 왕초보라면 '통장첩 살림법'을 추천한다. 한 달에 5만원 정도의 식비는 충분히 절약할 수 있을 거라고 생각한다. 아무리 좋은 방법도 실천하지 않으면 말짱 도루묵이다. "내일부터 하지, 뭐" 하고 미루지 말고 지금 당장 도전해보자.

'뚱이땡이맘'님의
통장첩 살림법

'통장첩 살림법'의 최대 장점은 바로 재미있다는 것이다. 실제 성공사례를 통해 자칫 고통스러울 수 있는 식비 절약 과정이 어떻게 재미있게 바뀌는지 살펴보고자 한다. 다음은 카페 회원인 '뚱이땡이맘'님이 통장첩 살림법을 실천한 30일간의 소중한 기록을 정리한 표다.

(단위 : 원)

일자	30일간의 기록	식비 예산	지출	잔액
1일차	드디어 시작! 상큼한 무지출로 스타트!	10,000	0	10,000
2일차	카페라떼 한잔의 여유! 오늘 저녁도 알뜰하게!	10,000	4,400	5,600
3일차	3일동안 식비지출이 만원도 안 되었다! 굿~	10,000	4,900	5,100
4일차	아껴가며 사는 모습이 보기 좋다면 친정엄마한테 칭찬받았어요!	10,000	5,600	4,400
5일차	저 자신이 뿌듯해서 주변에 자랑하고 다녀요!	10,000	3,300	6,700
6일차	무지출 덕분에 하루 식비가 고스란히 잔금으로~	10,000	0	10,000
7일차	아이들(뚱이!땡이!) 데리고 소아과 다녀왔어요!	10,000	8,000	2,000
8일차	오랜만에 빅숙! 설마 하루만에 살 찌진 않겠죠?	10,000	3,500	6,500
9일차	커피를 마신 날, 군것질 한 날보다 무지출한 날이 더 뿌듯!	10,000	0	10,000
10일차	통장수첩 살림법 시작 후 첫 바탈음식!	10,000	17,000	-7,000
11일차	식재료 대신 롯데리아 모바일 상품권 구입! 우리 뚱이를 위해~	10,000	8,000	2,000
12일차	비오는 날! 무지출!	10,000	0	10,000
13일차	외식하는 날! 즐거웠던 하루였어요~	10,000	26,500	-16,500
14일차	작심삼일로 끝나면 어떠나..걱정했지만 잘 하고 있는 나!	10,000	0	10,000
15일차	이틀 연속 무지출!	10,000	0	10,000
16일차	3일 연속 무지출!	10,000	0	10,000
17일차	오늘 저녁 볶음밥으로! 뚱이 간식도 샀어요~	10,000	9,500	500
18일차	냉장고가 비어간다! 온라인 마트로 장보기!	10,000	18,230	-8,230
19일차	힘내하고 외출! 푸드코드에서 초밥 사 먹었어요~	10,000	10,000	0
20일차	저녁에 스팸을 구워서 먹었어요~	10,000	8,000	2,000
21일차	아이들 데리고 키즈카페로! 오늘도 만원이하로 선방!	10,000	4,300	5,700
22일차	친정 엄마 아이들 데리고 외출! 요리실력 발휘! 저녁은 유부초밥!	10,000	4,700	5,300
23일차	친정엄마와의 점심! 사랑하고 항상 건강하세요~	10,000	17,000	-7,000
24일차	오늘은 조금 이른 저녁! 메뉴는 불고기!덮밥!	10,000	0	10,000
25일차	커피를 사 먹을까 말까 고민하다 그냥 찬장에 있는 카누로~	10,000	0	10,000
26일차	간단한 식재료 채소 구입~	10,000	2,500	7,500
27일차	얌 앉고 맛 좋은 피자 배달~남남!	10,000	18,300	-8,300
28일차	오늘도 무지출 달성~	10,000	0	10,000
29일차	연속 무지출! 너무 기뻐요~	10,000	0	10,000
30일차	통장수첩 살림법! 30일! 끝! 축하해주세요!	10,000	12,500	-2,500
합계		300,000	186,230	113,770

'뚱이땡이맘'님의 30일간 통장첩 살림법 기록지

'뚱이땡이맘'님은 3일간의 식비를 3만원으로 정했는데, 30일간 실천한 결과 무려 11만원 넘는 돈이 남았다. 잔금은 고스란히 적금통장으로 직행! 저축의 기쁨도 만끽하고 있다.

물론 '뚱이땡이맘'님도 처음에는 남편 월급이 들어오면 이것저것 불필요하게 지출하는 일이 많았다. 그래서 일단 불필요한 지출을 찾아보기로 결심하고 최근 3개월간 쓴 가계부를 살펴보니 육아비(분유, 기저귀, 옷과 장난감 등)가 40%, 식비(식재료, 외식 등)가 35%, 나머지(교통·유류비, 병원·의료비 등)가 25% 정도였다. 육아비를 줄이기는 어려워서 가장 손쉽게 줄일 수 있는 식비부터 줄이기로 했다. 이왕이면 재미있게! 통장첩 살림법 시작! 그리고 마침내 식비 절약의 성공을 이루어냈다.

'뚱이땡이맘'님의 통장첩 인증샷

'뚱이땡이맘'님은 통장첩 살림법을 시작한 후 많은 긍정적인 변화가 생겼다는 말도 해주었다.

"매일 지출뿐이었지만 이제는 3일에 한 번꼴로 무지출을 달성하고 있어요. 너무 뿌듯해요!"
"돈을 재미있게! 꼭 필요한 곳에만! 때로는 쿨하게 쓰는 여유가 생겼어요~"
"돈돈…… 입에 달고 살던 버릇이 없어졌어요. 마음이 한결 편해졌는데 적금통장 금액은 늘고……. 신기해요!"

사랑스런 아이들(애칭은 뚱이, 땡이), 듬직한 남편과 알콩달콩 가정을 꾸려나가고 있는 '뚱이땡이맘'님! 항상 행복이 가득하시길 바랍니다!

생활비 절약의 완성은 가계부 쓰기

| 월 10만원 절약 |

왕초보라면 생활비를 줄이기 위해서 일단 '식비'에 선택과 집중을 해야 한다. 그리고 나머지 생활비는 관리에 중점을 두어야 한다. 식비는 앞에서 소개한 다양한 실천법을 참고해 줄여나가면 된다.

그럼 나머지 생활비는 어떻게 관리해야 할까? 가장 손쉬운 방법은 바로 가계부 쓰기다.

 식비를 제외한 나머지 생활비란?

식비를 제외한 생활용품비, 의류·미용비, 병원·의료비, 취미활동비, 교통·유류비, 자기계발비, 용돈 등을 말한다. 소비성 지출로 지출금액이 매월 일정하지 않은 것이 특징이며, 변동지출의 성격을 띠고 있다.

실천법 ① 왕초보라면 수기가계부로 시작한다

가계부는 크게 수기가계부, 가계부앱, 엑셀가계부가 있다. 일단 가계부 종류별 장단점부터 알아보자.

| 수기가계부 vs 가계부앱 vs 엑셀가계부 장단점 비교 |

구분	수기가계부	가계부앱	엑셀가계부
장점	• 직접 쓰는 손맛이 있다. • 아기자기하게 꾸미는 재미가 있다. • 손으로 쓰면서 자연스럽게 반성이 된다. (돈을 얼마나 썼는지 체감이 확 된다)	• 수입과 지출이 자동 입력된다. (카드, 은행 계좌 연동 가능) • 밖에서도 실시간으로 쓸 수 있다.	• 통계 기능이 파워풀하다. • 다양한 계산 기능이 있다. (합산, 평균 등) • 입맛에 맞게끔 양식을 변형할 수 있다.
단점	• 통계, 합산 등을 직접 해야 한다. (계산기 필요) • 밖에서 실시간으로 쓰기 어렵다.	• 입맛대로 쓰기 어렵다. • 자동입력이라 현실 체감도가 떨어진다. (반성이 잘 안 된다) • 인터넷 환경이 안 좋을 때는 쓰기 어렵다.	• 엑셀을 잘 다루지 못하면 어렵다. • 컴퓨터를 통해서만 쓸 수 있다. • 사무적인 느낌이라 재미가 덜하다.

위 표와 같이 수기가계부든 가계부앱이든 엑셀가계부든 각각의 장단점이 있다. 어떤 가계부가 가장 좋을까? 물론 본인이 가장 편하고 오랫동안 쓰기에 불편

《맘마미아 가계부》 내지

함이 없는 가계부가 최고다.

하지만 왕초보라면 수기가계부를 추천한다. 가계부 쓰는 습관을 기르는 데 가장 효과적이기 때문이다. 직접 쓰는 손맛! 직접 꾸미는 아기자기함! 하루하루 반성의 메모! 다른 가계부가 절대 가질 수 없는 수기가계부만의 아날로그식 재미다. 재미는 곧 자연스럽게 습관을 길러준다.

'티끌모아 만기통장'님의 엑셀가계부

물론 수기가계부도 분명 단점이 있다. 일단 수기가계부로 시작한 후에 어느 정도 습관이 길러지면 가계부앱이나 엑셀가계부를 적절히 함께 활용해서 단점을 보완해주는 것이 좋다.

Tip 고수들의 가계부 조합 응용기술 엿보기

- [택1] 가계부앱 + 수기가계부 : 밖에서 일하거나 활동할 때는 가계부앱에 간단히 기록만 하고, 집에 와서 수기가계부로 정리하면 끝!
- [택2] 수기가계부 + 엑셀가계부 : 꾸준히 수기가계부를 쓰고 한 달에 한 번 엑셀가계부의 통계, 계산 기능 등을 활용해서 결산하면 끝!

그래도 만약 평생 가계부를 안 쓸 생각이라면? 한 달에 한 번 통장정리라도 해보자. 통장에 찍힌 내역을 보면서 최소한 불필요한 지출 정도는 체크할 수 있을 것이다. 하지만 뭐니 뭐니 해도 가계부 쓰기가 부자가 되는 소중한 첫걸음이라는 것을 명심하자.

실 천 법 2 나만의 가계부 기준일을 정한다

가계부를 한 달 단위로 쓸 때 맞닥뜨리는 고민이 있다. '1일부터 말일까지'를 한 달로 볼 것인지 '월급날부터 다음 달 월급 전날까지'를 한 달로 볼 것인지 바로 가계부 기준일을 정하는 것이다.

가계부의 최강고수인 카페 회원들을 대상으로 설문조사를 한 적이 있다. 설문조사 결과 가계부 기준일은 '1일이 좋다'는 답이 80%로 압도적으로 높았다. 다음은 이구동성으로 밝힌 장점들이다.

"가계부 기준일을 1일로 정하니까 월 결산, 특히 1년 결산이 훨씬 편해지더군요."

"처음에는 월급날을 기준으로 썼는데 이직이 잦다 보니 월급날이 자주 바뀌었어요. 가계부 쓰는 패턴이 계속 달라져서, 지금은 매월 1일을 기준으로 쓰고 있어요! 안정적인 느낌이 들어서 좋아요~"

"1일로 시작해서 말일까지 끊어서 결산하니까 가계부가 깔끔하게 정리되어서 좋습니다!"

'월급날이 좋다'는 답은 20%에 불과했지만 다음과 같은 장점을 꼽았다.

"1일 기준으로 썼는데, 월급이 통장에 일찍 들어오니까 자꾸 돈을 당겨서 쓰게 되더라고요. 지금은 월급날에 맞춰 결산하는데, 남는 돈은 왠지 보너스 받는 느낌이 들어서 좋더군요."

"월급날(25일) 기준으로! 25~말일, 다음달 1~24일, 이렇게 기간을 쪼개서 관리하고 있어요. 25~말일까지 1차 정리를 하고 나면 다음 달도 아직 많이 남아 있다는 생각에 더욱 알뜰하게 관리하게 되는 것 같습니다!"

어떤가? "가계부 기준일, 월급날보다는 1일이 더 좋구나!" 무작정 이렇게 단정 짓는 분들도 있을 것이다. 하지만 꾸준히 쓸 수만 있다면 1일이든 월급날이든 날짜가 무슨 상관이겠는가! 가계부 최강고수인 카페 회원들에게는 공통적인 특징이 있다. 바로 1일과 월급날, 각각의 기준일에 맞춰서 가계부를 한 번씩 써본 경험이 있다는 것이다. 이런 과정을 거치면서 비로소 본인에게 가장 잘 맞는 가계부 기준일을 찾은 것이다.

따라서 왕초보라면 자기만의 가계부 기준일부터 잘 정해줘야 한다. 일단 처음에는 1일 기준으로 가계부를 써보자. 1일은 시작의 의미! 새롭게 시작하는 마음가짐과 의지를 갖게 해준다. 무엇보다 결산이 1일부터 말일까지 딱 맞아떨어지기 때문에 가장 깔끔하다. 이렇게 몇 달 써본 다음 불편하다면 월급날 기준으로 바꿔서 써보길 바란다. 그래서 가장 편하게 꾸준히 쓸 수 있는 가계부 기준일을 찾아야 한다. 비록 힘들 수도 있겠지만, 가계부 고수가 되기 위한 통과의례와 같은 과정이므로 꼭 이겨내길 바란다.

맞벌이부부의 가계부 기준일은?

부부의 월급날이 서로 다르다면 어느 한쪽의 월급날에 맞춰 기준일을 정하기가 애매하다. 먼저 가계부 기준일을 1일로 통합하는 것이 좋다. 더 좋은 방법은 금액이 적은 쪽의 월급을 몽땅 저축하는 것이다. 그럼 가계부 기준일을 놓고 고민할 필요도 없고 나중에 외벌이부부가 될 때를 대비한 연습도 자연스럽게 할 수 있다.

실천법 3 생활비 중심으로 초간단 가계부를 쓴다

가계부에 모든 지출의 기록을 꾸준히 담기란 힘들다. 물론 첫날에는 꼼꼼하게 모든 지출내역을 일일이 확인하면서 쓴다. 의욕이 넘쳐서 20분 이상 투자한다. 하지만 시간이 갈수록 귀찮고 쓰기가 싫어진다. '내가 왜 이러고 사나?' 싶은 생각도 들고, 결국 조용히 가계부를 덮어버린다. 그러다가 연초가 되면 예쁘고 고급스러운 가계부를 열심히 찾아다닌다. 가계부 쓰기에 실패하는 전형적인 패턴이다.

만약 현재 가계부를 쓰는 시간이 20분 이상 걸린다면 다음 2가지를 확인해봐야 한다.

① 너무 복잡하게 쓰고 있는 것은 아닌가?

② 가계부 양식이 너무 구체적인 기록을 요구하는 것은 아닌가?

스스로에게 자문해보자. "과연 5년, 10년 후에도 매일 20분 이상을 투자하면서 꾸준히 가계부를 쓸 수 있을까?" 자신이 없다면 매일 5분 안에 끝낼 수 있도록 철저하게 생활비 중심의 초간단 가계부(예 :《맘마미아 가계부》)를 써보길 바란다.

하루 5분이면 끝! 생활비 중심의 《맘마미아 가계부》란?

'월급쟁이 재테크 연구' 카페의 노하우가 담겨 있는 생활
비 중심의 수기가계부다. 매달 1일부터 시작하는 가계부
로, 결산관리가 용이하다.
매년 《맘마미아 가계부》가 나오니 참고하기 바란다.

《맘마미아 가계부》

"5분? 너무 짧지 않나요?" 이런 말을 할 수도 있을 것이다. 하지만 매
일 5분씩 딱 3개월만 가계부를 써보라. 결코 쉽지 않다는 것을 느낄 것
이다. 매일 5분도 어려운데 매일 20분? 과연 쉬울까? 다음은 필자가 누
누이 강조하는 말이다. 그 의미를 찬찬히 곱씹어보았으면 좋겠다.

"중간중간에 낙서도 하고 휘갈겨 써도 됩니다!"
"하루 5분이라도! 설령 대충이라도 한결같이 쓰십시오!"

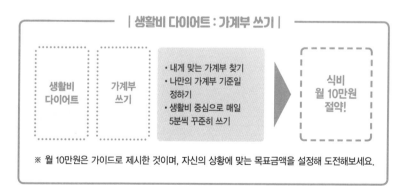

| 생활비 다이어트 : 가계부 쓰기 |

| 생활비
다이어트 | 가계부
쓰기 | • 내게 맞는 가계부 찾기
• 나만의 가계부 기준일
  정하기
• 생활비 중심으로 매일
  5분씩 꾸준히 쓰기 | 식비
월 10만원
절약! |

※ 월 10만원은 가이드로 제시한 것이며, 자신의 상황에 맞는 목표금액을 설정해 도전해보세요.

고수들만 아는 가계부 쓰기 비법

■ **신용카드는 잘라버리고 현금, 체크카드만 사용하기**

신용카드는 미래의 돈을 당겨쓰는 것이다. 아예 안 쓰면 생활비가 절약될뿐더러 결산할 때도 심플하다.

■ **비상용으로 신용카드를 한 개쯤 갖고 있다면 다음 원칙 지키기**

① 신용카드를 쓰면 현금을 쓴 것으로 간주해서 당일 지출로 잡는다.

  – 카드값은 다음 달에 빠지겠지만, 이번 달에 어디에 얼마를 지출했는지를 아는 것이 중요하다.

② 당월 쓴 신용카드값은 아예 말일 이전에 미리 선결제 처리한다.

  – 미리 선결제 처리하면 당월에 현금을 쓴 것과 똑같기 때문에 결산할 때 편하다.

③ 매월 1일에서 말일까지 사용한 신용카드값이 다음 달에 빠지도록 설정한다.

  – 예를 들어 전월 17일부터 당월 18일까지 사용한 금액이 다음 달에 빠지면 관리가 복잡해진다.

■ **월급날이 25일 전후라면 월급을 CMA통장에 며칠 묵혔다가 1일 수입으로 잡기**

증권사 CMA통장 대신 은행 고금리 수시입출금식 예금통장에 묵힐 수도 있다.

■ **100원 또는 1,000원 단위로 반올림해서 쓰기**

10원 단위까지 쓰면 좋지만 결산 때 잘 맞지 않는다. 안 맞으면 짜증나고 스트레스만 생긴다.

성공사례를 보며 가계부 고수 되기

이상으로 '가계부 쓰기 실천법'을 핵심만 추려서 정리했다. 일단 습관부터 기르는 것이 가장 중요하다. 처음에는 가계부를 쓰는 것 자체만으로도 벅찰 수 있다. 하지만 습관만 붙게 되면 단순한 관리를 넘어서 본격적으로 가계부의 힘이 발휘될 것이다. 분명 가계부를 쓰는 것만으로 한 달 생활비를 10만원 이상 줄이는 효과를 이끌어낼 수 있을 거라고 본다.

현재 카페의 '[부자]맘마미아 가계부', '[도전]한 달 10만원 살기' 게시판에서 많은 회원들이 가계부 지출내역, 생활비 절약 꿀팁 등을 공유하면서 응원과 격려를 나누고 있다. 특히 대한민국 가계부 최강고수들의 다양한 성공사례가 매일매일 올라온다. 차근차근 따라하다보면 나도 모르게 가계부 고수반열에 올라설 수 있을 것이다. 참고로 매주 가계부 쓰기 이벤트도 진행하고 있는데 참여하면 다양한 사은품도 받을 수 있다.

카페에서 진행하는 '가계부 쓰기' 이벤트

'부부우자'님의 취미활동비 절약하기

'부부우자'님의 취미는 영화, 미술관, 뮤지컬 등 문화생활을 즐기는 것이다. 꾸준히 가계부를 쓰다보니 "이런 취미활동비를 알뜰하게 절약할 수 있는 방법이 없을까?"라고 자연스럽게 고민하게 되었다.

문화생활을 무료 또는 착한 가격에 할 수 있는 방법이 꽤 많았다.

1 | 이동통신사의 혜택을 활용한다

SKT 이동통신사의 VIP 혜택을 활용하면 VIP 무료 영화 예매 3회 및 평일 1+1 예매 9회를 포함해 연 12회 이용할 수 있다. 다른 이동통신사에도 영화 무료예매 VIP 혜택이 있으므로 꼭 챙겨보자.

2 | 영화관에서 진행하는 이벤트를 활용한다

CGV, 롯데시네마, 메가박스 등 주요 영화관에서 진행하는 각종 이벤트를 활용하는 것도 좋다. 할인쿠폰을 받거나 무료 관람권까지도 얻을 수 있기 때문이다. 매월 마지막 수요일! 문화의 날에는 주요 영화관에서 저녁 5~9시에 상영되는 영화를 7,000원에 관람할 수 있다.

할인 이벤트를 통해 알뜰하게 문화생활 하기!

3 │ 각종 초대이벤트에 응모한다

SK멤버십, 해피포인트, YES24 등에서 진행하는 각종 초대 이벤트도 눈여겨봐야 한다. 응모해서 당첨되면 미술관, 뮤지컬, 콘서트 등을 무료로 즐길 수 있기 때문이다.

지치고 힘들 때 문화생활은 소중한 힐링이 될 수 있지 않을까 한다. '부부우자'님, 더욱 슬기로운 문화생활을 즐겨보세요!

월 100만원 모으기 | 2

월 20만원
새는 돈 틀어막기

12 나 몰래 새는 돈 Top4 틀어막기

왕초보의 절약은 생활비(변동지출) 절약!

새는 돈은 반드시 막아야 한다. 그럼 어떤 항목에서 돈이 새고 있을까? 많은 분들이 '생활비'라고 답할 것이다. 그래서 〈첫째마당〉에서 생활비 다이어트를 위한 월 30만원 절약법을 살펴보기도 했다.

생활비는 변동지출로, 매월 지출금액이 일정하지 않다. 따라서 지출금액이 비정상적으로 높은 경우에는 "새는 돈이 있나?" 자연스럽게 의심의 대상이 된다. 줄줄 새는 생활비는 무관심하면 틀어막을 수 없다. 하지만 조금만 관심을 가지면 막기 쉽다.

고수의 절약은 공과금 등(고정지출) 절약!

반면 고정지출은 상황이 다르다. 매월 지출금액이 일정해서 돈이 새는지 아닌지 잘 모른다. 통장에서 공과금 등으로 일정한 돈이 나가기 때문에 그냥 '당연히 빠져나가는 돈'이라고 생각한다.

하지만 고정지출에도 분명 새는 돈이 있다. 생활비뿐만 아니라 고정지출 항목에서 새는 돈까지 틀어막아야만 진정한 절약 고수로 거듭날 수 있다. 적을 알아야 이길 수 있는 법! 먼저 고정지출의 세부항목부터 파악해보자.

| 고정지출 자세히 살펴보기 |

구분	고정지출	
특징	비소비성 지출, 금액이 매월 일정하다.	
세부항목	① 아파트 관리비	청소, 경비, 승강기 검사 등 아파트 관리를 위해 쓴 돈
	② 공과금	전기, 가스, 수도 등을 사용하는 데 쓴 돈
	③ 통신비	휴대폰, 인터넷 등에 쓴 돈
	④ 교육비	어린이집, 유치원, 학원 등 자녀의 교육을 위해 쓴 돈
	⑤ 보험료	의료실비보험, 암보험 등 질병이나 상해에 대비하기 위해 쓴 돈
	⑥ 대출상환원리금	주택, 자동차 등을 구입할 때 받은 대출 원금과 이자

지출 종류 3가지
① 변동지출, ② 고정지출,
③ 비정기지출

06장에서 생활비 항목을 설명하면서 변동지출, 고정지출을 살펴봤다. 일반적으로 지출은 그것에 더해 비정기지출이 추가되어 총 3개로 나뉜다. 즉 변동지출, 고정지출, 비정기지출이다. 이 중 비정기지출은 예고 없이 찾아오는 돌발적인 성격으로 경조사비, 자동차세, 재산세 등이 이에 해당된다. 변동지출, 고정지출에 비해 지출금액이 상대적으로 크지 않은 편이다.

줄줄 새는 돈 Top4 살펴보기

생활비처럼 고정지출에도 의외로 세부항목이 많다. 이 중에서 돈이 새고 있을 가능성이 높은 항목을 찾아보자. 그런데 어떤 세부항목에서 돈이 새는지 헷갈릴 수 있다. 왕초보라면 다음 4가지를 새는 돈으로 정해서 집중적으로 틀어막아보자. 이 4가지가 돈이 샐 가능성이 가장 크고 절약 효과도 가장 크기 때문이다.

| 줄줄 새는 돈 Top4 |

세부항목	구분
① 공과금	고정지출(공과금 등)
② 통신비	고정지출(공과금 등)
③ 보험료	고정지출(공과금 등)
④ 교통 · 유류비	변동지출(생활비)

고정지출과 함께 관리하면 효과 UP!

참고로 교통·유류비(기름값 + 대중교통비)는 생활비다. 즉 변동지출 항목이지만 새는 금액이 많고 절약 난이도가 높아서 고정지출과 함께 틀어막으면 시너지 효과를 볼 수 있다.

절약 고수가 되려면 새는 돈을 잘 막아야 한다. 어떻게 할 것인가? 본격적으로 실천하기 전에 다음 2가지를 염두에 두자.

1 | 절약 고수가 되려면? 아는 것이 힘!

새는 돈은 아는 만큼 틀어막을 수 있다. 통신비, 보험료, 교통·유류비는 방법을 몰라서 새는 경우가 많다. 특히 할인제도, 카드 등을 적극 활용해야 하는데 이런 정보를 모르면 아예 활용조차 할 수 없다. 알짜배기 정보(팁, 노하우 등)를 최대한 많이 아는 것이 매우 중요하다.

2 | 검증된 실천법으로 실행력을 높이자

공과금은 틀어막는 방법을 알아도 새는 돈이 많다. 중구난방으로 덤벼서 실행력이 떨어지기 때문이다. 알고 있는 방법을 어떻게 꾸준히 실천할 수 있을까? 실행력을 높이는 방안을 고민해야 한다. 그러려면 주먹구구식이 아닌 검증된 실천법에 따라 체계적으로 실행력을 높여야 한다.

다음은 왕초보를 위한 새는 돈 틀어막기 개념도다. 다음 장부터 다양한 알짜배기 정보(팁, 노하우 등)와 실행력을 높일 수 있는 방안을 실천법으로 정리해두었다. 차근차근 실행에 옮겨보면 분명히 새는 돈을 월 20만원 이상 줄일 수 있을 것이다. 이는 곧 매월 나 몰래 새는 돈 20만원을 0원으로 틀어막는 셈이다.

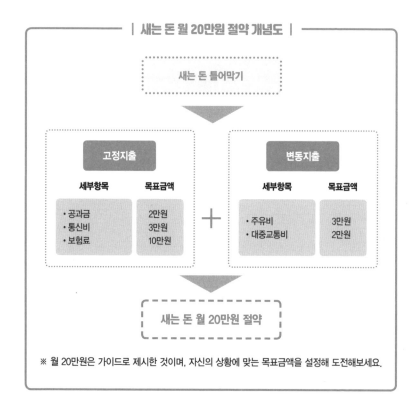

| 새는 돈 월 20만원 절약 개념도 |

새는 돈 틀어막기

고정지출

세부항목	목표금액
• 공과금	2만원
• 통신비	3만원
• 보험료	10만원

+

변동지출

세부항목	목표금액
• 주유비	3만원
• 대중교통비	2만원

새는 돈 월 20만원 절약

※ 월 20만원은 가이드로 제시한 것이며, 자신의 상황에 맞는 목표금액을 설정해 도전해보세요.

13 공과금 알뜰살뜰 줄이는 꿀팁

| 월 2만원 절약 |

공과금은 고정지출 항목에 들어가며 일반적으로 전기요금, 가스요금, 수도요금 등을 말한다. 주부들이라면 대부분 공과금을 줄이는 방법을 잘 알고 실천하고 있을 것이다. 하지만 고지서에 찍힌 금액을 보고 한숨짓는 경우도 많다. 열심히 줄였는데 왜 이렇게 많이 나왔을까?

이유는 바로 나 몰래 새는 공과금이 있기 때문이다. 혹시 주먹구구식

Tip 전기요금 복지할인 제도란?

주거용 주택용 사용가구 중 아래의 대상에 해당되는 경우 전기요금 복지할인을 제공한다. 한전ON(online.kepco.co.kr)이나 한전 지사를 방문해서 신청하면 된다.

- **장애인, 유공자, 기초수급(생계의료)** : 월 16,000원 한도
- **기초수급(주거교육)** : 월 10,000원 한도
- **차상위계층** : 월 8,000원 한도
- **대가족, 3자녀, 출산가구** : 월 16,000원 한도

으로 공과금을 줄이려고 한 것은 아닐까? 다음의 '공과금 절약 실천법'을 참고해 보다 체계적으로 실행력을 높여보길 바란다.

딱 한 번만 실천해도 공과금 다이어트OK!

다음 절약법들은 딱 한 번만 실천하면 계속해서 공과금을 줄일 수 있다. 만약 이것마저 포기한다면 매일 줄줄 새고 있는 공과금을 틀어막기란 어렵다. 많은 시간이 걸리지 않으므로 반드시 실천하도록 하자.

실천법 ① 냉장고 냉장온도, 뒷면 거리를 확인한다

냉장고는 1년 365일 계속 사용한다. 따라서 전기 소모가 가장 높은 가전제품이다. 일단 계절별 적정 냉장온도를 꼭 지켜주는 것이 중요하다. 여름에는 5~6도, 봄가을에는 3~4도, 겨울에는 1~2도가 적정온도다. 현재 냉장온도가 너무 낮게 설정되어 있다면 적정 냉장온도로 올리자.

적정온도만 지켜도 전기세를 아낄 수 있어요!

(출처 : LG전자)

냉장고의 냉장실은 60% 정도만 채우고 냉동실은 가득 채우면 냉기 순환이 좋아져서 전기요금을 줄일 수 있다.

또 냉장고는 뒷면 온도에 따라 효율이 10% 정도 차이가 난다. 냉장고는 뒤쪽 벽면과 10cm 이상, 측면과는 30cm 이상 떨어지게 설치하자. 만약 빌트인 등 주방구조상 측면 적정거리를 유지하는 것이 어렵다면 최소한 뒤쪽 벽면만이라도 적정거리를 유지하자. 그리고 정기적으로 냉장고 뒷면 방열판의 먼지와 냉동실의 서리를 청소해야 한다. 냉장고 문 자주 열지 않기, 빨리 열고 닫기 등도 함께 습관화하면 좋다.

실천법 ② 여름철 에어컨은 적정온도로 설정한다

많이들 여름철 에어컨 온도를 24도 이하로 너무 낮게 설정해둔다. 여름철 실내온도는 26도 이상이 가장 적정하며 절대 덥지 않다. 단 2도만 올려도 전기를 약 14% 절약할 수 있다. 에어컨 필터 청소를 하고, 습한 날에는 제습기능도 적절히 활용하면 전기도 절약하면서 시원하게 여름을 보낼 수 있다. 쿨파워, 강력냉방 등의 기능은 에어컨 가동 초기 사용하다가 적정 온도 26도에 도달하면 사용을 지양하자. 이들 기능은 전기를 잡아먹는 주범이기 때문이다.

실천법 ③ 고효율 조명, 절전형 멀티탭으로 교체한다

집 안을 둘러보면서 형광등(40W)을 교체할 곳이 없는지 찾아본다. 만약 있다면 고효율 형광등(32W)이나 LED조명으로 교체해보자. 수명이 길어지고 소비전력도 15~20% 줄어든다. 사용하지 않는 가전제품의 대기전력도 전기 낭비의 주범이다. 절전형 멀티탭으로 교체해서 스위치를 꺼두길 바란다. 멀티탭의 스위치를 끄면 코드를 뽑는 것과 같은 효과를 얻을 수 있다.

실천법 4 에너지소비효율 1등급 가전제품을 구입한다

1등급은 5등급에 비해 전기요금을 30~40% 절약할 수 있다. 물론 가격이 비싸기는 하지만 중장기적으로는 훨씬 유리하다. 전기요금을 한달에 2만원 이하로 유지하는 카페 회원들의 핵심비결은 에너지소비효율 1등급 가전제품 사용이었다.

고효율 형광등(32W) (출처 : 11번가)

에너지소비효율등급표

실천법 5 단열상품(문풍지, 단열매트, 카펫 등)을 활용한다

창문이나 현관문을 통해 들어오는 틈새바람을 문풍지로 막거나 창문에 일명 뽁뽁이만 붙여도 외부 냉기가 상당히 많이 차단된다. 거실 바닥에서 올라오는 냉기를 차단하기 위해 단열매트나 카펫을 활용하는 것도 좋다. 겨울철이 시작되면 하루 날을 잡아서 단열상품을 최대한 설치해보자.

 단열매트는 온수매트와 전기매트 중 어느 것이 더 좋을까?

이 문제로 카페 회원들 간에 토론한 적이 있는데 전기매트보다 온수매트가 더 좋다는 쪽으로 결론이 났다. 전기매트는 전자파 때문에 건강에도 안 좋고 누진세로 전기요금이 더 나올 수 있다는 의견이 많았다. 누진세! 우습게 생각하지 말자. 정말 무섭다.

실천법 6 변기 물탱크에 물을 채운 페트병을 넣어둔다

화장실 변기 물탱크에 물을 채운 페트병을 넣어둔다. 물론 페트병 대신 벽돌을 사용할 수도 있지만 오래되면 변색되고 약해지는 단점이 있다. 페트병이 가장 무난하며, 페트병에 채워진 물의 양만큼 수도요금이 절약된다.

부지런히 실천하면 공과금 다이어트 성공!

다음 절약법들은 부지런해야만 공과금을 줄일 수 있다. 알고 있으면서도 꾸준히 실천하기가 어렵다.

실천법 7 전력피크 시간대에 전기 사용을 자제한다

여름철과 겨울철의 전력피크 시간대가 다른데, 이 시간대에는 최대한 전기 사용을 줄여야 한다. 여름철은 오후 2~5시, 겨울철은 오전 10~12시, 오후 5~7시가 전력피크 시간대다.

실천법 8 사용하지 않는 시간에는 가전제품 코드를 뽑는다

TV, 전기밥솥 등을 사용하지 않을 때는 코드를 뽑아두자. TV 셋톱박스는 대기전력이 높기 때문에 TV를 시청하지 않을 때는 반드시 셋톱박스의 코드를 뽑는 것이 좋다. 전기밥솥은 보온 기능을 유지할 때 전력 소모가 크다.

'오늘내일맑음'님의 사용하지 않는 코드 뽑기

밥을 하고 나면 전기밥솥의 코드를 뽑고, 남은 밥은 냉동보관한다. 냉동보관한 밥은 3~4시간 전에 꺼내서 해동한 후 전자레인지나 찜기를 활용해 데워 먹는다.

실천법 9 보일러를 효율적으로 사용한다

보일러를 안 켜고 버틴다? 추위에 덜덜 떨면서 살 수는 없다. 보일러는 타이머를 활용해서 효율적으로 켜는 것이 좋다. 온기가 새지 않도록 문을 꼭 닫아두는 것은 기본이다. 또한 건조한 겨울에는 젖은 수건을 걸어두거나 물을 떠놓아서 실내 습도를 높여주면 좋다. 습도가 높아지면 따뜻한 열을 오래 간직해서 냉기를 막을 수 있다.

■ 수도꼭지는 냉수 방향으로 돌려놓는 것이 좋다?

"수도꼭지가 온수 방향으로 돌려져 있으면 물을 틀지 않더라도 보일러가 작동된다!" "아니다! 보일러에 눈이 달린 것도 아니고 작동되지 않는다!" 카페 회원들 간에서도 열띤 토론이 벌어진 적이 있다. 한국에너지공단 자료 등에 따르면 수도꼭지를 온수 방향으로 돌려두면 보일러가 공회전되어 난방비가 상승된다고 한다. 물을 사용하지 않을 때는 수도꼭지를 냉수 방향으로 돌려놓는 습관을 길러두자.

(출처 : 서울시 블로그)

■ 외출 시 보일러 전원을 꺼두는 것이 좋다?

보일러 전원을 자주 껐다 켰다 하면 에너지 소모가 크다. 외출 시에는 전원을 끄지 말고 '외출'로 돌려놓거나 온도를 낮춰두는 것이 더 낫다. 이렇게 하면 특히 단열이 잘 안 되는 추운 집은 동파 방지에도 상당한 도움이 된다.

■ 난방수보다 온수가 비싸다?

난방수는 보일러 배관을 따라 계속 순환하면서 열기를 가진 상태에서 데워진다. 하지만 온수는 사용 후 버려지기 때문에 또다시 차가운 물을 새롭게 데워야 한다. 뭐가 비쌀까? 당연히 온수가 비싸다. 불필요하게 온수를 콸콸 틀어놓거나 온수 온도를 과도하게 올려놓으면 가스요금 폭탄 맞기 십상이다.

■ 사용하지 않는 방의 보일러 밸브는 잠가두는 것이 좋다?

사용하지 않는 방에 굳이 보일러를 켤 필요는 없다. 하지만 한파가 지속되어 동파되면 골치 아플 수 있다. 1/4 정도 밸브를 열어두는 것이 동파 방지뿐만 아니라 결로, 곰팡이 방지에도 도움이 된다.

실천법 10 겨울철 습관을 개선한다

내복, 무릎담요, 덧신, 수면양말 등을 착용해서 체감온도를 높인다.
(내복 : +3도, 무릎담요 : +2.5도, 덧신이나 수면양말 : +0.6도) 따뜻한 차 한 잔은
체감온도를 2~3도 높여주며 2~3시간 정도 그 온도를 유지해준다.

실천법 11 물 보기를 돈처럼 한다

양치할 때 물컵 사용하기, 쌀 씻은 물을 받아 화분에 주기, 빨래는 모
아서 하기, 기름때는 휴지로 미리 닦기, 수도꼭지 반만 열기, 설거지통
에 물 받아 사용하기 등을 습관화하면 수도요금을 절약할 수 있다.

왕초보를 위한 절약 실천 Top3

어떤가? 공과금 다이어트는 딱 한 번으로 끝나지 않는다. 매일 습관
처럼 실천해야 하기 때문에 결코 쉽지 않다. 따라서 절약 효과와 실천
의 용이성을 따져 왕초보가 도전할 만한 Top3를 선정해보았다. 왕초보
라면 최소한 이 Top3만이라도 꾸준하게 실천해보자.

①Top1 : 취사가 끝나면 전기밥솥의 코드를 뽑는다. (또는 전기밥솥 대
신 압력밥솥을 사용)

②Top2 : 절전형 멀티탭으로 교체하고 사용하지 않을 때는 스위치
를 끈다.

③ Top3 : 여름철에는 에어컨을 적정온도로 설정하고 겨울철에는 문풍지, 뽁뽁이 등 단열상품을 활용한다.

나만의 공과금 절약 Top3를 선정하는 방법

① 꾸준한 실천이 중요! 부지런함을 요구하는 공과금 절약법 8가지를 적어본다.

② 절약 효과와 실천 용이성을 따져서 각각 점수를 매겨본다.

- 절약 효과 : 적다(1점), 보통이다(2점), 크다(3점)
- 실천 용이성 : 쉽다(3점), 보통이다(2점), 어렵다(1점)

③ 점수가 가장 높은 1위부터 3위까지를 나만의 공과금 절약 Top3로 선정한다.

| 공과금 절약 실천표 |

No.	공과금 절약법	절약 효과 ❶ (1점/2점/3점)	실천 용이성 ❷ (1점/2점/3점)	점수 합계 (❶+❷)	Top3 선정 (○/×)
1					
2					
3					
4					
5					
6					
7					
8					

의욕만 앞서서 마구잡이로 덤비다가 작심삼일로 끝나는 것보다 딱 3가지라도 1년 365일 실천하는 것이 훨씬 효과적이다. 나중에 완전한 습관으로 자리 잡은 이후에 하나둘씩 또 다른 절약법으로 확대해서 실천해도 절대 늦지 않다. 실행력부터 높여서 습관을 만드는 것이 최우선임을 잊지 말자.

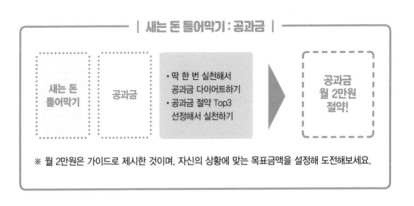

| 새는 돈 틀어막기 : 공과금 |

새는 돈 틀어막기 · 공과금 · 딱 한 번 실천해서 공과금 다이어트하기 · 공과금 절약 Top3 선정해서 실천하기 ▶ 공과금 월 2만원 절약!

※ 월 2만원은 가이드로 제시한 것이며, 자신의 상황에 맞는 목표금액을 설정해 도전해보세요.

"전기요금! 가스요금! 더 이상 줄이기 힘들다고 생각했는데……. 절약 고수님들을 보니까 새고 있었던 공과금이 생각 외로 참 많더군요! 반성이 많이 됩니다."

"새고 있었던 공과금! 틀어막아봐야 푼돈일 거라고 생각했는데, 정말 푼돈이 목돈이 되는 것 같아요!"

공과금 절약을 실천하고 있는 카페 회원들이 하는 말이다. 공과금은 실행력을 높일수록 더욱 줄어든다. 앞에서 소개한 '공과금 절약 실천법'을 꾸준히 실행에 옮기면 분명 줄어드는 공과금이 눈에 보일 것이다. 또한 한 달 평균 2만원 이상 공과금을 줄이는 효과를 이끌어낼 수 있을 거라고 본다. 특히 여름철에는 전기요금! 겨울철에는 가스요금!
새는 돈이 없도록 집중적으로 틀어막아보길 바란다.

　의외로 절약 고수들도 모르는 공과금 절약법도 있다. 카페 회원 세
분의 사례를 통해 알아두면 유용한 공과금 절약법을 소개한다.

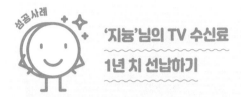

'지능'님의 TV 수신료
1년 치 선납하기

'지능'님은 룸메이트와 함께 자취를 하고 있다. 전기요금 내역을 살펴보니 TV 수신료가 꼬박꼬박 2,500원씩 빠져나가고 있었다. "이게 뭐지?" 알아보니 집에 TV나 미디어기기가 있으면 무조건 내야 하는 KBS 공영수신료였다. 나도 모르게 새는 돈이 있었던 것이다. 그래서 TV 수신료를 최대한 아끼기 위해 1년 치를 한꺼번에 내기로 했다. 왜냐하면 2,500원 할인을 받을 수 있기 때문이다. (만약 6개월 치를 한꺼번에 내면 1,250원이 할인된다) TV 수신료 1년 치 선납은 KBS 한국방송공사(1588-1801)에 전화해서 신청하면 되고 신청 후 얼마 있으면 집으로 지로 통지서가 도착한다. 납기일 이내에 TV 수신료 1년 치를 내면 된다. 참고로 집에 TV가 없는데 TV 수신료가 빠져나간다면 꼭 틀어막자. 이거야말로 줄줄 새는 돈이다.

'지능'님의 나도 모르게 새는 돈

그 외에 가전제품은 최소 에너지소비효율 3등급 이상으로 구입하기, 더운 여름에는 에어컨을 최소화하고 서큘레이터로 공기 순환시키기, 추운 겨울에는 두꺼운 옷을 입어서 체온 유지하기, 버튼식 멀티탭 사용하기 등 다양한 방법으로 공과금을 절약하고 있다.

"사소하더라도 관심을 가지고 바라보니 공과금이 줄어드는 게 눈에 보이더군요!"

'지늉'님은 줄일 수 있는 부분부터 차근차근 줄여나가다 보니 공과금 3종(전기요금, 수도요금, 가스요금)을 5만원 정도로 지출할 수 있었다고 한다. '지늉'님, 더욱 알뜰살뜰한 자취생활을 응원합니다!

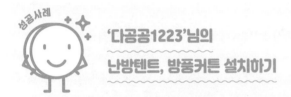

'다공공1223'님의
난방텐트, 방풍커튼 설치하기

'다공공1223'님은 아파트 1층에 살고 있다. 외풍이 심한 편이라 겨울철이면 가스요금이 만만치 않게 나왔다. 모든 창문에 뽁뽁이 설치, 거실에 카펫 깔기, 방에 가습도구(가습기, 젖은 수건 등) 설치는 기본! 하지만 고지서에 찍힌 금액을 보면 여전히 가스요금이 새고 있는 느낌이었다. 추가로 가스요금을 줄일 수 있는 방법이 없을까? 고민이 되었다. 그래서 선택한 방법이 바로 방풍커튼과 난방텐트였다.

'다공공1223'님의 방풍커튼과 난방텐트 인증샷

현관에 방풍커튼을 설치했는데 정말 효과가 좋았다. 외부 찬바람 차단! 현관이 훈훈하다는 착각마저 들고, 찍찍이 형태라 여름철에는 대신 방충망을 설치해도 된다.

침대 위에 난방텐트도 설치했는데, 잘 때 이불을 잘 안 덮는 아이에게 딱이었다. 보온 효과가 뛰어나 아이를 위한 월동준비 필수상품인 것처럼 느껴진다.

"장기적인 목표는 관리비, 공과금 모두 합쳐서 평균 15만원으로 줄이는 것인데……. 앞으로 더욱 열심히 새는 돈을 틀어막으면서 살아볼까 해요~"

겨울철 가스요금만 20만원이 훌쩍 넘었는데 벌써 5만원 이상을 줄였다. 하지만 무작정 줄인 것은 아니다! 사랑하는 남편과 아이가 감기에 걸리지 않도록 현명하게 가스요금을 줄여나갔다. 진심으로 응원하고 싶다. '다공공1223'님, 파이팅입니다!

'재밌멍'님의 팥찜질팩 만들기

싱글인 '재밌멍'님은 저녁에 보일러 사용이 잦았다. 온기가 없으면 잠들기가 힘들기 때문이다. 어떻게 하면 보일러 사용을 줄여볼 수 있을까 고민하다가 팥찜질팩을 만들었다.

팥찜질팩 준비물
○ 재봉틀
○ 팥 1.2kg
○ 천(속싸개용, 겉싸개용)

'재밌멍'님의 팥찜질팩 만들기 인증샷

손재주가 있었기에 어렵지 않게 뚝딱 만들었다. 팥찜질팩은 자기 전에 전자레인지에 3~4분 정도 따뜻하게 데워서 사용한다. 팥 냄새까지 솔솔 풍겨 힐링되는 기분! 잠이 저절로 올 수밖에 없다.

"체감온도 1도만 올려도 보일러 켤 일이 줄어들더라고요! 또한 면역력도 높아지니까 1석 2조인 것 같아요~"

살림꾼인 '재밌멍'님처럼 손재주가 있는 분이라면 따라해볼 만한 방법이라고 생각한다. 가스요금을 조금이라도 틀어막을 수 있을 것이다. '재밌멍'님! 따뜻하고 알뜰한 겨울나기, 항상 응원합니다!

14 통신비! 알면 아낄 수 있다

| 월 3만원 절약 |

통신비 부담이 점점 높아지고 있는데, 여기서 새는 통신비가 있을 수 있다. 이제부터 다음 '통신비 아끼기 실천법'을 참고해 통신비를 효율적으로 아껴서 새는 돈이 없도록 최대한 막아보자.

실천법 1 우체국 알뜰폰을 사용한다

알뜰폰은 3대 이동통신사(KT, SKT, LG U+)로부터 망을 빌려서 제공하는 서비스다. 통화품질은 동일! 쓰던 번호 그대로! 요금은 저렴하게! 이 3가지가 알뜰폰의 대표 장점이다.

물론 정말 통화품질이 떨어지지 않는지 의심들을 많이 한다. 하지만 이동통신사의 망을 빌려서 쓰는 것이기 때문에 통화품질은 차이가 없다고 봐야 한다. 실제 알뜰폰을 사용 중인 카페 회원들도 통화품질의 차이를 못 느꼈다는 말을 많이 한다.

그럼 알뜰폰은 단점이 없는 것일까? 물론 단점도 있다. 일단 단말기의 종류가 제한적이다. 특히 최신 단말기는 구입하기 힘들다. 출고 후 최소 몇 개월이 지나야만 알뜰폰 시장에 나온다. 또한 이동통신사의 멤버십 서비스를 이용할 수 없거나 할인혜택 등이 부족하다.

인터넷우체국(www.epost.go.kr)

따라서 본인의 통화량, 할인혜택, 요금제 등을 잘 파악한 후에 알뜰폰의 장단점을 비교해서 갈아타기를 결정하는 것이 바람직하다. 참고로 우체국 알뜰폰은 아무 우체국에서나 판매하는 것이 아니므로 구매 가능한 우체국을 사전에 인터넷우체국에서 확인해야 한다.

우체국 알뜰폰을 잘 활용하면 기존 이동통신사보다 20~50% 통신비를 아낄 수 있다. 새로운 알뜰폰 요금제가 계속해서 출시되고 있는데 종류가 꽤 많다. 우체국 알뜰폰 온라인 숍에서 찬찬히 비교해본 후 본인에게 맞는 요금제를 결정하길 바란다.

다음 표는 우체국 알뜰폰에서 추천하는 대표적인 요금제를 정리한 것이다. 참고자료로 활용해보자.

─────── | 우체국 알뜰폰 추천 요금제 | ───────

요금제명	스노우맨친구슬림 (후불)	Y 포스트 안심 2G(150분)33(후불)	포스트 600분 2GB(후불)
통신사명	세종텔레콤 (KT망)	와이엘랜드 (LG망)	유니컴즈 (SKT망)
기본 제공량	• 음성 : 150분 • 문자 : 150건 • 데이터 : 1,536MB	• 음성 : 150분 • 문자 : 5건 • 데이터 : 2,048MB	• 음성 : 600분 • 문자 : 100건 • 데이터 : 2,048MB
기본료	2,200원	3,300원	4,400원
초과시 요금	• 음성 : 1.98원 • 문자 : 22원 • 데이터 : 22.53원	• 음성 : 1.98원 • 문자 : 22원 • 데이터 : 22.53원	• 음성 : 1.98원 • 문자 : 22원 • 데이터 : 22.53원

※ 출처 : 우체국 알뜰폰 온라인 숍(요금제 개편 시 변경될 수 있음)

그리고 우체국 알뜰폰 할인카드를 활용하면 통신요금을 보다 절약할 수 있다. (KB국민 우체국 스마트 카드 : 통신요금 월 최대 15,000원 할인, 우체국 다드림 체크카드 : 통신요금 월 최대 2,000포인트 적립)

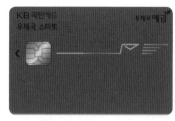

KB국민 우체국 스마트 카드

우체국 다드림 체크카드

실천법 ② 단말기자급제로 요금 25% 할인받는다

　단말기자급제는 내 맘대로 단말기를 선택하고 내 통화 스타일에 맞게 이동통신사와 요금제를 이용할 수 있는 제도다. 최신 단말기를 조금이라도 저렴하게 구입하기 위해서 원치 않는 이동통신사나 요금제에 가입할 필요가 없으며, 무엇보다 요금을 25% 할인받을 수 있다. 본인이 할인혜택을 받을 수 있는지 여부는 한국정보통신진흥협회(KAIT)의 단말기자급제 홈페이지에서 간단히 확인할 수 있다.

　단말기만 별도로 구매했거나 지원금을 받지 않은 중고폰을 갖고 있거나 24개월 약정이 만료되어 재약정으로 가입해야 한다면 단말기지원금에 상응하는 요금할인 혜택을 받아보길 바란다. 이런 제도가 있는지조차 몰라 통신비가 새고 있다면 얼마나 억울하겠는가!

단말기자급제(www.imei.kr)

Tip 단말기자급제 혜택을 못 받는다면? 25% 요금 할인!

■ **내용**

단말기지원금 대신 선택한 요금제의 25% 할인혜택을 제공하는 제도

■ **신청대상(1년 또는 2년 약정 필요)**

• 대리점, 판매점에서 새 단말기를 구입하는 이용자
• 지원금을 받지 않고 단말기를 구입한 이용자
• 2년 약정기간 후에도 같은 단말기를 계속 쓰는 이용자

■ **할인 대상인지 확인하는 방법**

① 단말기자급제 홈페이지 접속
② 상단 메뉴 중 '25% 요금 할인 대상 단말기 조회' 클릭
③ 본인의 단말기 식별번호★ 입력
④ 결과 조회 후 할인 대상이면 요금 할인 신청

■ **요금 할인 신청 방법**

• [택1] 전국 모든 이동통신사 대리점, 판매점에서 신청
• [택2] 이동통신사 홈페이지에서 신청
• [택3] 전화로 신청(SKT/KT/LG U+ : 휴대폰 국번없이 114(무료))

■ **주의사항**

• 3대 이동통신사(KT, SKT, LG U+)만 이용할 수 있다.
• 알뜰폰 이용자는 대상이 아니다.
• 분실이나 도난 단말기는 개통이 불가하므로 분실 · 도난 여부를 반드시 확인해야 한다.
• 단말기지원금을 받는 것보다 25% 요금 할인을 받는 것이 더 유리한지 비교해 본 후에 결정한다.

★ **단말기 식별번호(IMEI)** : IMEI는 International Mobile Equipment Indentity의 약자로, 단말기 제조 시 부여되는 국제 고유식별번호다. 총 15자리이며 단말기 설정 메뉴, 단말기 뒷면 하단 (배터리 일체형), 배터리 라벨(배터리 분리형) 등에서 확인할 수 있다.

실천법 3 유무선 결합상품을 알아본다

만약 가족들이 서로 다른 이동통신사를 사용 중인 경우 같은 이동통신사로 변경해서 가족끼리 뭉치고 인터넷, 모바일, TV 등을 함께 묶는 유무선 결합상품을 활용해도 통신비를 할인받을 수 있다. SKT '온가족 플랜', KT '프리미엄 가족결합', LG U+ '참 쉬운 가족 결합' 등이 대표적인 유무선 결합상품이다.

또한 이동통신사의 데이터 나눔서비스를 통해 가족, 친구 간에 데이터를 주고받을 수 있다. 통상 부모님들은 간단한 웹서핑 등만 이용하기 때문에 데이터가 남는 경우가 많다. 가족 간 데이터 아나바다**를 하는 것도 통신비를 아낄 수 있는 방법이다.

이 외에도 이동통신사별로 할인혜택을 받을 수 있는 다양한 결합상품들이 많다. 몰라서 새는 통신비가 없도록 꼭 확인해보길 바란다.

실천법 4 통신 할인혜택이 좋은 체크카드를 활용한다

체크카드를 활용해서 통신비를 할인받을 수도 있다. 물론 통신 할인혜택 면에서는 신용카드가 더 좋을 수 있다. 하지만 과소비를 조장할 위험이 크기 때문에 신용카드 대신 체크카드를 활용하길 권한다.

** **데이터 아나바다** : 아나바다는 '아껴 쓰고 나눠 쓰고 바꿔 쓰고 다시 쓰자'의 줄임말이다. 벼룩시장이나 주민장터 등에서 중고물품 아나바다 행사를 하는 것을 본 적이 있을 것이다. 이제 중고물품뿐만 아니라 가족이나 친구 중에 데이터가 남았거나 부족한 사람이 있다면 데이터 아나바다를 해보자. 통신비도 절약되고 관계도 돈독해질 수 있을 것이다.

다음은 통신 할인혜택이 좋은 체크카드 Top3를 콕 집어서 정리한 것이다. 통신비를 해당 체크카드로 자동납부하면 캐시백 형태로 할인을 받을 수 있다.

	통신 할인혜택 좋은 체크카드 Top3		
카드명	KB국민 LG U+ 체크카드	KT 신한카드 체크	우리 오하CHECK
할인혜택	월 최대 6,000원 할인	월 최대 5,000원 할인	건당 최대 1,000원 캐시백
사용처	LG U+	KT	KT, SKT, LGU+, 알뜰폰
전월실적	• 30만원 이상 : 4,000원 할인 • 50만원 이상 : 6,000원 할인	• 30만원 이상 : 3,000원 할인 • 50만원 이상 : 5,000원 할인	• 20만원 이상 : 3,000원 할인 • 50만원 이상 : 6,000원 할인
할인조건	LG U+ 통신요금 자동 납부 시	KT 통신요금 자동 납부 시	해당 통신사에 통신요금 자동 납부 시

실천법 ⑤ 효율적인 데이터 사용! 유리한 요금제를 선택한다

데이터는 웬만하면 추가로 구입하지 않도록 한다. 음원, 동영상 등은 와이파이가 되는 환경에서 미리 다운로드해두면 데이터 소모를 줄일 수 있다.

와이파이 접속이 어려운 야외에서 대용량 데이터를 사용하기 위해 모바일 라우터인 에그를 활용하는 것도 좋다. 일반 에그는 대용량 파일 다운로드 시 시간이 오래 걸리고 끊김 현상이 발생하기도 하지만, 최근에는 이런 단점을 보완할 수 있는 LTE 네트워크를 사용하는 에그도 출시되고 있다. 에그 요금제를 잘 활용하면 데이터를 보다 저렴하게 사용할 수 있으니 알아두자.

무엇보다 본인의 데이터 이용패턴을 파악해서 가장 유리한 요금제를 찾는 것이 중요하다. 3대 이동통신사와 한국통신사업자연합회(KTOA)가 공동으로 제공하는 서비스인 스마트초이스(www.smartchoice.or.kr)를 활용하는 것이 효과적이다. 연령, 통화량, 데이터 사용량, 문자메시지 건수 등을 입력하면 가장 유리한 요금제를 추천해주고, 이동통신사별 요금제도 손쉽게 비교할 수 있다.

 모바일 라우터(Mobile Router)란?

휴대용 무선공유기로, 모바일기기를 무선으로 인터넷에 연결해준다. 모바일기기의 와이브로(Wibro) 데이터 신호를 와이파이 신호로 변환해준다.
와이파이 인식이 가능한 스마트폰, 노트북 등 다양한 기기에서 사용할 수 있다.

모바일 라우터 '에그'
(출처 : LG U+)

| 새는 돈 틀어막기 | 통신비 | • 알뜰폰 사용하기
• 단말기자급제 활용하기
• 유무선 결합상품 활용하기
• 통신 특화카드 활용하기 | ▶ | 통신비
월 3만원
절약! |

※ 월 3만원은 가이드로 제시한 것이며, 자신의 상황에 맞는 목표금액을 설정해 도전해보세요.

"요금청구서를 보니까 나도 모르게 신청되어 있는 부가서비스가 있었어요. 해지했는데 매월 1,500원씩 1년에 1만 8,000원이 새고 있었더라고요! 어찌나 아깝던지~"

"생활비에서 통신비 비중이 너무 커요! 새는 돈이 없는지 찾아서 적극적으로 아껴봐야겠어요!"

통신비 관련해서 카페 회원들이 종종 하는 말이다. 이동통신사는 절대 자선단체가 아니다. 새는 통신비를 틀어막으려면 결국 본인 스스로 공부하고 찾아봐야 한다.

지금 당장 휴대폰 요금청구서부터 살펴보길 바란다. 나 몰래 새고 있는 부가서비스 청구금액은 없는지, 내가 놓치고 있는 할인혜택은 없는지 꼼꼼하게 확인해봐야 한다. 앞에서 소개한 '통신비 절약 실천법'을 참고해서 온 가족 모두 실행에 옮긴다면 분명 통신비를 한 달에 3만원 이상 아낄 수 있을 거라고 본다.

1,000원대 통신비를 만들어낸
'klovep'님

한 달에 납부한 통신비가 고작 1,860원! 이게 실화일까? 'klovep'님이 이렇게 저렴한 통신비를 만들어낼 수 있었던 비결은 무엇일까?

첫째, 인터넷은 와이파이 위주로! 문자나 전화는 최소화! 그렇기에 가장 낮은 금액의 요금제에 가입했다.

둘째, 데이터 나눔서비스를 이용해서 가족, 친구들에게 남은 데이터를 최대한 공유해서 사용했다. (가족 : KT 패밀리박스, 친구 : Y박스)

'klovep'님의 통신비 줄이기 인증샷

셋째, KT 포인트를 활용해서 데이터 충전을 하거나 데이터 룰렛으로 100MB~1GB의 데이터도 얻었다. (KT멤버십 → 추천 → 제휴브랜드 → LTE 데이터 충전 or LTE 데이터 룰렛)

넷째, 가족 결합을 통해 KT요금 선택약정할인 25%를 받았다.

다섯째, 통신비 특화카드로 보험료, 경조사비 등을 사용하면서 12,000원 할인혜택까지 챙겼다.

마지막으로 통신비에는 기기값도 포함되어 있다는 사실! 그렇기에 1년 정도 된 중고폰을 구매해서 기기값까지 줄였는데 현재 만족스럽게 사용 중이다.

"거침없는 요금제 때문에 허덕일 수 있지만 노력하면 충분히 통신비도 줄일 수 있는 것 같아요~"

'klovep'님은 통신비 할인혜택을 위한 이용실적을 맞추기 위해 쓸데없는 곳에 카드를 쓰지도 않는다. 카드 지출은 꼭 필요한 곳에만! 매일 카드 앱을 통해 얼마만큼 썼는지, 할인혜택을 위한 이용실적이 얼마나 남았는지 체크하는 습관까지! 역시 1,000원대 통신비를 만들어낼 만하다. 'klovep'님, 정말 대단하십니다!

'쏘냔'님의 알뜰폰 사용기

'쏘냔'님은 5년 된 휴대폰을 사용하고 있다. 당연히 단말기 할부금은 없고, 알뜰폰 요금제에 가입했다. 한 달 평균 통신비는 2,000원 정도다. 정말 놀랍다. 과연 이런 요금이 가능할까?

해당 알뜰폰 요금제는 기본요금이 1,500원이고, 무료로 제공되는 음성, 문자, 데이터가 없다. 즉 기본요금에 약간의 음성·문자요금만 붙는 수준으로 통신비를 강력하게 통제한 것이다. 새고 있는 통신비? 남의 이야기일 뿐이다.

'쏘냔'님의 통신비 2,000원 핵심 비법

① 신형 단말기에 욕심내지 않는다.

② 데이터를 구입하지 않는다.

   – 데이터를 구입하면 통신비가 한 달에 5,000원은 기본적으로 더 나온다!

③ 전화나 문자를 최대한 줄인다.

   – 주로 이메일, 카카오톡을 활용한다.

"가입한 알뜰폰 요금제에는 무료로 제공되는 데이터가 1MB도 없습니다. 하지만 데이터는 절대 구입하지 않습니다! 와이파이만 사용하는데, 불편한 적도 많지만 요금청구서를 보면 너무나 뿌듯합니다!"

알뜰폰의 힘일까? 역시 고민하고 노력하면 방법은 나오게 마련이다. "통신비! 더 이상 아끼기가 힘들어요!" 하고 푸념만 하고 있다면 한 번쯤 반성을 해보자. 진정한 통신비 절약의 고수인 '쏘냔'님, 정말 멋집니다!

15 보험료 때려잡으려면?
보험 리모델링

| 월 10만원 절약 |

보험료가 새고 있다면 보험 리모델링부터!

보험은 예기치 못한 질병, 상해 등에 대비하기 위해 반드시 필요한 재테크 금융상품이다. 하지만 보장내용은 취약하면서 보험료만 높은 보험에 가입했다면 제대로 된 보장은 받지 못한 채 매월 보험료만 줄줄 새고 있을 수 있다. 이런 경우에는 보험 리모델링을 심각하게 고민해봐야 한다.

보험 리모델링이란 가입한 보험을 분석해서 필요하지 않은 부분을 없애고 부족한 부분을 보완하는 것을 말한다. 보험료가 너무 많거나 보장내용이 취약한 경우, 보장기간이 너무 짧은 경우, 보장내용이 중복되는 경우 등에 보험 리모델링이 필요하다. 만약 보험료가 새고 있다면 다음의 '보험 리모델링 실천법'을 참고해서 효율적으로 틀어막아보자.

실천법 1 적정한 보험료인지 따져본다

보험료의 적정성을 따져보는 것이 우선이다. 외벌이 가정의 보험료는 월급의 8~10% 수준이 적정하다. 맞벌이 가정도 자녀양육 등의 문제로 외벌이가 되었을 때를 염두에 둬야 한다. 따라서 맞벌이 가정도 월급의 8~10% 수준으로 보험료를 결정하되 월급이 높은 쪽을 기준으로 삼아보자. 월급 대비 10% 이상이라면 보험 해약도 고려해야 한다.

만약 해약한다면 우선순위에 따라 가장이 제일 마지막에 해약하는 것이 좋다. 가장은 가족의 생계를 책임지고 있기 때문이다.

> **Tip 알쏭달쏭 보험용어 5가지**
>
> - **환급률** : 해지환급금을 납입보험료로 나눈 비율
>   - 환급률 = (해지환급금 ÷ 납입보험료) × 100
> - **해지환급금** : 보험계약이 중도해지, 실효 등이 된 경우 계약자에게 환급되는 금액
> - **만기환급금** : 보험계약이 만기되는 경우 계약자에게 지급되는 금액
> - **최저보증이율** : 시중금리가 하락하더라도 보험사에서 지급을 보증하는 최저한도의 적용이율
> - **공시이율** : 보험사가 일정기간마다 공시하는 이율로서, 해지(만기) 시 환급금 적립에 적용되는 금리

실천법 2 보험 유형별 특성을 파악한다

만기환급형은 만기가 되면 보험료의 일부 또는 전부를 되돌려받지

만 순수보장형은 만기가 되어도 돌려받을 보험료가 없다. 당연히 만기환급형이 더 좋은 것처럼 보인다.

하지만 보험은 돈을 차곡차곡 모으는 상품이 아니라 질병·상해 등의 위험을 보장받기 위한 상품이다. 즉 저축 개념이 아니라 소비 개념으로 봐야 한다. 따라서 만기환급형보다는 순수보장형으로 갈아타서 보험료를 줄이는 것이 유리하다. 줄인 보험료로 저축이나 투자를 하는 것이 훨씬 현명한 선택이 될 수 있다.

그리고 만기환급형은 만기가 되어 보험료를 돌려받아도 현재보다 화폐가치가 떨어져 있을 거라는 것에 유의해야 한다. 지금 1,000만원의 화폐가치가 30년 뒤에도 1,000만원의 화폐가치를 가질 수는 없다. 물가는 매년 오른다는 것을 잊지 말자.

참고로, 갱신형과 비갱신형 보험의 차이점은 다음과 같다.

① 갱신형 보험 : 납입기간 동안 갱신 시점에 보험료가 오를 수 있다.

② 비갱신형 보험 : 만기까지의 보험료가 가입 당시에 결정되며, 납입기간 동안 매월 동일한 금액을 납부한다.

실천법 3 암보험은 종합적으로 판단한다

갈수록 고령화는 가속화되고 암 발병률은 증가하고 있다. 통계청 자료에 따르면, 평균수명인 81세까지 살 경우 국민 3명 중 1명이 암에 걸리는 것으로 나타났다. 또한 남성은 잦은 음주, 흡연 등으로 인해 여성보다 암 발병률이 훨씬 높다. 따라서 암보험을 리모델링할 때는 특별히 더 신경을 써야 한다.

남성, 여성이 잘 걸리는 암 순위는?

- 남성 : 1위 폐암, 2위 위암, 3위 대장암
- 여성 : 1위 유방암, 2위 갑상선암, 3위 대장암

1 | 보장을 축소하면서까지 보험료를 줄이지 않는다

보험 리모델링은 동일한 보장을 받거나, 보장을 늘리면서 보험료를 줄이는 것이 목적이다. 따라서 보장을 포기한 채 보험료를 줄이는 데만 급급하는 것은 바람직하지 않다. 특히 암보험은 보장이 매우 중요하기 때문에 보험료 절약에만 초점을 맞춰서 리모델링해서는 안 된다.

2 | 가족력이 있다면 보장내용을 강화한다

특별한 가족력이 없다면 보장금액은 본인의 1년 연봉 정도가 이상적이다. 하지만 가족력이 있다면 보장금액을 5,000만~6,000만원 정도로 강화하는 것이 좋다. 또한 가족력이 우려되는 암을 고액암 특약으로 구성해두면 중복보상(일반암 진단비 + 고액암 진단비)을 받을 수도 있다.

 건강체·우량체 할인혜택이란?

비흡연자, 혈압, 체격 등이 정상범위인 사람을 건강체 또는 우량체로 선정해서 보험료를 할인해주고 있다. 건강체(또는 우량체)인 경우 평균적으로 여성은 2.6%, 남성은 8.2% 보험료 할인혜택을 받을 수 있다.

3 | 사망보험금과 진단비를 비교한다

사망보험금은 남겨진 유족을 위한 생활비로 활용할 수 있지만 정작 암치료에는 큰 도움이 안 된다. 따라서 사망보험금과 진단비를 비교해 볼 필요가 있다. 만약 사망보험금이 과도하게 많다면 진단비를 많이 주는 암보험으로 리모델링해서 보험료를 줄이는 것이 좋다.

4 | 만기가 짧다면 보장기간을 길게 설정한다

60세 만기 암보험에 가입했다면 만기가 되는 60세부터는 암에 무방비 상태가 되는 꼴이다. 암 발병률은 나이가 들수록 증가하므로 보장기간을 길게 설정해야 한다. 80년 만기 또는 100세 만기처럼 보장기간이 긴 암보험으로 리모델링할 필요가 있다.

5 | 나이와 암 발병률을 고려해서 선택한다

의료실비보험은 중복보장이 안되지만 암보험은 중복보장이 가능하다. 따라서 의료실비보험과 암보험에 함께 가입하면 암 발병 시 경제적 부담을 좀 더 덜 수 있다. 하지만 보험료가 부담되어 의료실비보험과 암보험 중 1가지를 해약해서 리모델링해야 하는 경우도 있다.

이런 경우 20대는 암 발병률이 낮기 때문에 의료실비보험의 암특약을 유지해서 보다 저렴하게 암보장을 받는 것이 좋다. 30대에 접어들어 경제적 여유가 생겼을 때 암보험에 추가로 가입하면 된다. 그리고 암 발병률이 높은 40대 이상이라면 암에 대해 집중보장을 받을 수 있도록 암보험을 유지하는 것이 좋다.

실 천 법 4 연금보험은 추가납입을 활용한다

연금보험은 노후자금 마련, 보험 차익, 연금소득 비과세혜택 등의 장점을 갖고 있지만 과도한 사업비로 논란이 많았던 보험이다. 하지만 추가납입을 적극 활용하면 연금보험의 사업비를 상당히 줄일 수 있다.

예를 들어 연금보험에 월 40만원으로 가입했다고 가정해보자. 이때 사업비는 8.5%다. 그러면 사업비로는 납입한 40만원의 8.5%인 3만 4,000원이 빠져나간다.

하지만 월 20만원만 가입하고 20만원은 추가납입한다고 해보자. 이때 추가납입 수수료는 1.5%다. 그러면 20만원에서는 사업비 8.5%로 1만 7,000원이 빠져나가고, 추가납입한 20만원에서는 추가납입 수수료로 3,000원이 빠져나간다. 즉 총 2만원이 빠져나간다.

다시 말해 추가납입을 하면 월 1만 4,000원 이득인 셈이다. 따라서 연금보험을 2개 이상 가입했다면 1개를 해약하고 추가납입하는 리모델링을 검토해보는 것도 좋다. 단, 해약 시 발생하는 손해와 추가납입으로 인한 이득을 반드시 따져본 후에 결정해야 한다.

실 천 법 5 보험증서 분석 후 리모델링 방향을 잡는다

막상 보험 리모델링을 하려고 하면 어디서부터 시작해야 하는지, 어떻게 방향을 잡아야 하는지 막막한 경우가 많다. 왕초보라면 다음 5단계에 따라 본인의 보험증서부터 차근차근 분석해본 후 리모델링 방향을 잡아보자.

① 1단계 : 보험증서를 꺼낸다. 만약 결혼했다면 남편, 아내, 아이 등 가족들 보험증서를 모두 꺼낸다.

② 2단계 : 메모지와 볼펜(연필)을 준비한다.

③ 3단계 : 다음 질문에 답하면서 메모지에 보험 내역을 정리한다.

• ○○보험은 왜 가입했나? ○○세까지 보장받을 필요가 있나?

• 특약은 왜 구성했나? 꼭 필요한 특약인가?

• 보장항목별 보장금액 ○○만원은 적정한가? 중복되는 보장내용은 없나?

④ 4단계 : 담당 보험설계사에게 문의한다. 보험증서를 보고 직접 손으로 내역을 정리하다 보면 불필요하고 불합리한 구성이 눈에 보일 것이다. 이런 경우 보험을 가입한 보험설계사에게 문의를 해야 한다. 물론 해지하지 못하도록 이런저런 이유를 들 수도 있지만, 문의조차 하지 않는다면 새는 보험료를 막을 수 없다.

⑤ 5단계 : 보험 리모델링을 결정한다. 보험설계사의 설명을 듣고 스스로 판단해서 보험 리모델링을 결정해야 한다. 리모델링을 하기로 결정했다면 직접 보험사 창구를 방문해 특약 해지 · 추가, 만기 변경, 보장 축소 · 확대 등을 하면 된다.

다만 나이, 병력, 가족력, 보험료 납입 여력 등을 고려하고, 정확한 보험 분석을 통해 리모델링 방향을 잡아야 한다. 현재 필자가 운영 중인 카페에서도 회원들을 위해 보험전문가들이 보험 리모델링 방향을 제대로 잡을 수 있도록 전문적인 도움을 제공하고 있으니 참조하길 바란다.

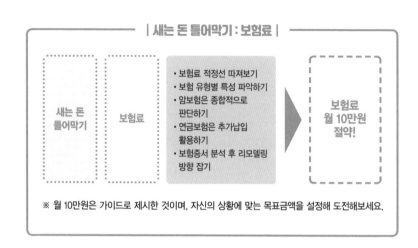

| 새는 돈 틀어막기 : 보험료 |

| 새는 돈 틀어막기 | 보험료 | • 보험료 적정선 따져보기
• 보험 유형별 특성 파악하기
• 암보험은 종합적으로 판단하기
• 연금보험은 추가납입 활용하기
• 보험증서 분석 후 리모델링 방향 잡기 | ▶ | 보험료 월 10만원 절약! |

※ 월 10만원은 가이드로 제시한 것이며, 자신의 상황에 맞는 목표금액을 설정해 도전해보세요.

이상으로 '보험 리모델링 실천법'을 핵심만 추려서 정리했다. 물론 일반인들이 혼자서 올바르게 보험 리모델링을 한다는 것이 말처럼 쉽지만은 않다. 보험은 구성이 복잡하고 어려운 용어도 많기 때문이다. 당장 머리부터 아파질 수도 있다. 하지만 이번 기회에 가입한 보험을 공부해본다는 생각으로 즐겁게 임해보길 바란다. 분명 보험료를 한 달에 10만원 이상 줄일 수 있을 거라고 본다. 새고 있는 보험료! 꼭 틀어막아보자.

월 30만원 가까이 절약!
'hhs'님의 보험 리모델링

'hhs'님은 3인 가족으로 보험료 지출이 상당히 컸다. 늦은 결혼으로 나이가 많은 편이라 부족한 부분, 중복보장이 없도록 잘 설계된 보험을 갖고 싶었지만 혼자서 따져보기가 쉽지 않았다. 특히 최근 지인 권유로 보험을 추가로 가입하다보니 보험료가 더욱 늘었고 늘 찜찜함이 남아 있었다. 이번 기회에 제대로 보험을 점검해보자! 그래서 카페 보험전문가인 '블랙홀'님께 도움을 요청하여 보험 리모델링을 받았다. 그 결과 한 달 보험료를 62만 168원에서 34만 5,548원으로 낮춰서 무려 27만 4,620원을 절약할 수 있었다. 또한 살아생전에 발병 위험이 높은 주요 3대 질환 진단비와 수술보장, 운전자보장, 배상책임보장 등도 든든하게 재구성할 수 있었다.

▼ 'hhs'님의 보험 내역

구분	보험 종류	보험 리모델링 전 보험료(월)	보험 리모델링 후 보험료(월)
남편	A보험	65,890원	65,890원
	B보험	297,085원	65,300원
	C보험	34,324원	34,324원
	D보험	44,062원	54,700원
아내	E보험	122,137원	26,150원
	F보험	26,150원	74,184원
아이	G보험	30,520원	25,000원
합계		620,168원	345,548원

'hhs'님의 보험 리모델링 검토결과

① **A보험** : 의무 구성되는 기본계약이 작고 전체 혈관질환을 보장하는 뇌혈관·허혈성심장질환 진단비가 잠시 판매된 시점에 가입한 상품이라 기존 보장이 유리한 편이기에 유지하는 것이 좋다.

② **B보험** : 주계약 사망보험금 1억원, 재해사망 1억원, 입원특약과 수술특약(1종 40만원)으로 가입된 상품이고 보험료의 절반 정도를 차지하는 가장 비싼 보험이다. 아이가 독립할 때까지 사망보장만 있으면 되는데 굳이 종신사망보장으로 비싸게 가입한 상황이라서 남편이 소득활동 기간에 사망 시 상실되는 장래소득을 저렴하게 보장해줄 정기보험으로 대체 가입하는 것이 좋다.

③ **C보험** : 실손의료비특약이 지금보다 좋은 보장조건이다. 갱신특약이 다수 구성되어 있으나 보험료 인상폭이 적은 운전자·가족일상배상책임 특약은 장기납입부담이 크지 않으니 유지하는 것이 좋다. 다만 최근 허리치료 이력이 있어 상해 관련 갱신특약은 일정기간 경과 후 삭제가 필요하다.

④ **D보험** : 종신보험과 함께 추가 암보험으로 가입했으나 10년마다 보험료가 인상되는 갱신보험이라 해지하는 것이 좋다. 유사 암보장 금액이 많고 질병후유장해, 뇌혈관·허혈성심장질환 진단비까지 저렴하게 가입 가능한 보험으로 대체 가입하는 것이 유리하다.

⑤ **E보험** : CI종신보험으로 주계약조건이 보상받기 어려워 가입자에게 불리하고 그 외 구성된 모든 특약이 5년 갱신형 특약이라 갱신 시마다 인상되는 보험료를 만기까지 납입해야 하는 장기납입부담이 큰 상품이라 해지하는 것이 좋다. 질병후유장해·유사암보장·뇌·심혈관질환 진단비 보장조건이 유리한 종합보험으로 대체 가입하면서 운전자보장도 특약으로 함께 구성하는 것이 유리하다.

⑥ **F보험** : 현재 판매되는 단독실비보험과 달리 급여·비급여 항목구분 없이 모두 90% 보장으로 본인부담금이 적은 유리한 조건이므로 유지하는 것이 좋다.

⑦ **G보험** : 태아보험으로 가입한 어린이보험은 실손보장조건도 지금보다 더 유리하고 20년 만기구성으로 필요한 주요 보장들이 저렴하게 가입되어 있어 그대로 유지하되 불필요하게 구성된 적립보험료만 최소로 줄이는 것이 좋다.

"27만 4,620원이라는 남편이 벌어오는 피 같은 돈을 절약할 수 있었고 보장은 더 든든하게 마련할 수 있었습니다!"
"말뿐이 아닌 진짜 보험전문가를 만나는 것도 정말 중요한 것 같아요~"

앞으로 두 번 실수는 없어! 'hhs'님은 보험 리모델링을 계기로, 설령 엄마가 보험설계사가 돼서 가입하라고 해도 불필요한 것은 거절할 수 있을 만큼의 보험지식이 생겼다고 한다. 그리고 카페 보험전문가인 '블랙홀'님께 너무 감사하다는 인사도 남겼다. 건강이야말로 가장 중요한 보험이라는 것! 아시죠? 'hhs'님, 항상 건강하고 행복 가득하세요.

믿는 도끼에 발등 찍힐 수는 없다!
'국이'님의 보험 리모델링

'국이'님은 신혼부부다. 여러가지 지출 중 보험료가 가장 부담이 되었다. 특히 지인에게 가입한 보험은 확실한 보장이 되는지, 보장내용은 괜찮은지 알 수가 없었다. 혹시 믿는 도끼에 발등 찍힌 거 아닐까? 그래서 가입한 보험을 확실하게 점검해보고자 카페 보험전문가인 '해피리더'님을 통해 보험 리모델링을 받았다. 정리된 분석자료와 상세한 설명을 들으면서 가입한 보험의 취약점에 대해 제대로 알게 되었다. 또한 한 달 보험료를 무려 27만 1,000원이나 절약할 수 있었다.

▼ '국이'님의 보험 리모델링 전후 비교

구분	보험 리모델링 전 보험료(월)	보험 리모델링 후 보험료(월)
남편	265,000원	143,000원
아내	162,000원	96,000원
처남	186,000원	103,000원
합계	613,000원	342,000원

"이번 기회에 보험 정리가 되어 너무 마음이 놓입니다. 줄인 보험료는 알차게 재테크(저축, 투자)에 사용할 생각입니다!"

'국이'님은 아내뿐만 아니라 처남까지도 보험 리모델링을 했는데 처남도 굉장히 만족스러워했다고 한다. 지인, 친척, 직장동료 등의 부탁으로 덜컥 묻지마 보험가입을 한 분들이 많다. 하지만 의외로 보험료는 비싼 반면 보장내용이 취약할 수 있다. 가입한 보험증서! 마냥 서랍 속에 방치하지 말고 꺼내서 꼼꼼히 살펴보길 바란다.

'국이'님, 새는 보험료를 깔끔하게 틀어막은 것을 축하드리며, 건강을 위해서도 꾸준히 투자해보세요. 파이팅입니다!

16 줄줄 새는
자동차 기름값 절약 꿀팁

| 월 3만원 절약 |

지금까지 공과금 등(고정지출)을 중심으로 절약방법을 살펴보았다. 이제 생활비(변동지출) 중 액수가 큰 교통·유류비(주유비 + 대중교통비)에 대해 살펴보자. 이번 장에서는 주유비인 자동차 기름값 절약 방법을 알아보고, 다음 장에서 대중교통비 절약 방법을 알아보도록 하자.

요즘 자동차 없는 가정은 찾아보기 힘들다. 현재 국내 자동차 등록대수가 2,500만대를 돌파했으니 약 2명당 자동차 1대를 갖고 있는 셈이다.

자동차! 물론 편하긴 하지만 나도 모르게 기름값이 새고 있을지도 모른다. 새는 기름값을 효율적으로 아껴서 틀어막는 방법은 없을까? 다음 '자동차 기름값 절약 실천법'을 참고해 이제부터 기름값을 효율적으로 아껴보자.

실천법 ❶ 자동차 경제운전법을 실천한다

경제운전(eco-driving)은 기름값을 아낄 수 있는 가장 강력한 절약법이다. 교통안전공단 자료에 따르면, 경제운전만 실천해도 기름값을 1년에 약 58만원(연간 1만 5,000km 주행 시) 아낄 수 있다.

📁 Tip 자동차 경제운전법 6가지

- **출발은 부드럽게** : 자동차 출발 5초 후 20km/h에 도달하는 것이 적정
- **정속주행 유지** : 급가속, 급제동하지 말 것
- **경제속도 준수** : 일반도로 50~80km/h, 고속도로 90~100km/h
- **공회전 최소화** : 신호대기 시 기어를 주행(D)에서 중립(N)으로 변경할 것
- **관성주행 활용** : 신호를 예측해서 가속페달에서 발을 떼고 관성으로 정지할 것
- **에어컨 사용 자제** : 오르막길에서는 에어컨 끄기! 에어컨 작동은 고단에서 시작해서 저단으로 옮긴 후 유지할 것

※ 출처 : TS교통안전공단(www.kotsa.or.kr)

어떤가? 정말 좋은 말들이다. 당연히 실천만 하면 누구나 기름값을 아낄 수 있다. 하지만 현실을 생각해보자. 운전을 하면 룸미러, 사이드미러, 신호등을 봐야 한다. 때로는 옆 사람과 이야기도 해야 한다. 주변 운전자 눈치도 보인다. 신호가 바뀌자마자 뒤에서 빵빵! 경적을 울려대면 정속주행이 되겠는가? 한마디로 신경 쓸 일이 한두 개가 아니다. 그런데 위의 6가지 경제운전법으로 운전을 한다? 처음에는 결코 쉽지 않을 것이다. 가장 강력한 절약법이지만 습관으로 만드는 것이 정말 어렵다.

일단 연비절감 효과가 가장 큰 경제운전 방법부터 찾아보자. 바로 '경제속도 준수'다. 경제속도만 준수해도 한 달에 약 2만원(연간 1만 5,000km 주행 시)을 아낄 수 있다. 따라서 운전이 서툰 왕초보라면 딱 1가지만이라도 꾸준히 실천해보길 바란다. 평소 고속도로에서 과속하고 있다면 경제속도를 꼭 준수해보자. 기름값을 떠나서 고속도로 과속은 교통사고로 이어져 소중한 생명까지 앗아갈 수 있다.

 연비절감에 유용한 방법들

다음은 연비절감에 효과적이며 왕초보가 실행에 옮기기 좋은 방법들이다. 괄호는 연간 15,000km 주행 시 절감하는 기름 양과 연간 주유비 절약금액(1,500원/L기준)이다.

- **운전습관 개선**
- 경제속도 준수(150L/225,000원)
- 출발은 부드럽게(60L/90,000원)
- 에어컨 사용 자제(35L/52,500원)
- 정속주행 유지(30L/45,000원)
- 관성주행 활용(60L/90,000원)
- 공회전 최소화(18.9L/28,350원)

- **자동차 관리 방법**
- 타이어 공기압 체크(18L/27,000원) : 적정 공기압은 30~33PSI이지만, 고속도로 주행 시에는 공기압을 10~20% 높여주는 것이 좋다.
- 트렁크 비우기(15L/22,500원) : 트렁크는 불필요한 짐을 빼고 최대한 비워두는 것이 좋다.

실천법 ② 돈이 아니라 리터 단위로 주유한다

"5만원요!", "가득요!" 이렇게 돈 단위로 주유하는 분들이 많은데, 조심할 필요가 있다. 불법 변조 주유기를 이용해서 정량보다 4~6% 적게 판매하는 비양심적인 주유소가 늘어나고 있기 때문이다. 5만원을 결제했는데 정작 4만 7,000원만큼만 주유되었다면 얼마나 황당하고 억울한가! 가만히 앉아서 3,000원이라는 돈이 날아가버린 것이다.

에너지·석유시장 감시단이 발표한 자료에 따르면, 이런 피해를 막기 위해 20L씩 주유하는 것이 가장 좋다고 한다. 20L가 단속기관의 정량검사 기준이라 속이기 어렵다는 것이다. 그러면 이제부터 무조건 "20L 넣어주세요!"라고 하면 될까? 안타깝게도 사기꾼들의 조작 수법은 점점 교묘하게 진화하고 있다. 최근에는 돈이든 리터든 상관없이 주유량을 임의로 조작하는 주유소도 적발되고 있다고 한다. 따라서 현재로는 다음 방법이 최선책이 아닐까 한다.

 눈속임 당하지 않고 주유하는 법

- 돈이 아니라 리터 단위로 주유한다.
  - 20L씩 주유하면 연료탱크가 가벼워져서 연비효율도 좋아진다.
- 정품을 판매하는 안심주유소를 이용한다.
  - 안심주유소는 한국석유관리원에서 품질을 인증한 주유소다.
- 자주 문을 닫거나 이름이 바뀌는 주유소는 피한다.
  - 불법 판매로 영업정지를 당한 주유소일 가능성이 매우 높다.
- 동일한 주유소를 2~3개월 이상 꾸준히 이용한다.
  - 일정한 운전습관을 갖고 있다면 조작 여부를 알아차릴 수 있다.

무엇보다 리터 단위 주유의 최대 장점은 연비 계산이 쉽다는 것이다. 리터 단위로 주유하면 기름값이 내리든 오르든 주유량이 항상 일정하다. 따라서 몇 리터를 주유해서 몇 km를 운전했는지 연비 계산이 쉬워져 경제운전 습관을 키우는 데에도 많은 도움이 된다.

그리고 자동차는 산소센서가 노후하면 엔진출력이 감소해서 연비효율이 떨어진다. 점화플러그도 손상되면 엔진 내 혼합기가 완전연소가 되지 않아 연비효율이 떨어진다. 정비소에 가게 되면 "알아서 점검해주세요!" 하고 마냥 맡기지 말고 산소센서와 점화플러그도 정기적으로 점검을 받아보자.

Tip 고속도로 통행료 절약방법

출퇴근을 타 지역으로 하거나 고속도로를 이용하는 경우라면 통행료도 최대한 아껴야 한다. 한국도로공사의 출퇴근 통행료 할인제도를 적극 활용하는 것이 좋다. 할인대상은 1~3종, 즉 승용차, 승합차, 10톤 미만 2축 화물차다. 할인율과 적용시간은 다음 표와 같다.

▼ 고속도로 통행료 할인율과 적용시간

할인율	적용시간 (토·일요일, 공휴일 제외)	비고
50%	출근 05:00~07:00	출구 요금소 통과 시간 기준
	퇴근 20:00~22:00	
20%	출근 07:00~09:00	
	퇴근 18:00~20:00	

실천법 3 주유 할인혜택이 좋은 체크카드를 활용한다

주유 할인혜택이 좋은 체크카드를 활용해서 기름값을 아낄 수 있다. 다음은 주유 할인혜택이 좋은 체크카드 Top3를 콕 집어서 정리한 것이다.

물론 주유 할인혜택은 체크카드보다 신용카드가 더 좋다. 하지만 신용카드는 결국 과소비를 조장하므로 되도록 만들지 않기를 바란다.

| 주유 할인혜택 좋은 체크카드 Top3 |

카드명	KB국민 스타체크카드	GS칼텍스 신한 경차사랑체크카드	KB국민 민체크카드
할인혜택	리터당 주중 50원, 주말 60원 할인	리터당 30원 할인	리터당 60원 할인
할인한도	1회 10만원, 월 30만원 이용금액까지	일 2회, 1회 10만원, 월 25만원 이용금액까지	1회 10만원, 월 30만원 이용금액까지
사용처	GS칼텍스	GS칼텍스	SK에너지
전월 이용실적	20만원 이상	30만원 이상	30만원 이상

할인율은
신용카드가 높지만,
과소비 조장 여지가
있으므로
PASS!

실천법 ④ 최저가 주유소, 알뜰주유소를 이용한다

한국석유공사에서 제공하는 오피넷(www.opinet.co.kr)과 '오피넷 (OPINET)—싼 주유소 찾기' 앱을 활용하면 손쉽게 최저가 주유소를 찾을 수 있다. 알뜰주유소는 유류 공동구매와 셀프주유 등을 통해 기름을 싸게 판매한다. 알뜰주유소 위치는 한국도로공사의 '하이쉼마루' 앱을 통해 확인할 수 있다. 휴게소 정보도 함께 제공하고 있으므로 명절, 휴가 등 장거리여행 시 매우 유용하다.

오피넷 홈페이지(www.opinet.co.kr)

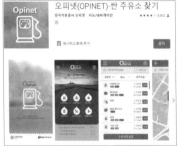

'오피넷(OPINET) - 싼 주유소 찾기' 앱

"자동차를 출퇴근할 때만 타는데도 한 달 기름값이 35만원이 나와요! 직장까지 거리가 너무 멀다 보니까 돈이 도로 위에서 새고 있는 느낌입니다!"

"어제 가계부 정산했는데 저는 12만원, 남편은 25만원! 기름값을 어떻게 아껴야 할까요?"

한 달 기름값을 결산하면서 카페 회원들이 올린 글 중 일부다. 물론 대중교통을 이용하면 자동차 기름값을 가장 손쉽게 아낄 수 있다. 하지만 여건상 대중교통을 이용할 수 없어 자동차를 타야만 하는 경우도 많다. 매일 오가는 거리는 정해져 있는데 기름값을 아낀다? 쉽지 않을 것이다. 하지만 자포자기하지 말고 최소한 운전습관이라도 바꾸려고 노력해보자. 앞에서 소개한 '자동차 기름값 절약 실천법'을 참고해 "한 달에 최소 3만원은 아껴보자!"는 목표를 가지고 도전하자. 분명 새는 기름값을 최대한 틀어막을 수 있을 것이다.

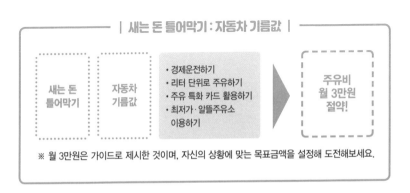

｜ 새는 돈 틀어막기 : 자동차 기름값 ｜

새는 돈 틀어막기	자동차 기름값	• 경제운전하기 • 리터 단위로 주유하기 • 주유 특화 카드 활용하기 • 최저가·알뜰주유소 　이용하기	주유비 월 3만원 절약!

※ 월 3만원은 가이드로 제시한 것이며, 자신의 상황에 맞는 목표금액을 설정해 도전해보세요.

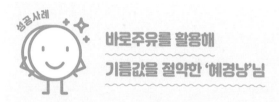

바로주유를 활용해 기름값을 절약한 '혜경냥'님

'혜경냥'님은 사무실 이전으로 차가 없으면 출퇴근이 힘들어졌다. 최대한 기름값을 아끼려고 알아보다가 바로주유를 활용하기로 했다. 바로주유란 간단한 사전 설정 후 할인, 적립, 결제를 한 번에 할 수 있으며 주유소 정보(가격, 거리)를 손쉽게 찾을 수 있는 빠르고 간편한 서비스다. 바로주유의 활용법은 다음과 같다.

바로주유 활용법

① 에너지플러스 앱을 설치한다.

② 간단한 회원가입 후 로그인한다.

③ 주유 패턴(유종, 주유금액 등)과 결제카드를 등록한다.

④ 바로주유가 가능한 GS칼텍스 주유소를 방문해서 에너지플러스 앱의 바로주유를 누르면 바코드와 주유번호가 나온다. (주유소 직원에게 바코드나 주유번호를 보여주면 결제, 할인쿠폰, 보너스카드 적립까지 한 번에 끝난다. 셀프 주유소일 경우 바코드를 스캔하거나 주유번호를 입력하면 된다.)

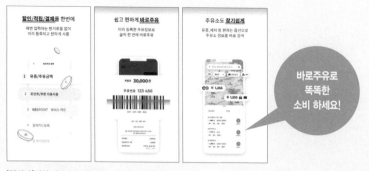

'혜경냥'님의 바로주유 인증샷

에너지플러스 앱에서 다양한 이벤트를 진행한다. 5만원 이상 주유할 때 할인쿠폰(누적 합산된 주유금액 5만원당 1,000원)을 지급하며, 에너지플러스 카드로 바로주유하고 첫 결제 시 캐시백(최대 3만원)도 제공한다.

※ 이벤트 내용은 정기적으로 변경되므로 정확한 이벤트 내용은 에너지플러스 앱에서 확인하는 것이 좋다.

마지막으로 차량통장을 따로 만들어서 매월 20만원씩 이체를 해두고 있다. (20만원 : 기름값 + 정비비) 또한 정비소 1군데를 오랫동안 이용하면서 라이트 교체, 타이어 펑크 수리 등의 서비스를 받으며 차량관리를 하고 있다.

"이렇게 기름값을 아낄 수도 있지만 급발진, 급제동, 과속! 이런 거 안 하는 게 가장 좋다는 사실 아시죠? 저도 항상 노력중입니다!"

바로주유를 활용하면서 경제운전까지 실천중인 '혜경냥'님! 매일매일 더욱 행복한 출퇴근 시간이 되기를 응원합니다!

이용횟수 최다! 대중교통비 절약하기

| 월 2만원 절약 |

기름값을 아끼기 위해 자동차보다 대중교통을 이용하는 분들이 많다. 하지만 버스, 지하철 요금이 인상되고 이용횟수가 많다 보면 대중교통비도 결코 무시할 수 없는 돈이다. 다음의 '대중교통비 절약 실천법'을 참고해 혹시 새고 있는 돈은 없는지 확인해보길 바란다. 이제부터 대중교통비도 효율적으로 아껴서 최대한 새지 않도록 틀어막아보자.

실천법 ① 지하철 정기승차권을 사용한다

정기승차권은 서울전용과 거리비례용이 있다. 정기승차권을 사용하면 대중교통비를 얼마나 아낄 수 있을까? 30일 기준으로 계산을 해보자. 서울전용 정기승차권은 6만 1,600원이며 60회까지 사용할 수 있다. 반면 일반 교통카드는 6만 1,600원으로 44회(기본운임 1,400원 기준)밖에 사용할 수 없다. 즉 서울전용 정기승차권을 사용하면 16회를 더 이용할 수 있으며 매월 2만원씩! 1년에 24만원을 절약하는 셈이다.

 정기승차권 구입 방법은?

지하철 역무실에서 정기승차권을 2,500원에 구매한 후 목적지와 이용거리에 따라 금액을 충전하면 된다. 충전일 기준 할인된 금액으로 30일 동안 60회 이용할 수 있다. 보다 자세한 내용은 서울교통공사(www. seoulmetro.co.kr)의 '이용정보 → 운임제도 → 승차권 안내' 메뉴를 참조하자.

거리비례용 정기승차권은 이용거리에 따라 14종이 있다. 종별 교통카드 운임 × 44회 × 15% 할인된 금액으로 60회까지 사용할 수 있으므로 훨씬 이득이다. 이용거리를 모른다면 네이버 길찾기 검색을 통해 간단히 확인할 수 있다. 본인의 이용거리에 맞는 거리비례용 정기승차권을 선택하면 된다.

 정기승차권 사용 시 주의사항

- 한 달에 44회 이상 이용해야만 절약 효과를 볼 수 있다.
  - 60회를 다 이용하는 건 의외로 어렵다. 하지만 45회만 이용해도 이득이다!
- 버스 환승이 안 된다.
  - 경기도에서 서울로 출퇴근한다면 오히려 손해일 수 있다!
- 30일이 지나면 잔여횟수가 모두 소멸된다.
  - 반드시 30일 안에 사용해야 한다. 남아 있는 잔여횟수는 사용 불가!

참고로, 국세청 홈택스에 정기승차권 번호를 등록하면 연말정산 때 세금공제를 받을 수도 있다. 정기승차권을 모르는 분들이 의외로 많다. 매일 지하철로 출퇴근을 하고 있다면 꼭 정기승차권을 사용해보자.

실천법 2 광역알뜰교통카드를 활용한다

광역알뜰교통카드란 대중교통을 이용하거나 자전거로 이동한 거리만큼 마일리지를 적립하여 지급받고 카드사의 할인혜택까지 받을 수 있어 대중교통비를 최대 30%까지 절약할 수 있는 교통카드를 말한다.

광역알뜰교통카드는 다음의 3단계 절차를 거치면 누구나 손쉽게 사용할 수 있다.

① 카드신청(www.alcard.kr)

② 앱 다운로드(플레이스토어, 앱스토어)

③ 앱에서 회원가입(카드수령 후 가능)

| 광역알뜰교통카드 마일리지 적립혜택 |
| (보행/자전거 800m 이동 시, 월 상한 44회) |

교통요금 지출액	2,000원 이하	2,000~3,000원	3,000원 초과
마일리지 지급액	250원	350원	450원

※ 800m 미만은 이동거리에 비례하여 지급된다.
※ 월 15회 이상 대중교통 이용 시 지급되며 미세먼지 저감조치 발령 시 2배로 지급된다.

	대중교통비 절약이 가능한 광역알뜰교통카드(체크) Top3		
카드명	광역알뜰교통 신한카드 S20 (체크)	우리카드 광역알뜰교통카드 (COOKIE CHECK)	하나카드 광역알뜰교통카드 (체크)
할인혜택	10% 캐시백	3,000원 캐시백	15% 캐시백
할인 제공조건	전월 이용실적이 20만원 이상인 경우	전월 이용실적이 20만원 이상인 경우	전월 이용실적이 25만원 이상인 경우
사용처	버스, 지하철, 택시	버스, 지하철	버스, 지하철, 공항철도
후불교통 기능	○	○	○

실천법 3 티머니를 활용해서 마일리지를 적립한다

티머니 홈페이지(www.tmoney. co.kr) → 티머니카드&페이 메뉴 에서 회원가입 후 마일리지 서 비스를 등록하면 대중교통을 이 용할 때마다 결제금액의 최대 1.0%까지 T마일리지를 적립할 수 있다.

티머니 홈페이지 → 티머니카드&페이 메뉴

등급	티머니 사용금액	대중교통 사용 적립률
베이직	5만원 미만	0.0%
스페셜	5만~10만원 미만	0.5%
프리미엄	10만원 이상	1.0%

※ 티머니·대중교통 사용금액 산정기간 : 매월 1일~말일
※ T마일리지 적립일 : 사용월 기준 다음달 16일
※ T마일리지 적립한도 : 월 최대 2,000M

적립된 T마일리지는 티머니 카드에 충전하거나 GS&POINT, 이동통신사 데이터로 전환할 수 있으며 아름다운재단에 기부할 수도 있다. 참고로 티머니 카드에 충전하기 위해서는 T마일리지가 1,000M 이상이어야 하며 사전에 티머니 홈페이지에서 충전 비밀번호를 등록해두어야 한다.

 티머니 카드란?

티머니 카드는 편의점, 지하철 등 티머니 마크가 부착된 곳이라면 어디서나 구매할 수 있다. 필요한 금액만큼 충전해서 대중교통(지하철, 버스, 택시, 기차 등), 유통(편의점, 패스트푸드점 등), 온라인(쇼핑, 도서 등)에서 사용할 수 있다.

다양한 티머니 카드

실천법 4 일찍 일어나서 조조할인제 & 도보 이용하기

서울시는 오전 6시 30분까지 버스와 지하철 요금을 20% 할인해주는 조조할인제를 운영하고 있다. 아침 일찍 일어나 건강도 챙기고 조조할인까지 받으면 금상첨화가 아닐까?

물론 첫차를 타는 것이 쉽지는 않다. 하지만 늦잠을 자서 일주일에 두세 번 택시를 타고 있다면? 이런 택시비야말로 정말 아까운 새는 돈이다. 최소한 아침에 10분 일찍 일어나는 습관이라도 길러서 불필요하게 택시를 타는 일만이라도 줄여야 한다.

직장이 비교적 가깝다면 걷거나 자전거를 타고 출퇴근해보자. 처음에는 몸이 조금 힘들 수 있겠지만 돈이 전혀 안 들뿐더러 건강까지 좋아질 것이다.

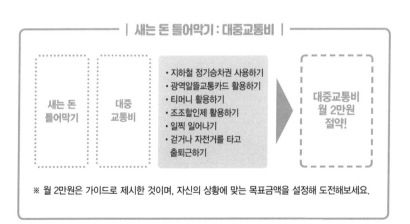

| 새는 돈 틀어막기 : 대중교통비 |

| 새는 돈 틀어막기 | 대중 교통비 | • 지하철 정기승차권 사용하기
• 광역알뜰교통카드 활용하기
• 티머니 활용하기
• 조조할인제 활용하기
• 일찍 일어나기
• 걷거나 자전거를 타고 출퇴근하기 | 대중교통비 월 2만원 절약! |

※ 월 2만원은 가이드로 제시한 것이며, 자신의 상황에 맞는 목표금액을 설정해 도전해보세요.

이상으로 '대중교통비 절약 실천법'을 정리했다. 만약 대중교통비가 과도한 맞벌이부부라면 한 달에 2만원은 충분히 아낄 수 있을 거라고 본다. "월 2만원이요? 전 그냥 편하게 살래요!" 이렇게 말할 수도 있다. 하지만 매월 2만원씩, 1년이면 24만원이라는 돈이 대중교통비로 새고 있다고 생각해보라. 밑 빠진 독에 아무리 물을 부어봐야 독이 채워질 리 없다. 새는 돈은 반드시 틀어막자.

"직장이 가까운데도 걷기 싫어서 버스 타고 다녔어요. 버스요금도 인상되고, 쥐꼬리만 한 월급에서 교통비가 빠져나갈 때마다 마음이 무거워요! 이제 걸어다니면서 단돈 100원이라도 아껴야겠어요~"

"여름에는 더워서, 겨울에는 추워서 택시를 밥 먹듯이 타고 다녔는데……. 진심으로 반성합니다!"

카페 회원들이 올린 반성글 중 일부다. 대중교통비! 걷거나 자전거를 타지 않는 이상 어쩔 수 없이 발생하는 돈인지도 모른다. 하지만 푼돈으로 치부하고 새는 돈을 마냥 방치하고 있는 것은 아닌지 자문해보라. 그리고 냉정하게 반성하는 시간을 가져보길 바란다.

'민트쟁이'님의
택시 대신 자전거 타기

'민트쟁이'님은 경상북도 상주에 살고 있다. 지하철은 없고 버스 시간도 일정하지 않다. 택시를 타면 직장까지 걸리는 시간은 5분! 울며 겨자 먹는 심정으로 거의 매일 택시를 타고 출근했다. 그러다가 한 달에 드는 택시비를 계산해보았다. 무려 4만 2,000원을 택시비에 쓰고 있었다.

돈으로 계산해보니 정신이 번쩍 들었다. 매월 4만원 가까운 돈이 택시비로 새고 있었다니! 본격적으로 택시비 틀어막기에 돌입했다. 아침에 10분 일찍 일어나서 자전거 타기! 하이브리드 자전거를 구입해서 현재 2년 넘게 타고 다니는 중이다. 요즘은 가끔 급한 일이 있을 때만 택시를 타는데, 한 달 택시비가 5,600원으로 줄었다. 무려 한 달에 3만 6,400원! 1년에 43만 6,800원의 택시비를 아낀 셈이다.

건강도 챙기고
교통비 아끼고!

'민트쟁이'님의 출퇴근용 자전거 인증샷

"직장이 가깝다는 이유로 택시 타는 것을 너무 당연하게 생각한 것 같아요! 지금은 새고 있던 택시비를 틀어막은 돈으로 저축도 하고, 너무나 뿌듯해요~"

비가 오는 날도 15분 일찍 일어나 택시 대신에 걸어서 출근하는 '민트쟁이'님! 파이팅입니다.

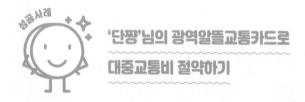

'단짱'님의 광역알뜰교통카드로 대중교통비 절약하기

'단짱'님은 대중교통비를 절약하기 위해서 광역알뜰교통카드를 알차게 사용하고 있다. 광역알뜰교통카드는 광역알뜰교통카드 마일리지 사이트(www.alcard.kr)에서 원하는 카드사와 신용카드, 체크카드 중 선택해서 발급받으면 된다. 그러면 광역알뜰교통카드 앱으로 대중교통 이용 시 마일리지를 적립하여 대중교통비를 절약할 수 있다. 다만 몇 가지 유의사항이 있다. 우선 광역알뜰교통카드가 시범사업이라 본 사업을 시행하는 지역민들만 신청 가능하다. 또한 월 15회 이상 대중교통을 이용해야만 마일리지를 적립할 수 있다.

마일리지를 적립하려면 광역알뜰교통카드 앱을 설치한 후에 집에서 나올 때 출발버튼을 누르고 대중교통을 이용해서 목적지에 도착하면 도착버튼을 누르면 된다. 그러면 집 ↔ 대중교통, 대중교통 ↔ 목적지까지 도보나 자전거 이동거리를 측정해서 이동거리 800m 이상이면 250원에서 450원이 지급되고 이동거리 800m 미만이면 이동거리에 비례해서 마일리지가 지급된다.

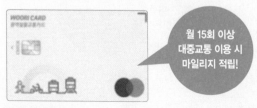

광역알뜰교통카드

참고로 이동거리 800m 이상일 경우 교통비가 2,000원 이하이면 250원 지급, 교통비가 2,000~3,000원이면 350원 지급, 교통비가 3,000원 초과이면 450원을 지급하고 있다. 또한 미세먼지 저감조치 발령 시에는 마일리지를 2배로 지급해준다.

적립횟수	적립 마일리지	확정 마일리지
16	3,367	0

+ 250	2019.11.25 출발 14:27 도착 14:52
+ 250	2019.11.25 출발 09:37 도착 09:57
+ 50	2019.11.24 출발 20:21 도착 20:35
+ 50	2019.11.24 출발 13:42 도착 13:58
+ 250	2019.11.24 출발 12:20 도착 12:44
+ 250	2019.11.23 출발 18:46 도착 19:09

대중교통비
최대 30% 절약!

'단짱'님의 마일리지 적립 인증샷

위는 실제로 마일리지를 적립한 내역이다. 이동거리 800m 이상일 때는 교통비가 1,250원이라 마일리지 250원을 적립했고 이동거리 800m 미만일 때는 이동거리에 비례해서 50원을 적립했다.

그리고 광역알뜰교통카드의 카드사별로 다양한 이벤트를 진행하고 있으니 확인해서 추가 혜택까지 챙기면 더욱 좋다. (마일리지 2배 적립 이벤트, 스타벅스 2잔 증정 이벤트, 연회비 캐시백 이벤트 등)

"광역알뜰교통카드로 대중교통비를 최대 30%까지 절약해보세요!"

대중교통비가 줄어드는 것을 보며 소소한 재미와 행복을 느낀다는 '단짱'님! 앞으로도 마일리지를 꾸준히 쌓아나가시길 바랍니다.

월 100만원 모으기 | 3

월 30만원
부수입 벌기

18 부업, 로또가 아니라 기회로 만들자!

부업 명심보감 1 | 사기꾼을 조심하자

최근 본업과 부업, 2가지 일을 하는 투잡족이 늘고 있다. 퇴근 후 부업하는 월급쟁이도 의외로 많다. 다들 본업만으로는 생활하기가 빠듯해서 부업을 통해 탈출구를 찾으려는 것이다. 학창시절에는 취업만 하면 장밋빛 미래가 기다리고 있을 거라고 생각했다. 하지만 현실은 녹록지 않다. 정말 힘들게 취업했지만 부업까지 해야 하는 것이 현실이다.

하지만 막상 어떤 부업을 해야 하는지 고민이 될 것이다. 괜찮은 부업을 찾아보려고 인터넷을 뒤져보면 다음과 같은 광고를 쉽게 찾아볼 수 있다.

"집에서 한두 시간만 투자하면 한 달 용돈 거뜬히 벌 수 있습니다!"
"컴퓨터, 휴대폰으로 누구나 할 수 있습니다!"

과연 이런 말을 믿어야 할까? 안타깝게도 대부분 사기이거나 다단계 광고일 가능성이 매우 크다. 정작 알짜배기 부업 정보는 찾기 힘들고 사기꾼만 판을 치고 있다. 더욱 심각한 문제는 이런 사기꾼의 말에 현혹되어 소중한 시간과 돈을 날리는 분들이 많다는 것이다.

투잡족이 희망하는 부업 조건
① 자투리 시간에 할 수 있어야 한다.
② 특별한 기술이 필요 없어야 한다.
③ 월급만큼 많은 돈을 벌 수 있으면 좋겠다.

상식적으로 생각해보자. 과연 이 조건을 완벽하게 충족하는 부업이 있을까? 특히 월급만큼 많은 돈을 번다? 너무 매력적이다. 하지만 이런 부업은 존재하지 않는다. 만약 이런 부업이 있다면 부업이 아니라 본업으로 삼아야 하지 않을까? 이런 사기에 속아 넘어가지 않도록 조심해야 한다.

부업 명심보감 2 | 부업을 대하는 마음가짐은 따로 있다

부업을 시작하기 전에 반드시 명심해야 할 게 또 하나 있다. 바로 마음가짐이다. 부업에 성공하기 위한 필수조건이기도 하므로 마음속에 담아두길 바란다.

1 | 변화를 인정하자

놀 것 다 놀고 잘 것 다 자고 부업을 한다? 이런 생각은 버려야 한다. 때로는 남들 놀 때나 잘 때도 일할 수 있다는 마음가짐을 가져야 한다. 세상에 공짜란 없다. 부업을 통해 돈을 벌려면 시간과 노력을 대가로 지불해야 한다.

부업을 하면 생활패턴에 변화가 생길 수밖에 없다. 평소보다 여가시간이 줄어들고 잠이 부족할지도 모른다. 이런 변화부터 인정해야만 부업을 보다 긍정적인 마음으로 할 수 있다. 인정하지 않으면 자칫 쌓이는 것은 돈이 아니라 스트레스뿐일 수도 있다.

2 | 상실감에 빠져들지 마라

부푼 기대를 안고 부업을 시작했지만 정작 부수입이 너무 소소할 수도 있다. 자투리 시간에 오로지 부업에만 매달렸는데 하루에 번 돈은 고작 1,000~1,500원! "약값이 더 들 것 같아요!" 하고 말하는 분도 있다.

이러면 자칫 급격한 상실감이 찾아올 수 있다. 이런 상실감을 슬기롭게 잘 극복할 줄 알아야 한다. 부업 고수들도 처음에는 푼돈에서 시작했다는 사실을 잊지 말자. 어떤 일이나 처음은 다 힘들다. 하지만 "푼돈이 목돈 된다!"는 믿음을 잃어버리지 않는다면 분명 또 다른 부업의 기회가 찾아오고 부수입의 규모도 점점 커질 것이다.

다음의 부수입 만들기 개념도를 머릿속에 넣어두도록 하자. 다음 장부터 본업을 가진 사람들이 현실적으로 실천할 수 있는 검증된 부업을 정리해두었다. 차근차근 실행에 옮겨보면 분명히 월급 이외의 부수입을 월 30만원 이상 만들어낼 수 있을 거라고 믿는다. 이미 많은 선배들의 사례를 통해 검증된 사실이다.

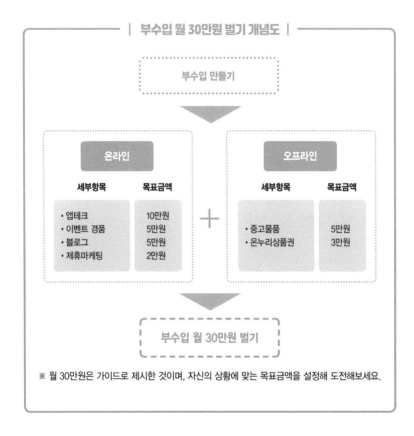

| 부수입 월 30만원 벌기 개념도 |

부수입 만들기

온라인

세부항목	목표금액
• 앱테크	10만원
• 이벤트 경품	5만원
• 블로그	5만원
• 제휴마케팅	2만원

+

오프라인

세부항목	목표금액
• 중고물품	5만원
• 온누리상품권	3만원

부수입 월 30만원 벌기

※ 월 30만원은 가이드로 제시한 것이며, 자신의 상황에 맞는 목표금액을 설정해 도전해보세요.

리워드앱 이용한 앱테크

| 월 10만원 벌기 |

부수입, 스마트폰으로 시작하자!

최근 스마트폰 시장이 폭발적으로 성장함에 따라 앱테크 시장도 갈수록 커지고 있다. 앱테크는 앱과 재테크의 합성어로 특정 리워드앱(Reward App)을 다운받아 광고를 보거나 특정한 미션을 수행하면 적립금 등을 받을 수 있는 스마트폰 재테크를 말한다. 이 적립금 등은 현금으로 교환할 수 있기 때문에 일명 '돈 버는 앱'이라고 불린다. 다음의 '앱테크 리워드 수익 올리기 실천법'을 참고해 소소하게 부수입을 만들어보길 바란다.

실천법 1 노출형과 참여형을 병행한다

리워드앱의 형태는 크게 노출형과 참여형으로 구분된다. 노출형은 스마트폰 잠금화면을 해지하거나 리워드앱이 종료될 때 노출되는 광고를 보는 형태이고, 참여형은 설문조사, 출석체크, 퀴즈풀기, 미션도전 등에 참여하는 형태다.

그럼 노출형이 좋을까, 참여형이 좋을까? 개인별로 선호하는 것이 다르므로 콕 집어서 어떤 형태가 좋다고 말하기는 어렵다. 다만 앱테크는 다소 기계적이고 반복적인 손동작이 필요하기 때문에 쉽게 지루해져서 1가지 형태만 고집하면 중도 포기할 가능성이 크다. 따라서 노출형이 지겨울 때는 참여형으로, 참여형이 지겨울 때는 노출형으로 적절히 형태를 섞어가면서 하는 것이 좋다.

│ **대표적인 리워드앱 30종** (안드로이드폰 기준) │

앱테크

노출형	참여형 (설문조사)	참여형 (출석체크 등)
• 캐시슬라이드	• 엠브레인	• 해피포인트
• 허니스크린	• 서베이링크	• H.Point
• 캐시워크	• 패널나우	• 토스
• 모아락	• 라임	• L.POINT
• OK캐쉬백_오락	• 서베이타임	• T멤버십
• 타임스프레드	• 오베이	• 아모레몰
• 쿠차슬라이드	• 헤이폴	• 홈앤쇼핑
	• 두잇서베이	• YES24
		• 이마트
		• 아이템매니아
		• 우리동네GS
		• 위메프
		• 인터파크
		• 11번가
		• G마켓

선택과 집중이 필요하다

앱테크를 시작하려면 어떤 리워드앱이 있는지부터 알아야 한다. 모든 리워드앱이 많은 돈을 벌 수 있다고 광고한다. 과연 어떤 리워드앱을 활용해야 할까? 카페 회원들이 주로 활용하는 대표적인 리워드앱을 앞쪽에 실었으니 참고하길 바란다. 하지만 여기 정리된 모든 리워드앱을 다 활용한다? 결코 쉽지 않다. 시간 문제를 떠나서 관리하기가 쉽지 않다. 어떤 리워드앱에 적립금이 얼마만큼 쌓여 있는지 헷갈리기 일쑤다.

따라서 왕초보라면 처음부터 너무 욕심내지 말고 다음 쪽 〈Tip〉에서 소개하는 리워드앱 6가지 중 몇 가지만 선택해서 집중해보길 바란다. 어느 정도 숙달이 된 후에 다른 리워드앱을 조금씩 늘려도 결코 늦지 않다.

리워드앱 선택 시 주의사항

- 하루에 올라오는 광고 수가 너무 적거나 운영이 잘 안되는 리워드앱은 피한다.
- 개인정보를 과다하게 요구하는 리워드앱은 일단 의심한다.
- 리워드앱 개발업체가 사후관리를 잘하고 있는지 확인한다.
  - 특히 고객센터 연락처, 이메일 주소 등은 필히 확인할 것!
- 이용자가 적거나 잘 알려지지 않은 리워드앱은 피한다.

- **노출형 리워드앱 — 캐시슬라이드, 허니스크린**

① **캐시슬라이드** : 가장 대표적인 노출형 리워드앱이다. 캐시슬라이드를 다운받아 설치한 후 스마트폰 잠금화면을 해지할 때 노출되는 광고를 보면 적립금이 제공된다. 적립금이 2만원 이상이면 현금으로 교환하거나 캐시슬라이드 상점에서 사용할 수 있다.

② **허니스크린** : 캐시슬라이드처럼 스마트폰 잠금화면을 해지할 때 노출되는 광고를 보면 적립금을 받을 수 있다. 적립금이 2만원 이상이면 현금 또는 원하는 상품으로 교환할 수 있다. 최신 뉴스, 인기 콘텐츠 등도 확인할 수 있다.

캐시슬라이드   허니스크린

- **참여형(설문조사) 리워드앱 — 엠브레인, 서베이링크**

③ **엠브레인** : 설문조사 참여 시 적립금이 제공된다. 설문조사 빈도가 높고 적립금도 100~5,000원 정도로 비교적 많은 편이다. 적립금은 현금 또는 문화상품권으로 교환해서 받을 수 있다.

④ **서베이링크** : 설문조사 진행 시 푸시알림을 통해 안내를 받을 수 있고 적립금도 300~1,500원 정도로 적당한 편이다. 적립금은 현금 또는 모바일상품권으로 교환하거나 선불카드 충전에 사용할 수 있다.

엠브레인   서베이링크

- **참여형(출석체크 등) 리워드앱 — 해피포인트, H.Point**

⑤ **해피포인트** : 연속 출석 시 추첨을 통해 해피포인트를 최대 10,000포인트까지 지급받을 수 있다. (7회 연속 출석 시 10포인트 1만명 추첨 지급, 15회 연속 출석 시 110포인트 1만명 추첨 지급, 1개월 연속 출석 시 10,000포인트 100명 추첨 지급)

⑥ **H.Point** : 매일 출석하면서 룰렛, 포인트워크, 퀴즈 등을 통해 포인트를 모을 수 있다. 모은 포인트는 현대백화점, Hmall 등 현대계열사에 사용할 수 있으며 현대백화점 상품권으로도 교환이 가능하다.

해피포인트   뷰티포인트

추가로 책을 많이 읽는 분들에게 유용한 리워드앱을 소개한다. 인터넷서점인 YES24와 교보문고에서는 출석체크 이벤트를 한다. YES24는 출석도장 개수에 따라 할인쿠폰이나 예스포인트를 지급한다. 교보문고도 매일 출석체크를 하면 e-교환권을 받을 수 있다. 꾸준하게 출석체크를 해서 적립한 쿠폰, 포인트 등을 활용해 나중에 필요한 책을 저렴하게 구입할 수 있으니 책을 좋아해서 많이 읽는 분들이라면 활용해보기 바란다.

실 천 법 ③ 스마트폰 바탕화면을 정리한다

리워드앱을 다운받았다면 형태별(노출형, 참여형)로 모아서 스마트폰 바탕화면을 정리하는 것이 좋다. 스마트폰 바탕화면에 리워드앱이 여기저기 깔려 있으면 어지럽고 찾기도 불편하다. 스마트폰 바탕화면을 정리해두면 필요한 리워드앱을 찾기 편하고 빠뜨리지 않고 출석체크를 할 수 있다.

실 천 법 ④ 자투리 시간에만 한다

하루 종일 앱테크에 매달려서 리워드앱만 쳐다봐서는 안 된다. 직장 근무시간에 열심히 일해서 좋은 평가를 받고 연봉을 올리는 것이 더욱 중요한 재테크다.

고수들을 보면 앱테크를 위해 투자하는 시간이 하루에 15~20분도 안 된다. 많은 시간을 투자한다고 해도 앱테크로 벌 수 있는 돈은 한계가 있으며 월급만큼의 돈을 벌기란 불가능하다. 손은 눈보다 빠르다! 손놀림이 숙달되면 자투리 시간만 활용해도 충분히 성공적인 앱테크를 할 수 있다. 자투리 시간을 활용해서 소소하게 돈을 버는 것이 앱테크의 묘미라는 사실을 잊지 말자.

실천법 5 경유앱과 유료멤버십을 활용한다

쇼핑을 즐기면서 포인트도 모을 수 있는 방법이 있다. 경유앱은 주요 쇼핑몰의 상품가격과 상품정보를 비교할 수 있어 알찬 쇼핑을 할 수 있는 앱이다. 상품을 최종 구매하기 전에 잠시 거쳐서 지나간다는 의미를 담고 있어 앱 이름 앞에 '경유(經由)'를 붙여서 부른다.

경유앱을 활용하면 가격 비교에서 구매까지 한 번에 할 수 있지만 무엇보다 구매가격의 일부를 포인트로 적립할 수 있다. 적립된 포인트는 상품권 등으로 교환이 가능하다. 경유앱의 종

경유앱 '에누리'

경유앱 '페이코'

류는 에누리, 페이코, OK캐쉬백, 샵백 등이 있다.

또한 주요 쇼핑몰의 유료멤버십(또는 유료회원제)을 잘 활용하면 연회비 이상의 포인트를 모을 수 있다. 경유앱과 유료멤버십은 앱테크 고수들이 쇼핑을 즐기면서 포인트도 모으는 유용한 활용처라는 것을 알아두자.

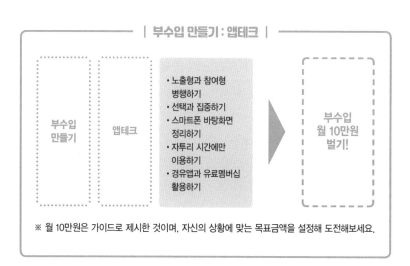

| 부수입 만들기 : 앱테크 |

| 부수입
만들기 | 앱테크 | • 노출형과 참여형
병행하기
• 선택과 집중하기
• 스마트폰 바탕화면
정리하기
• 자투리 시간에만
이용하기
• 경유앱과 유료멤버십
활용하기 | | 부수입
월 10만원
벌기! |

※ 월 10만원은 가이드로 제시한 것이며, 자신의 상황에 맞는 목표금액을 설정해 도전해보세요.

"앱테크! 하루 만에 벌써 3,000원 넘게 들어왔어요! 설문도 간단해서 부담도 없고 너무 좋아요~"

"200만원을 2% 정기예금에 1년간 넣어봐야 이자는 하루에 고작 100원 정도! 하지만 리워드앱에 출석체크해서 하루에 500원만 벌어도 1년이면 18만 2,500원! 앱테크, 정말 쏠쏠한 것 같아요~"

앱테크 관련해서 카페 회원들이 하는 말이다. 앱테크로 번 돈! 소소해 보이지만 분명 모으면 목돈이 되고 월급 이외의 새로운 수입원이 될 수 있다. 앞에서 소개한 '앱테크 리워드 수익 올리기 실천법'을 참고해 '한 달에 10만원 이상 벌기'에 도전해보길 바란다.

전업맘 앱테크는 강하다! 부수입 1,500만원!
'현정1'님의 리워드앱 활용기

'현정1'님은 3인 식구의 가정경제를 담당하고 있는 전업맘이다. 앱테크의 세계는 무궁무진하지만 본인에게 맞는 리워드앱을 선택해서 집중 공략하는 것이 가장 중요하다고 한다. '현정1'님이 유용하게 활용하고 있는 리워드앱과 꿀팁을 소개한다.

1 | '현정1'님이 알려주는 앱테크 활용 꿀팁

① **H.Point** : 알파벳 단어를 완성하여 포인트를 모은다. 꾸준히 모은 포인트는 현대백화점 상품권으로 교환해서 유용하게 사용하고 있다.

② **위메프** : 출석체크로 가끔 포인트 또는 상품이 당첨되기도 한다.

③ **이마트24** : 가끔씩 선착순, 즉시 당첨 등으로 쿠폰이나 상품을 받을 수 있다.

H.Point   인터파크도서   이마트24

④ **인터파크·인터파크도서** : 인터파크 계열의 포인트는 통합 사용이 가능하다. 모은 포인트는 도서 구매에 유용하게 사용하고 있다.

⑤ **정원e샵** : 온라인으로 식재료를 살 때 많이 이용한다. 매일 룰렛으로 적립금을 모으고 클래식 등급혜택도 누린다. 클래식 데이에는 40~50% 할인된 가격으로 쇼핑을 할 수 있다.

⑥ **MyNB** : 앱 로그인만 하면 자동으로 출석체크가 된다. 의류비 절약에 큰 도움이 되며 모은 포인트는 쿠폰으로 교환해서 사용 가능하다.

⑦ **SK스토아** : 출석 포인트뿐 아니라 OK캐쉬백의 두툼 쿠폰을 활용하면 월 2회는 저렴하게 물건을 살 수 있다. 주로 생수 구입에 활용하는 중이다.

⑧ **G마켓** : 10,000점 이상의 포인트는 스마일 캐시로 전환하여 현금처럼 사용 가능하다. 출석 포인트 이외에도 퀴즈 풀기, 리뷰 작성, 구매 확정 시 포인트를 받을 수 있다.

⑨ **11번가** : SK포인트는 현금처럼 사용 가능해서 적은 포인트지만 꾸준히 하는 중이다.

⑩ **신세계몰** : 할인쿠폰을 받을 수 있으며 체험단 응모도 할 수 있다.

⑪ **올리브영** : 출석체크 후 포인트 당첨을 노리는 재미가 쏠쏠하다.

⑫ **우리동네GS** : 25회 출석으로 월 1회 GS25 상품을 얻을 수 있다.

⑬ **기프티쇼** : 룰렛과 출석으로 모은 포인트는 월 1회 핫딜(50% 할인) 상품 구입에 쓰고 있다.

⑭ **아이템매니아** : 한 달간 출석체크를 하면 컬쳐랜드 2,000원 또는 상품권 1,000원을 받을 수 있다.

⑮ **이랜드몰** : 한 달 2회 지급되는 포인트를 쇼핑에 유용하게 활용할 수 있다.

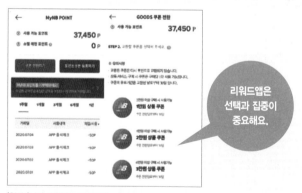

'현정1'님이 사용하는 MyNB 앱

2 | '현정1님'이 알려주는 앱테크 쇼핑 꿀팁

① **에누리 앱 경유하기** : 쇼핑 전에 반드시 에누리 앱을 경유한다. 1만원 이상 구매 시 스탬프도 받고 8개를 완성하면 2,500포인트를 받을 수 있기 때문이다. 에누리 앱 경유를 통해 모은 포인트로 다양한 상품권이나 기프티콘을 구매할 수 있다.

② **유료멤버십 활용하기** : 유니버스클럽은 연회비 3만원 결제 시 G마켓, 옥션, 이마트, SSG.COM, 스타벅스 등에서 다양한 혜택을 받을 수 있는 유료멤버십이다. G마켓, 옥션에서는 가입선물 스마일캐시 3만과 매월 12% 할인쿠폰 포함 4장 등이 지급된다. 이마트에서는 가입선물 e머니 3만점과 매월 5% 할인쿠폰 4장 등이 지급된다. SSG.COM에서는 가입선물 SSG MONEY 3만원과 매월 7% 할인쿠폰 2장 등이 지급된다. 스타벅스에서는 가입선물 음료 쿠폰 5장과 월 1회 음료 사이즈업 쿠폰 등을 받을 수 있다.

유니버스클럽 : 혜택이 모이면 특권이 된다

"앱테크! 선택과 집중이 필요합니다! 본인에게 맞는 리워드앱을 잘 찾아보세요!"

'현정1'님이 항상 강조하는 말이다. 꼬꼬마 시절부터 앱테크 고수의 반열에 올라선 지금까지 앱테크로 벌어들인 총 부수입이 무려 1,500만원! 이제는 앱테크로 한 달에 100만원 벌기도 가능하다고 한다. 이런 부수입이 하루아침에 하늘에서 뚝 떨어지는 것이 아닌데 끊임없이 노력한 결과가 아닐까? '현정1'님, 앞으로 더욱 파이팅하세요!

이벤트 경품 당첨확률 높이는 비법

20

| 월 5만원 벌기 |

경품으로 살림 장만했다는 기사를 종종 본다. '와! 정말 부럽다' 하는 생각이 절로 드는데, 경품! 분명 월급 이외의 부수입이 될 수 있다. 그럼 과연 어떻게 해야 경품 당첨의 주인공이 될 수 있을까? 다음의 '경품 당첨확률 높이기 실천법'을 참고해 실행에 옮겨보길 바란다.

실 천 법 1 당첨운이 없다면 최대한 많이 응모한다

"경품? 당첨운이 좋은 사람들이나 받는 거야. 난 당첨운이 없어서." 이렇게 생각하는 분들이 많다. 하지만 노력으로 극복할 수 있다. 일단 이벤트에 많이 응모해보자. 응모를 많이 할수록 자연스럽게 당첨확률이 올라가므로 없던 당첨운도 생긴다. 응모를 많이 하지도 않았으면서 당첨의 행운을 거머쥔다는 것은 정말 타고나지 않으면 어렵다. 경품! 결국 꾸준히 노력해야만 받을 수 있는 선물이다.

참고로, 최근 진행 중인 각종 이벤트 정보(사이트 주소, 참여 방법, 경품 내용 등)를 카페의 '월재연 알뜰정보 → [응모]이벤트 정보방'에서 실시간으로 공유하고 있으니 적절히 활용해보길 바란다.

| 알아두면 유용한 이벤트 사이트 |

이벤트
게시 유형

SNS
- 삼성전자 · 신한은행
- 현대백화점 · 설빙
- 롯데푸드 · 한국후지필름
- 교촌치킨 · 금강제화
- 랑콤 · 해태제과
- CU · 기타

홈페이지
- 피자헛 · 인텔
- GS&POINT · 대한항공
- LG전자 · 존슨즈베이비
- 기아자동차 · 투썸플레이스
- 헤라 · 필립스
- 오뚜기 · 기타

실천법 2 무분별한 회원가입은 자제한다

회원가입을 해야만 참여할 수 있는 이벤트가 많다. 하지만 개인정보(이름, 생년월일, 연락처 등) 유출이 우려되는 게 사실이다. 회원가입을 하면서 제3자인 금융회사, 보험회사 등에 개인정보가 제공될 수 있기 때문이다. 경품이냐 개인정보냐 고민이 될 수 있다. 하지만 경품에 현혹되어 소중한 개인정보를 남용하지는 말자.

만약 개인정보 유출이 의심된다면 경찰청 사이버안전지킴이나 개인 정보보호 종합포털 등에서 도움을 받도록 하자.

경찰청 사이버안전지킴이
(www.police.go.kr/www/security/cyber.jsp)

개인정보보호 종합포털(www.privacy.go.kr)

경품은 받고 싶지만 개인정보 유출이 걱정된다면 포털사이트에서 진행하는 이벤트에만 응모하는 것도 한 방법이다. 많은 사람들이 다음, 네이버 같은 포털사이트에는 대부분 회원가입이 되어 있다. 따라서 이런 포털사이트 카페에서 진행하는 이벤트에 참여하면 추가적인 회원가입으로 인한 개인정보 유출을 걱정할 필요가 없다.

필자가 운영하는 네이버의 '월급쟁이 재테크 연구' 카페에서도 회원들을 위해 매월 이벤트를 진행하면서 다양한 경품(상품권, 기프티콘 등)을 증정하고 있다. 경품을 떠나서 정보를 교류하고 공유할 수 있으므로 본인이 평소 관심 있는 분야의 카페를 찾아서 활동하는 것도 좋지 않을까 한다.

실천법 3 참여 방법을 꼼꼼히 읽어본다

"왜 이런 이벤트를 진행할까?" 이벤트 주최측의 입장에서 생각을 해볼 필요가 있다. 기획의도를 정확히 알아야 당첨확률이 높아진다. 따라서 이벤트 참여 방법을 반드시 꼼꼼히 읽어봐야 한다. 이벤트 기획의도가 이벤트 참여 방법 속에 숨어 있기 때문이다.

실천법 4 기간이 짧을 때는 빨리 응모하면 유리하다

만약 이벤트 기간이 3~7일 정도로 짧다면 빨리 응모하는 것이 유리하다. 이벤트 주최측에서 당첨자 선정을 하는 데 시간이 필요할 수도 있기 때문이다. 따라서 이벤트 종료시점 이전에 미리 당첨자를 확정해 두는 경우가 많다는 점! 참고하길 바란다.

카페 회원들의 이벤트 정보 공유

실천법 5 당첨이 잘되는 시간대를 노린다

'룰렛 돌리기'처럼 무작위로 당첨자를 선정하는 이벤트가 있다. 1일 1회 참여가 가능하기 때문에 "제발 당첨돼라!" 열심히 기도하면서 순전히 운에 맡긴다.

하지만 분명히 당첨이 잘되는 시간대가 존재한다. 하루 동안 많은 사람들이 참여하므로 1일 단위로 추첨로직을 리셋하는 경우가 많은데, 바로 이 리셋을 실행하는 시간대가 당첨확률이 높은 시간대다. 물론 이벤트마다 다를 수 있겠지만 주로 점심시간(12~13시)과 자정(24~1시)이 리셋을 하는 시간대다.

 이벤트 참여 시 개인정보 유출을 최대한 막는 방법

■ **'개인정보 수집 및 이용 목적'을 살펴본다**

만약 '경품 제공 목적, 이벤트 참여 및 본인 확인 목적'이라고 명기되어 있다면 개인정보 유출에 안전한 편이라고 할 수 있다. 하지만 '마케팅 자료 목적, 보험상품 안내 및 보험료 산출 목적' 등이 명기되어 있다면 제3자에게 개인정보가 제공된다는 뜻이다. 만약 선택 동의항목이라면 굳이 동의할 필요가 없다. 제대로 읽어보지 않고 무작정 동의했다가는 스팸 문자·전화를 받기 십상이다. 또한 연봉, 주민등록번호, 자녀수 등 이벤트에 불필요한 개인정보를 요구하는 경우에는 개인정보 유출을 의심해야 한다.

■ **'개인정보 보유 및 이용 기간'을 살펴본다**

개인정보를 얼마 동안 보유하고 이용하는지 기간을 확인해야 한다. 개인정보는 동의한 기간이 끝나면 즉시 파기되는 것이 원칙이다. 하지만 3년, 5년 등 기간이 과도하게 길다면 이벤트가 끝나더라도 본인도 모르게 개인정보가 유출될 가능성이 크므로 조심해야 한다.

실천법 6 시즌 이벤트와 신제품 이벤트를 집중 공략한다

워터파크, 스키장 등은 시즌 이벤트를 진행한다. 사람들은 대부분 이런 이벤트가 있는지조차 잘 모른다. 성수기에만 진행하므로 꾸준히 관심을 갖고 있지 않으면 알기 힘들기 때문이다. 따라서 시즌 이벤트는 참여자가 생각 외로 많지 않으므로 이벤트 시작시점을 잘 맞춰서 참여하면 당첨확률이 높다.

또한 신제품(화장품, 식품 등)은 입소문이 굉장히 중요하다. 따라서 신제품 이벤트는 고가의 경품도 증정하고 당첨인원수도 많기 때문에 꼭 노려보는 것이 좋다.

실천법 7 경품의 유혹에 너무 빠져들지 않는다

경품은 공짜다. 하지만 공짜의 유혹에 빠져들어 직장이나 가정을 내팽개치고 하루 종일 이벤트 정보만 찾아다녀서는 안 된다. 직장과 가정이 무너지면 아무리 경품을 많이 받아봐야 무슨 소용이겠는가! 경품보다 직장과 가정이 더욱 중요하다. 직장과 가정에 충실하면서 틈틈이 가벼운 마음으로 이벤트에 참여해서 당첨되었을 때 기쁨과 행복이 더 크다는 것을 잊지 말자.

"신세계상품권 7만원 당첨됐어요! 당첨운이 없는 편인데, 당첨 문자 받고 완전 손 떨렸어요~"

"네이버 카페 2~3군데에서 열심히 활동하면서 이벤트 당첨도 많이 되었는데, 2년 동안 받은 경품만 200만원이 넘어요. 그 돈으로 일본도 다녀왔는데, 경품 받아 해외여행이라~ 너무 좋아요!"

경품에 당첨된 카페 회원들이 남긴 말이다. 경품! 종류나 가격대가 다양하기 때문에 콕 집어서 '한 달에 ○○만원' 벌 수 있다고 말하긴 어렵다. 하지만 앞에서 소개한 '경품 당첨확률 높이기 실천법'을 참고하면 분명 당첨된 경품을 통해 한 달에 평균 5만원 이상 버는 효과를 이끌어낼 수 있을 거라고 본다.

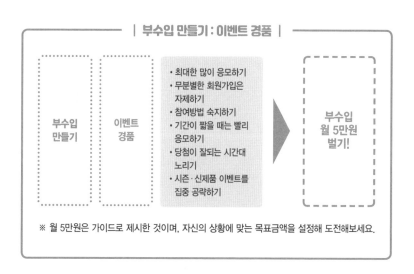

| 부수입 만들기 : 이벤트 경품 |

부수입 만들기 → 이벤트 경품 →
- 최대한 많이 응모하기
- 무분별한 회원가입은 자제하기
- 참여방법 숙지하기
- 기간이 짧을 때는 빨리 응모하기
- 당첨이 잘되는 시간대 노리기
- 시즌·신제품 이벤트를 집중 공략하기

→ 부수입 월 5만원 벌기!

※ 월 5만원은 가이드로 제시한 것이며, 자신의 상황에 맞는 목표금액을 설정해 도전해보세요.

Tip 고수들만 아는 이벤트 참여 비법

▪ SNS 공유 이벤트 참여 비법

SNS 공유 이벤트는 운영하는 SNS를 모두 활용하고 해시태그까지 입력하면 금상첨화다. 이벤트를 많이 알리기 위한 것이 주최측의 목적이므로 홍보를 잘하면 당연히 당첨확률이 급증한다. 만약 아직 SNS를 운영하고 있지 않다면 블로그, 페이스북, 인스타그램 등을 꼭 만들어놓자.

▪ 커뮤니티 게시판 참여 비법

이벤트만 참여하지 말고 커뮤니티 게시판이 있다면 간단한 인사말이라도 남겨보자. 이왕이면 긍정적인 평이나 후기를 남기면 좋다. 그런 글을 이벤트 주최측에서 싫어할 리 없으니 말이다.

▪ 아이디, 닉네임 작성 비법

아이디나 닉네임은 톡톡 튀게 짓자. 이벤트 주최측의 눈에 띄어서 나쁠 것은 없다.

▪ 댓글 작성 비법

댓글 달기 이벤트의 댓글은 무조건 길게 쓰자. 댓글의 길이는 정성의 표현이다.

▪ 중복참여 비법

중복참여가 가능한 이벤트는 계속 도전하자. 많이 참여할수록 당연히 당첨확률이 커진다.

'은느'님의 어메이징한
도미노피자 당첨!

'은느'님은 항상 당첨자를 부러운 눈으로 바라보기만 했다. 그런데 오지 않을 것 같던 행운이 드디어 찾아왔다. 페이스북에서 진행한 도미노피자의 '화끈한 화요일 이벤트'에 무려 4,665 : 1의 경쟁률을 뚫고 당첨된 것이다. 정말 엄청난 경쟁률이라 당첨의 기쁨이 더욱 컸을 것이다.

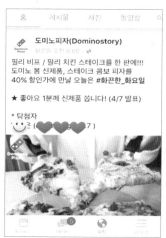

도미노피자 홈페이지

'은느'님의 도미노피자 당첨 인증샷

"4,665명 중 1명이 나라니! 28년 인생에 이런 행운이 찾아오다니, 너무 기뻐요~"

당첨된 후 '은느'님이 한 말이다. 간혹 경쟁이 치열한 이벤트를 보면서 "과연 1등 당첨자는 누굴까?" 궁금해한 분도 있을 것이다. 하지만 1등 당첨자는 엄청난 당첨운을 가진 사람이라기보다는 '은느'님처럼 꾸준히 이벤트에 참여하면서 스스로 당첨운을 만든 사람이 아닐까 한다. '은느'님, 다시 한 번 축하드립니다!

새벽에 줄서도 못 샀던
스타벅스 레디백을 갖게 된 '영and리치'님

'영and리치'님이 어릴 때 롯데백화점에서 진행했던 추첨 이벤트에서 엄마가 100만 원에 당첨된 적이 있다. 온 가족이 함께 상금을 수령하러 갔는데 담당 직원이 "이런 거 당첨되신 분 처음 봤어요~"라고 했다고 한다. 몇 달 동안 상금으로 롯데마트에서 밥도 먹고 생필품도 구입하며 신기하면서도 즐거웠던 기억이 있다. 이벤트에 응모했다가 떨어져서 가끔 자괴감이 찾아올 때면 어린 시절의 당첨기억을 떠올리며 용기를 얻곤 한다.

최근 스타벅스에서 서머 프리퀀시 이벤트로 여행 가방에 보조로 사용할 수 있는 레디백을 증정한다는 소식을 듣고 열심히 기프티콘을 모아보았다. 물량 부족으로 품절사태까지 갔는데 이럴 수가! 스타벅스 레디백을 너무 쉽게 구했고 5,000원밖에 추가 비용이 들지 않은데다 무료 음료권까지 얻었다. 그동안 다른 사람들이 당첨될 때 언젠가 그 행운이 나에게도 찾아올 거라 믿으며 기쁜 마음으로 축하해주었는데 정말 그렇게 된 것이다.

'영and리치'님이 받은 스타벅스 레디백

"이벤트에 응모할 때 주의할 점은 아무래도 개인정보 관리인 것 같습니다. 경품을 얻을 수만 있다면 개인정보 유출은 상관없다는 생각은 위험한 것 같습니다!"

'영and리치'님은 이런 당부의 말도 남겼다. 부지런히 살고 작은 것이라도 베풀면서 기회를 놓치지 않으려고 노력한다면 불운도 행운으로 바꿀 수 있다. 이 사실을 몸소 보여준 '영and리치'님! 항상 행운이 함께하기를 응원합니다!

'풀잎먹는깨미'님의 경품으로 혼수 장만하기

필자가 받은 가장 비싼 경품은 LCD TV다. 하지만 '풀잎먹는깨미'님은 경품으로 아예 혼수를 장만했다고 해도 과언이 아니다. 결혼할 때 받은 경품인 LG전자 매직스페이스 910L 냉장고! 지금은 가격이 많이 내렸지만 그 당시만 해도 400만원이 넘었다. 물론 지금은 분가 후 냉파를 하면서 265L 작은 냉장고로 갈아탄 상태다. 또 어떤 경품을 받았을까? 세탁기, 루쏘소 양복, 휴롬 주스기, 아큐브 이벤트에 응모해서 받은 아이패드, 롯데호델 스위트룸 1박 이용권, 삼성 김장 이벤트에 응모해서 받은 상품권 30만원 등 엄청나게 많은 경품을 받았다.

'풀잎먹는 깨미'님의 경품 인증샷

"저의 최고의 부수입 재테크는 남편 기 살리기입니다! 아무리 제가 경품으로 부수입을 많이 벌어도 남편의 직장생활이 흐트러지면 안되겠죠! 기 살리기가 통한 것일까요? 올해 남편 연봉도 오르고 다른 직장에서 스카우트 제의도 들어왔어요~"

잔소리 안 하기, 대화 많이 하기, 안마해주기! 남편을 배려하고 사랑하는 진실된 마음이 느껴지는 것 같다. '풀잎먹는깨미'님이 받은 경품은 혼자서 이루어낸 것이 아니다. "어떻게 하면 당첨이 될까?" 남편도 함께 머리를 맞대고 치열하게 고민한 결과다. 알콩달콩 행복한 가정을 꾸려나갔기에 가능한 일이었지 않나 생각한다. 부부 사이가 안 좋아서 "이딴 이벤트 응모해봐야 뭐 하냐!"며 남편과 뜻이 어긋난다면 당첨이 될 리가 있겠는가!

'풀잎먹는깨미'님, 행복을 좇다 보면 분명 돈은 따라오게 마련인 것 같습니다. 분명 더 큰 부자가 되실 거라고 믿습니다. 파이팅입니다!

글 쓰고 돈 버는
블로그 애드포스트 광고

| 월 5만원 벌기 |

블로그(Blog)는 웹(Web)과 로그(Log)의 합성어로, '웹에 올리는 일지'라고 할 수 있다. 많은 분들이 블로그를 운영하고 있는데, 정작 블로그로 돈을 벌 수 있다는 사실은 잘 모른다. 블로그는 인터넷을 통해 부수입을 올릴 수 있는 가장 강력한 수단이다. 다음의 '블로그 애드포스트 광고하기 실천법'을 참고해 블로그로 돈 벌기에 도전해보길 바란다.

실 천 법 1 블로그를 개설한다

현재 운영하고 있는 블로그가 없다면 블로그부터 개설하는 것이 순서다. 블로그의 유형은 크게 가입형과 설치형으로 구분된다. 가입형은 포털사이트인 네이버나 다음의 블로그다. 회원가입만 하면 누구나 손쉽게 블로그를 개설할 수 있다. 설치형은 티스토리, 워드프레스 등의 블로그다. 스킨이나 레이아웃을 보다 예쁘게 꾸밀 수 있지만 프로그래밍(HTML, CSS 등)에 대한 지식이 있어야 한다.

따라서 왕초보에게 적합한 블로그 유형은 설치형보다 가입형이다. 특히 다음 블로그보다는 네이버 블로그가 더 좋다. 네이버는 가장 많은 사람들이 이용하는 포털사이트라서 블로그 방문자수도 훨씬 많기 때문이다.

Tip **네이버 블로그 개설하고 꾸미는 방법은?**

- **개설** : 네이버 접속 → 아이디, 비밀번호 입력하고 로그인 → 상단 메뉴 중 '블로그' 클릭 → '내 블로그' 클릭
- **꾸미는 방법** : '내 메뉴 → 관리 → 꾸미기 설정' 메뉴를 이용해 블로그를 보다 예쁘게 꾸밀 수 있다.

실천법 2 애드포스트를 설정한다

네이버 블로그를 개설하고 운영기간이 90일이 넘었다면 애드포스트(AdPost)를 설정한다. 애드포스트는 블로그에 광고를 게재하고 광고에서 발생한 수익을 공유하는 서비스다. 즉 블로그 글 하단에 노출된 광고를 블로그 방문자가 클릭하면 소정의 광고비를 네이버로부터 정산 받을 수 있다.

네이버의 애드포스트 설명 화면

네이버 애드포스트 설정방법

① 애드포스트(adpost.naver.com) 가입 : 네이버를 이용하는 만 19세 이상의 사용자(개인, 개인사업자, 영리법인)라면 누구나 가능하다.

② 사용자 정보와 수입 지급 정보 입력 : 휴대폰 번호, 주소, 은행명, 계좌번호 등을 입력한다.

③ 미디어 등록 : 운영 중인 블로그를 등록하면 된다.

④ 등록한 미디어 검수 : 등록한 블로그를 네이버가 검수하며, 검수 결과 승인이 되어야만 광고를 게재할 수 있다. 검수기간은 약 1~5일이며 결과는 메일로 받는다. (승인조건 : 블로그 운영기간 90일 이상, 블로그 게시글 50개 이상)

⑤ 검수 통과 후 다음 2가지를 완료하면 끝!
- '내 블로그 → 꾸미기 설정 → 레이아웃 위젯 설정'에서 애드포스트 위젯 사용에 체크
- '미디어 관리 → 미디어 설정'에서 해당 블로그를 선택한 후 광고 게재 설정 메뉴에서 '예' 선택

실천법 3 블로그 지수를 높인다

어떤가? 네이버 블로그를 개설하고 애드포스트를 설정하는 방법은 그리 어렵지 않다. 정작 어려운 것은 따로 있다. 바로 블로그의 글을 검색상위에 노출시키는 것이다. 검색상위에 노출되어야 많은 사람들이 글을 읽을 것이고, 그래야 노출된 광고를 클릭할 확률도 높아진다. 광고를 많이 클릭하면 당연히 정산 받을 수 있는 광고비도 많아진다.

그럼 네이버는 어떤 블로그의 글을 검색상위에 노출시킬지 궁금할 것이다. 네이버는 고유의 검색엔진(일명 검색로봇)을 활용해서 '블로그 지수'를 평가한 후 노출 순위를 정한다. 즉 블로그 지수가 높아야 검색 상위에 노출될 수 있다.

블로그 지수는 어떻게 결정될까? 2016년부터 파워블로그 선정 제도가 폐지되었지만 파워블로그는 블로그 지수가 높다. 따라서 파워블로그 선정 기준을 살펴보면 답을 찾을 수 있다. 파워블로그는 크게 ① 활동성, ② 인기도, ③ 내용의 충실성, ④ 소통하려는 노력, ⑤ 신뢰성을 평가해서 선정하는데, 이런 평가지표가 곧 블로그 지수를 결정짓는 기준이라고 할 수 있다.

"블로그 지수! 뭐가 이렇게 복잡한가요?" 하고 생각할 수도 있다. 하지만 너무 복잡하게 생각할 필요는 없다. 다음의 5가지 원칙만 지킨다면 누구나 자연스럽게 검색상위 노출에 성공할 수 있을 것이다.

Tip 네이버 블로그 지수 기준 자세히 알아보기

- **활동성** : 운영기간, 포스팅(글) 수, 글 쓰는 빈도 등을 평가한다.
- **인기도** : 방문자수, 방문횟수, 체류시간, 댓글·공감·스크랩수 등을 평가한다.
- **내용의 충실성** : 본인만의 경험·정보·이야기를 담고 있는지 평가한다.
- **소통하려는 노력** : 댓글·공감·스크랩 등 이웃들과 활발하게 교류하고 있는지 평가한다.
- **신뢰성** : 블로그를 통한 상업활동이 블로그 본연의 주제·취지에 어긋나지 않는지 평가한다.

※ 애드포스트를 제외한 상업활동은 공정거래위원회의 '추천, 보증 등에 관한 표시·광고 심사지침', '전자상거래 등에서의 소비자보호에 관한 법률'을 준수해야 한다.

1 | 1일 1포스팅을 해라

포스팅(Posting)이란 블로그에 글을 쓰는 것을 말한다. 한꺼번에 많은 글을 쓰는 것보다 매일 꾸준하게 글을 쓰는 것이 더 좋다. 특히 블로그 초기 운영기간에는 1일 1포스팅이 매우 중요하다. 물론 처음에는 쉽지 않다. 하지만 짧게라도 글을 써서 블로그에 생명을 끊임없이 불어넣어 줘야 한다.

2 | 이웃과 교류해라

블로그는 정보를 교류하는 장이다. 따라서 이웃들과 댓글, 공감 등으로 교류를 해줘야 한다. 다만 처음부터 무리해서 너무 많은 이웃을 만들면 꾸준히 관리하기가 힘들다. 또한 이웃들이 방문하기를 수동적으로 기다리기보다는 먼저 이웃 블로그를 방문해서 교류하는 적극적인 자세도 필요하다.

3 | 전문성을 키워라

영화, 요리 등 특정 주제를 정해서 블로그의 전문성을 키우면 자연스럽게 이웃들이 증가할뿐더러 블로그 지수도 높아진다. 전문성을 가진 블로그의 힘은 매우 강력하다. 하지만 하루아침에 블로그가 전문성을 가질 수는 없다. 꾸준히 특정 주제에 대한 글을 쓰면서 전문성을 키워야 한다.

4 | 독창성을 잃지 마라

블로그를 무조건 전문성을 키워서 운영할 필요는 없다. 일상의 기록을 편하게 글로 써도 상관없다. 다만 본인만이 쓸 수 있는 글! 즉 독창성을 잃어버려서는 안 된다. 다른 블로그에서 도용한 글, 기사를 단순 복사한 글은 독창성이 없다. 독창성을 가진 블로그는 전문성을 가진 블로그 못지않은 힘을 발휘한다.

5 | 욕심을 내지 마라

검색엔진은 블로그 지수를 끊임없이 평가한다. 또한 블로그 지수가 비정상적으로 올라가면 혹시 부정행위를 한 것은 아닌지 의심한다. 따라서 욕심을 내서 블로그 지수를 올리기 위한 부정행위를 하면 자칫 한 방에 저품질 블로그가 될 수 있다. 검색엔진은 생각보다 굉장히 똑똑하다는 사실을 명심하자.

Tip 저품질 블로그란?

검색상위 노출이 불가능한 블로그를 말한다. 통상 다음과 같은 부정행위를 하는 경우 저품질 블로그가 될 가능성이 높다.

- 실시간검색어가 포함된 글을 반복해서 올려 블로그 방문자수를 임의로 늘리려는 행위
- 유사 문서(검색 노출 중인 글을 단순 복사한 문서)를 반복해서 올리는 행위
- 유해성 정보(성인물, 도박 등)를 올리는 행위
- 검색상위 노출을 목적으로 키워드를 과도하게 남발하거나 댓글, 공감, 스크랩수를 조작하는 행위

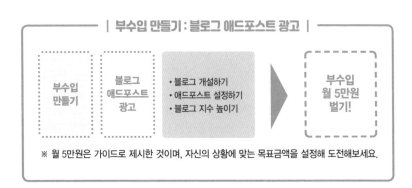

| 부수입 만들기 : 블로그 애드포스트 광고 |

| 부수입 만들기 | 블로그 애드포스트 광고 | • 블로그 개설하기
• 애드포스트 설정하기
• 블로그 지수 높이기 | ▶ | 부수입 월 5만원 벌기! |

※ 월 5만원은 가이드로 제시한 것이며, 자신의 상황에 맞는 목표금액을 설정해 도전해보세요.

앞에서 소개한 '블로그 애드포스트 광고하기 실천법'을 참고해 '월 5만원 벌기'에 도전해보길 바란다. 물론 당장 목표금액을 달성하기는 힘들 것이다. 하지만 블로그의 진정한 힘은 꾸준함에서 나온다. 꾸준히 블로그를 운영하면 분명 목표금액을 달성할 수 있다. 필자도 경험했지만 주변의 블로그 고수들을 보면서 눈으로 확인한 사실이다.

마지막으로 블로그 고수가 되기 위한 비법을 딱 하나로 콕 집어서 이야기해달라고 한다면 다음과 같이 말하고 싶다.

"블로그를 일기장이라고 생각하세요! 짧게라도 그날그날 일기를 쓰듯이 블로그에 글을 써보길 바랍니다!"

Tip **인플루언서 검색! 더욱 강력해진 네이버 프리미엄 광고**

■ 인플루언서 검색이란?

인플루언서* 검색은 영향력이 있는 콘텐츠 창작자를 검색결과에 먼저 보여주는 네이버의 새로운 서비스다. 네이버 검색이 창작자 중심으로 바뀌고 있는 것이다. 인플루언서 검색에는 리빙, 푸드, 육아, 여행 등 모집주제별로 누구나 지원할 수 있으나 네이버의 심사를 거쳐 승인을 받아야만 이용할 수 있다. 지원 후 승인결과는 약 10일 이내에 이메일로 안내된다.

■ 인플루언서 관리 방법은?

네이버로부터 승인을 받으면 인플루언서 홈을 개설하여 블로그, 포스트, 네이버 TV, 유튜브 등 다양한 채널을 한꺼번에 연동하여 관리할 수 있다. 또한 우수 인플루언서는 프리미엄 광고**가 노출되어 높은 수준의 광고보상(=수익금)을 얻을 수 있다. 프리미엄 광고는 브랜드 광고영역으로 한층 업그레이드된 애드포스트라고 생각하면 된다.

이제는 바야흐로 인플루언서 시대다. 지금이라도 늦지 않았다! 자신의 블로그 등을 꾸준히 키워서 인플루언서 검색에 지원하여 승인을 받아보길 바란다. 파워블로거나 수십만명의 팔로워를 가진 분들도 첫 시작은 미약했다는 것을 잊지 말자.

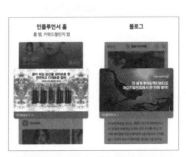

프리미엄 광고 예시(출처 : 네이버 인플루언서 검색 공식블로그)

★ **인플루언서(Influencer)** : 'Influence(영향을 주다)와 'er(사람을 뜻하는 접미사)'가 합쳐진 것으로 영향력을 행사하는 사람을 뜻한다.

★★ **프리미엄 광고 적용 기준** : 팬수 3,000명 또는 주제별 팬수 상위 그룹이면서 키워드챌린지 상위 그룹 인플루언서에게 프리미엄 광고가 노출된다. (단, 네이버 내부기준에 따라 변동성 있게 적용됨)

블로그로 육아용품 장만한
'러빙이맘'님

블로그로 돈을 버는 방법은 애드포스트만 있는 것이 아니다. 체험단, 홍보단 등으로 활동하면서 돈을 벌 수도 있다. '러빙이맘'님은 블로그를 운영하면서 체험단으로 활동했다. 육아용품의 8할을 체험단 사은품으로 받았다고 해도 과언이 아니다.

과연 어떤 육아용품을 공짜로 받았을까? 유모차, 바운서, 점퍼루, 소독기 등 다양한 육아용품을 받았는데, 가격대가 평균 10만~15만원이다. 특히 무료로 받아서 사용 중인 좌욕 기능이 있는 비데의 가격은 100만원이 넘는다. 그동안 '러빙이맘'님이 공짜로 받은 육아용품을 돈으로 환산하면 정말 엄청난 규모가 아닐까 한다.

'러빙이맘'님이 블로그 활동으로 받은 육아용품 인증샷

"블로그! 출산 전 무료한 주부생활에 활력이 되었던 취미생활이었는데, 이렇게 많은 육아용품까지 공짜로 받으니까 정말 훌륭한 부업이 된 것 같아요~"

'러빙이맘'님의 블로그 운영 방법은 그리 특별한 것이 없었다. 꾸준히 일상글을 올리면서 이웃들과 교류하다 보니까 어느 순간 방문자수가 엄청나게 늘어나 있었다. 방문자수가 늘다 보니까 자연스럽게 체험단 협찬까지 들어왔다. 취미생활로 시작해서 어느덧 부업 수준까지 커져버린 블로그! 앞으로도 더욱 멋지게 블로그를 운영하기를 진심으로 응원한다. '러빙이맘'님, 파이팅입니다!

22 제휴마케팅을 활용해서 용돈 벌기

| 월 2만원 벌기 |

제휴마케팅이란 광고를 원하는 광고주와 광고를 홍보해서 수익금을 얻기 원하는 어필리에이트[*]가 제휴를 통해 매출을 증대시키는 마케팅을 말한다. 제휴마케팅으로 부수입을 올리려면 다음의 '제휴마케팅 활용하기 실천법'을 참고해서 실행에 옮겨보길 바란다.

실천법 1 제휴마케팅 서비스를 이용한다

어필리에이트는 어떻게 수익금을 얻을 수 있을까? 일단 광고주를 찾아서 제휴를 맺어야 한다. 나에게 돈을 줄 물주가 있어야 하니까! 하지만 블로그, SNS 등을 운영하는 개인이 이리저리 발품을 팔면서 광고주를 찾는 것은 쉽지가 않다. 따라서 어필리에이트와 광고주를 연결시켜

★　**어필리에이트**(Affiliate) : 자신이 운영하는 블로그, SNS 등을 통해 광고를 홍보하는 사람들이다.

주는 제휴마케팅 서비스를 이용해야 한다. 이러한 서비스를 이용하면 광고주와 손쉽게 제휴를 맺을 수 있고 광고링크를 생성하여 자신의 블로그, SNS 등에 홍보할 수 있다. 그리고 자신의 블로그, SNS 등에 접속한 방문자가 광고링크를 타고 들어가서 상품 구매(또는 설치, 재생 등)를 하면 광고비를 지급받게 된다. 이러한 광고비가 바로 어필리에이트의 수익금이다.

제휴마케팅 서비스를 제공하는 대표적인 업체는 링크프라이스, 쿠팡 파트너스, 애드픽이다.

1 | 링크프라이스(Linkprice)

링크프라이스는 2000년에 설립되었으며 광고주가 원하는 실질적인 성과 지표에 기반하여 광고비를 책정하는 성과 기반 광고 (Peformance based Advertising)

링크프라이스(www2.linkprice.com)

전문회사다. 역사가 오래된 만큼 제휴마케팅 서비스가 안정적이며 국내외 300여 개 쇼핑몰 등 다양한 광고주를 보유하고 있다는 것이 장점이다. 매월 6일 전전월 수익금이 확정되며, 매월 6~15일에 수익금을 신청하면 16~20일에 수익금이 지급된다. 수익금은 최소 2만원 이상부터 1만원 단위로 신청 가능하다.

링크프라이스와 제휴한 광고주는?

- **종합쇼핑몰** : 위메프, G마켓, 11번가, 현대Hmall
- **여행** : 익스피디아, 호텔스컴바인, 부킹닷컴, 호텔스닷컴
- **패션** : LF몰, 하프클럽, W컨셉, 무신사
- **IT·가전** : 애플, 다이슨, 마이크로소프트, 하이마트

2 | 쿠팡 파트너스(Coupang Partners)

쿠팡 파트너스는 쿠팡에서 직접 운영하는 제휴마케팅 서비스다. 쿠팡 회원이어야 가입이 가능하다. 쿠팡에서 판매중인 수백 개의 상품을 광고할 수 있으며 광고링크를 손쉽게 생성할 수 있다는 것이 장점이다. 상품 종류에 상관없이 구매금액의 3%를 수익금으로 받을 수 있다. 단 생성한 광고링크로 접속하여 24시간 안에 구매가 이루어져야 하며 구매자가 반품 또는 취소하는 경우에는 수익금 인정이 되지 않는다. 수익금은 익익월 15일에 지급되며 최소 1만원 이상부터 신청 가능하다.

3 | 애드픽(Adpick)

애드픽은 모바일 제휴마케팅 플랫폼이다. 게임, 생활, 교육 등 다양한 카테고리의 광고를 할 수 있으며 클릭형, 영상형, 설치형 등 광고유형을 자유롭게 선택할 수 있다는 것이 장점이다. 특이하게 총 6단계(뉴비, 브론즈, 실버, 골드, 플래티넘, 다이아몬드)의 레벨시스템이 있다. 각 레벨 달성조건을 완료하면 레벨을 올릴 수 있으며 높은 등급의 레벨에 올라갈수록 더 많은 수익금을 얻을 수 있다. 수익금은 지급신청일 기준으로

다음주 목요일에 지급된다. 최소 5만원 포인트 이상부터 수익금 신청이 가능하다. (1포인트 = 1원) 단, 브론즈 등급 이상이어야 한다.

쿠팡 파트너스(partners.coupang.com)

애드픽(www.adpick.co.kr)

Tip 알아두면 유용한 제휴마케팅 용어

- CPS(Cost per Sale) : 상품 판매 실적당 수익금 지급
- CPA(Cost per Action) : 회원가입 등 액션당 수익금 지급
- CPC(Cost per Click) : 배너 클릭당 수익금 지급
- CPI/CPE(Cost per Install/Engagement) : 앱 설치·실행당 수익금 지급
- 수익금 : 상품 판매 등 실적이 발생하면 실적에 따라 받는 광고비
- 사이트 : 내가 홍보할 영역으로 직접 운영하는 블로그, SNS 등
- 실적 : 홍보를 통해 상품 구매 등 광고주 목적을 달성한 것
- 광고코드 : 내 홍보를 통해 실적이 발생한 것을 알 수 있도록 사이트별로 주어진 전용코드
- 광고링크 : 광고코드를 넣은 링크
- Return Day : 광고효과 인정기간, 방문자가 광고링크를 클릭한 시점부터 구매하기까지 내 실적으로 인정해주는 기간

실천법 2 정정당당하게 광고하자

공정거래위원회의 '추천·보증 등에 관한 표시·광고 심사지침'에 따라 대가를 받고 블로그, SNS 등에 상품 후기를 올렸다면 광고주와의 경제적 이해관계를 인식할 수 있는 문구를 소비자가 쉽게 찾을 수 있는 위치(게재물 첫 부분 또는 끝 부분)에 표시해야 한다. 왜냐하면 광고가 아닌 것처럼 상품 후기 등을 위장할 경우 소비자 피해가 발생할 수 있기 때문이다.

경제적 대가 지급사실을 알릴 때에는 발견하기 어려울 정도로 작거나 배경과 비슷해 잘 보이지 않는 색상을 사용하거나 '일주일 동안 사용해 보았음', '체험단', '이 글은 정보성·홍보성 글임', '#[브랜드명]', '@[상품명]' 등 애매한 문구를 사용해서는 안 된다.

 SNS에 적절한 광고 게재 방법은?

■ **적절하게 표시한 경우**

· 자신의 블로그에 ○사의 살균 세척기 추천글을 게재하면서 수수료를 받기로 한 경우 : '소정의 수수료를 지급받음'

· ○○사로부터 일정금액을 받고 자신의 SNS에 ○○사 제품에 대한 실제 이용 후기를 올린 경우 : '소정의 원고료를 지급받았지만 저의 솔직한 후기입니다'

■ **적절하게 표시하지 않은 경우**

· ○○사로부터 대가를 받고 개인 블로그에 ○○사의 제품 홍보글을 게재하였으나, 대가를 받았다는 사실을 본문과 구분되지 않는 형태로 중간에 삽입하여 소비자가 이를 인식하기 어려운 경우

실천법 3 네이버 검색 흐름을 읽어야 한다

블로그에 제휴마케팅 광고글을 과도하게 올리면 네이버가 저품질 블로그로 판단해 검색에서 배제시킨다는 이야기가 있다. 특히 여러 차례 쿠팡 파트너스 광고활동을 하다가 저품질 블로그가 되었다고 하소연하는 분들이 많다. 물론 진실인지 거짓인지는 네이버만 안다. 하지만 네이버 입장에서는 블로거들이 네이버 쇼핑을 홍보하거나 네이버 애드포스트를 이용하기보다 제휴마케팅을 활용한 각종 외부 광고에 열을 올린다면 그리 반갑지 않을 것이다.

네이버는 블로그 콘텐츠 품질관리를 위해 검색 알고리즘을 지속적으로 개선하고 있다. 특히 최근에는 블로그 콘텐츠 질을 보다 높이기 위해 API★를 이용한 글쓰기 기능마저 종료했다. 즉 어뷰징(낚시성) 콘텐츠 차단을 강화하고 광고성 블로그에 칼을 뽑아들고 있는 것이다.

'네이버 검색'에서 자세한 내용을 확인해보세요!

★ **글쓰기 API**(Application Programming Interface) : 로그인하지 않고도 MS Office Word와 같은 글쓰기 프로그램, 구글 Docs 같은 웹 노트 서비스 등에서 작성한 글을 바로 발행할 수 있도록 지원하는 기능이다. 따라서 당장의 수익금에 눈이 멀어 제휴마케팅에 집착하여 블로그를 상업적으로만 운영했다가는 검색품질을 떨어뜨리는 광고성 블로그로 낙인 찍혀서 한순간에 네이버로부터 팽 당해 저품질 블로그가 될 수도 있다는 것을 잊지 말자.

실천법 ④ 종합소득세 신고를 겁내지 말자

제휴마케팅을 통해 수익금이 발생했다면 종합소득세 신고는 필수다. 신고기간은 5월 1일~31일이며 신고방법은 홈택스에 접속하거나 세무서를 방문하면 된다.

"나의 제휴마케팅 광고활동을 국세청에서 모를 것 같은데 종합소득세 신고를 꼭 해야 해?" 이렇게 안이하게 넘겨서는 안 된다. 왜냐하면 제휴마케팅 업체로부터 수익금을 받을 때 소득세 및 주민세 3.3%가 원천공제되어 국세청에 통보가 되기 때문이다.

종합소득세 신고기간이 도래하면 국세청에서 카톡이나 우편으로 친절하게 종합소득세 신고를 하라는 안내문을 보내준다. 안내문을 보고 "세금을 많이 내면 어쩌지?" 너무 겁낼 필요는 없다. 종합소득세 신고과정이 다소 번거롭지만 대부분 환급을 받을 수 있다. 다만 근로소득 외 추가소득이 많거나 세액공제 혜택이 적다면 세금을 추가로 토해낼 수도 있는 점은 유의하자.

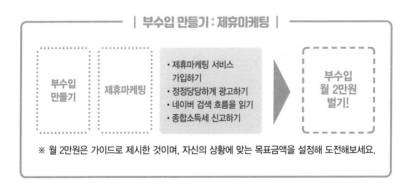

| 부수입 만들기 : 제휴마케팅 |

부수입 만들기 → 제휴마케팅 → • 제휴마케팅 서비스 가입하기 • 정정당당하게 광고하기 • 네이버 검색 흐름을 읽기 • 종합소득세 신고하기 → 부수입 월 2만원 벌기!

※ 월 2만원은 가이드로 제시한 것이며, 자신의 상황에 맞는 목표금액을 설정해 도전해보세요.

마지막으로 블로그에 제휴마케팅 광고글을 어느 정도 올리는 것이 안전할지 궁금할 수 있다. 양질의 정보성 블로그로 운영하면서 한두 번씩 제휴마케팅 광고글을 올리는 것은 애교로 봐주지 않을까? 물론 아닐지도 모른다. 정답은 네이버만 아니까!

하지만 확실한 것은 제휴마케팅을 활용해 엄청난 수익금은 아니지만 소소하게 용돈벌이를 하는 분들도 굉장히 많다는 사실이다. 한 달에 2만원 정도의 부수입을 번다는 생각으로 조심스럽게 시작해보는 것도 좋지 않을까 한다.

다만 당장의 수익보다 블로그를 정말 안정적으로 운영하고 싶다면 제휴마케팅에는 아예 눈을 돌리지 않는 것이 바람직하며 정신건강에도 이로울 것이다.

'프로N잡러Min'님의 쿠팡 파트너스와 함께 블로그 라이프 적절히 누리기

'프로N잡러Min'님은 블로그를 운영하면서 애드포스트, 서포터즈 활동, 제휴마케팅 등으로 다양한 부수입을 벌고 있다. 제휴마케팅 중 쿠팡 파트너스는 본인의 관심분야 와 블로그 컨셉에 따라 다양한 쿠팡 상품의 광고링크를 활용해 부수입을 벌 수 있다 는 것이 장점이라고 한다. 구매금액의 3%를 수익금으로 지급받을 수 있기에 수익금 을 높이려면 고가제품을 광고하는 것이 효과적이었다. 1만원 이상 수익금이 발생하면 정산 지급 메일이 오고, 쿠팡 파트너스에서 세부적인 실적 리포트도 확인할 수 있다.

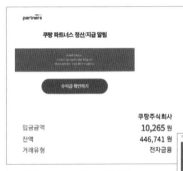

'프로N잡러Min'님의 쿠팡 부수입 정산

쏠쏠한 고가제품 광고

'프로N잡러Min'님의 블로그

쿠팡 파트너스 실전 따라하기

① 쿠팡 파트너스에 쿠팡 아이디로 회원 가입한다.
② 상품검색란에 포스팅에 링크하고 싶은 상품을 검색한다.
③ 마음에 드는 상품을 클릭해서 광고링크를 생성한다.
④ 광고링크를 복사해서 나의 포스팅에 붙여넣는다.
⑤ 해당 광고링크를 통해 구매 발생 시 수익금을 확인한다.

"블로그 내 광고링크를 무분별하게 사용하면 블로그에 악영향을 미칠 수 있으므로 무분별한 사용은 지양하는 것이 좋습니다!"

'프로N잡러Min'님이 남긴 당부의 말이다. 실제 '프로N잡러Min'님은 블로그로 세 달 만에 약 700만원의 부수입을 번 블로그테크(블로그 + 재테크) 최강고수이지만 제휴마케팅은 최소화하고 있다. 컴퓨터와 핸드폰만 있으면 어디서든 블로거 라이프를 누리는 모습! '프로N잡러Min'님, 정말 멋지십니다!

중고도 돈이 된다!
중고물품 똑똑하게 팔기

| 월 5만원 벌기 |

중고물품 팔아서 돈 벌기

집 안을 둘러보면 중고물품이 상당히 많다. 그런데 이런 중고물품을 그냥 버리고 있지는 않은가? 이제는 중고물품도 똑똑하게 팔아서 쏠쏠한 부수입을 올려보자. 다음 '중고물품 팔기 실천법'을 참고해서 실행에 옮겨보길 바란다.

실천법 1 중고물품을 판다 : 헌책

읽지 않거나 굳이 소장하지 않아도 되는 헌책이 많다. 이런 헌책은 책장에 꽂아놔 봐야 불필요한 짐만 된다. 인터넷서점 중고샵을 활용하면 누구나 손쉽게 헌책을 팔 수 있다. 이번 기회에 집에 헌책이 없는지 찬찬히 둘러보자. 분명 꽤 많은 헌책이 방치되고 있을 것이다.

헌책 파는 방법

① 인터넷서점(YES24, 알라딘 등) 중고샵에 접속한다.

② 판매할 헌책의 제목이나 ISBN(책 뒤표지 바코드 아래의 숫자)으로 검색해서 신청한다.

③ 헌책을 박스에 포장해 지정 택배나 편의점 택배를 통해 인터넷서점으로 보낸다.

④ 인터넷서점 담당자가 확인한 후에 예치금 또는 포인트로 정산받으면 끝!

⑤ 인터넷서점 앱을 이용하면 바코드를 촬영해서 보다 편하게 헌책을 팔 수도 있으니 참고하자.

Tip 헌책 똑똑하게 파는 노하우

■ **인터넷서점별 가격을 비교한다.**
  - 똑같은 헌책이지만 매입가격에 조금씩 차이가 있다.

■ **매입 가능 여부를 사전에 반드시 확인한다.**
  - 필기 또는 낙서가 심한 경우 아예 매입 불가 판정을 받을 수도 있다.

■ **배송비는 정산 시 차감된다.**
  - 지정 택배를 이용하고 1만원 이상 판매하면 무료배송 혜택을 받을 수 있다.

■ **인터넷서점별 장점을 알아둔다.**
  • **YES24** : 최상, 상, 중으로 매입가격을 결정한다. 헌책 판매 후 YES포인트로 받으면 매입가격의 10%(변동 가능)를 추가 지급한다. 대량 판매 시 10% 추가는 크다!
  • **알라딘** : 최상, 상, 중으로 매입가격을 결정하며 출간일 14개월 이내의 일부 신간 베스트셀러는 인센티브 혜택이 제공된다. 중고책 오프라인 매장이 많기 때문에 팔 책이 많다면 일일이 바코드를 스캔할 필요 없이 수량만 적어서 보내는 '원클릭 팔기'도 가능하다.

실천법 2 중고물품을 판다 : 헌옷

안 입는 헌옷도 돈이 된다. 인근에 헌옷 수거업체가 있는지 찾아본 후 팔면 된다. 물론 생각보다 단가 (통상 kg당 200~500원, 해당 헌옷수거업체에 정확

'prof06'님의 헌옷 팔아서 용돈벌기

히 확인할 것!)가 높지는 않지만, 그래도 모으면 소소한 부수입을 올릴 수 있다. 또한 헌옷을 모아서 아름다운가게(www.beautifulstore.org)에 기부하면 연말정산 때 기부금공제 혜택을 받을 수도 있다.

실천법 3 중고물품을 판다 : 공병

주류의 판매가격에는 공병보증금이 포함되어 있다. 따라서 해당 공병을 슈퍼, 마트 등에 반환하면 공병보증금(소주 공병 : 개당 100원, 맥주 공병 : 개당 130원)을 돌려받을 수 있다. 다만 공병에 부착된 보증금 스티커가 훼손되거나 공병 안이 담뱃재, 이물질 등으로 오염되면 보증금 반환이 불가하다. 또한 공병을 30개 이상 가져가면 보관 장소 부족 등을 이유로 반환이 거절당할 수 있다.

이런 공병 재활용을 통해 환경보호운동을 소소하게나마 실천한다는 마음을 가져보았으면 한다. 사랑하는 아이들이 살아가야 할 지구를 깨

끗하게 물려주는 데 동참한다는 것! 지지리 궁상이 아니라 분명 소중하고 가치 있는 일이다. 다음은 공병 규격별 보증금액이니 참고하길 바란다.

| 규격별 보증금액 |

대상품목	규격	빈 용기 보증금액
반복 사용이 가능한 유리용기를 사용하는 제품 (발효주류, 증류주류, 음료류, 먹는물)	190ml 미만	70원/개
	190ml 이상 400ml 미만	100원/개
	400ml 이상 1,000ml 미만	130원/개
	1,000ml 이상	350원/개

환경보호를
실천한다는
마음으로!

중고물품을 판다 : 기타

안 쓰는 가전·생활·취미용품 등은 중고거래앱을 활용하면 손쉽게 팔 수 있다. 다음은 카페 회원들이 많이 활용하는 중고거래앱 Top3인데 참고하길 바란다.

| 중고거래앱 Top3 |

앱종류	당근마켓	번개장터	중고나라
평점 (5점 만점, Play 스토어 기준)	4.5점	3.9점	3.2점
특징	• 대한민국 중고거래 앱 1등이다. • 동네 이웃끼리 중고물품을 사고팔 수 있다.	• 매출 1위 중고거래 앱이다. • 거래가 활발하며 거래후기가 많다.	• 중고나라 카페에서 운영하는 중고거래 앱이다. • 앱에 상품을 등록하면 카페에도 상품이 자동등록된다.
사용자 구성현황	3040 여성의 사용률이 높다.	1020 밀레니엄 세대의 사용률이 높다.	3040 남성의 사용률이 높다.

Tip 마니아들에게 인기가 높은 중고거래앱은?

모바일 쿠폰 전문 중고거래앱인 팔라고, 니콘내콘! 명품 전문 중고거래앱인 필웨이! 육아용품 전문 중고거래앱인 땡큐마켓이 있다. 상대적으로 사용자는 적지만 특정 중고상품을 전문적으로 거래하기에 유용하다.

참고로 중고거래를 할 때 가장 조심해야 할 것이 바로 사기다. 사기를 당할까봐 중고거래를 두려워하는 분들도 많다. 사기수법이 갈수록 교묘해지고 있기에 기본적인 중고거래 주의사항 정도는 꼭 숙지해두길 바란다.

중고거래 주의사항

① 판매이력을 확인한다. 더치트, 사이버안전지킴이 등을 통해 전화·계좌번호를 조회한다.

② 연락처를 재차 확인한다. 잘못 건 척 직접 전화를 해보는 것도 좋다. 사기꾼은 꼭 카카오톡이나 메신저 등으로 거래를 유도하려고 한다.

③ 가급적 직거래로 거래한다. 직거래는 사람이 많이 오고 가거나 CCTV가 설치된 장소에서 하는 것이 좋다. 사기꾼은 꼭 직거래가 어려운 곳에 산다고 한다.

④ 안전거래(안전결제) 서비스를 이용한다. 반드시 중고거래앱에서 제공하는 안전거래(안전결제) 링크를 클릭해야 한다. 사기꾼은 카카오톡 등을 통해 가짜 안전거래(안전결제) 링크를 거는 경우가 많다.

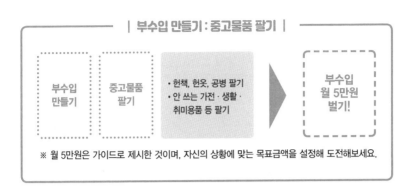

| 부수입 만들기 : 중고물품 팔기 |

부수입 만들기 → 중고물품 팔기 → • 헌책, 헌옷, 공병 팔기
• 안 쓰는 가전 · 생활 · 취미용품 등 팔기 ➡ 부수입 월 5만원 벌기!

※ 월 5만원은 가이드로 제시한 것이며, 자신의 상황에 맞는 목표금액을 설정해 도전해보세요.

앞에서 소개한 '중고물품 팔기 실천법'을 참고해 '부수입 월 5만원 벌기'에 도전해보길 바란다. 처음에는 부수입이 소소할 수도 있지만 절대 달성할 수 없는 불가능한 목표가 아니다. 삶을 심플하게 비우고 조금만 부지런해지면 분명 목표를 달성할 수 있을 것이다.

📁 몸값이 껑충 뛰는 중고! 리셀테크란?

리셀테크는 되판다는 리셀(Resell)과 재테크의 테크(Tech)가 합쳐진 말이다. 한정판이나 희소성이 높은 상품을 샀다가 프리미엄을 붙여서 비싸게 되파는 것이다. 리셀테크의 종류는 스니커테크(스니커즈 + 재테크), 샤테크(샤넬 + 재테크), 롤텍스(롤렉스 + 테크), 레테크(레고 + 재테크) 등이 있는데 2030세대들의 새로운 재테크 수단으로 주목받고 있다.

중고거래 어디까지 해봤니?
'그때정신차릴걸'님의 중고물품 팔기

'그때정신차릴걸'님은 20살부터 자취를 하며 이사를 많이 했기에 주기적인 짐 정리가 필요했다. 따라서 중고거래를 굉장히 많이 했는데 필요 없는 물건이 있으면 다음의 순서로 판다고 한다. (중고나라 → 당근마켓·지역카페 → 벼룩시장 → 아름다운 가게)

'그때정신차릴걸'님의 중고거래 인증샷

먼저 중고나라는 없는 게 없다. 중고나라에서 중고물품을 잘 파는 방법은 해당 물건의 시세 파악 후 무조건 싸게 내놓으면 된다. 너무 당연한 말이지만 1,000~2,000원 더 받는 것보다 쿨거래 조건으로 조금 싸게 팔곤 했다. "어디에 흠이 있다! 받아보니 약간 하자가 있더라!" 이런 말을 듣기 싫었기에 지금까지 중고물품을 팔면서 문제가 있었던 적이 없었다. 하지만 중고나라에는 사기꾼이 많다. 비싼 중고물품은 직거래가 우선이고 사기정보 조회[*]를 꼭 해봐야 한다.

당근마켓·지역카페는 지역 주민을 대상으로 중고물품을 팔곤 했다. 주로 가까운 곳에 사는 분들과 중고거래를 해서 부피가 커도 괜찮았고 택배비도 들지 않았다. 중고나라, 당근마켓·지역카페에도 팔기 힘든 자질구레한 중고물품은 벼룩시장이 효과적이었다. 요즘은 지자체, 심지어 아파트 단지 내에서도 벼룩시장을 많이 개최한다. 아이와 함께 벼룩시장에 나가서 사소한 중고 장난감을 많이 팔았다. 참고로 벼룩시장에는 옷 종류보다는 장난감 종류가 가장 많이 팔렸다.

---

[*] **사기정보 조회** : 더치트(thecheat.co.kr)로 접속하면 조회 가능하다.

'그때정신차릴걸'님의 벼룩시장 인증샷

만약 여기까지 했는데도 중고물품을 팔지 못했다면 아름다운 가게에 기부해서 소득공제 혜택을 챙긴다. 연말정산 때 한푼이라도 세금을 덜 내야 하니까! 그리고 물건을 살 때는 신중에 신중을 기해야 한다. 괜히 샀다가 안 어울려서, 안 예뻐서, 이제 필요 없어서 등의 이유로 안 쓰고 방치하는 경우가 많기 때문이다. 중고물품 판매를 통해 부수입을 벌면 좋겠지만 그보다 먼저는 불필요한 물건을 사지 않는 것이다. 안 사면 0원이니까!

"중고물품을 팔아보면 남으로부터 100원 하나 얻는 게 얼마나 어려운 일인지 알 수 있더군요!"

꼭 필요한 물건만 사자! 이게 절약의 첫 걸음이다. '그때정신차릴걸'님의 이런 마음가짐이 분명 더 큰 부를 이루는 원동력이 될 거라고 믿는다. 또한 진심 어린 박수를 보낸다. '그때정신차릴걸'님, 더욱 행복한 가정 꾸려나가세요!

'norway'님의 헌책 팔아
심플라이프 실천하기

'norway'님의 거실에는 책장이 있다. 가만히 책장을 들여다보았다. 더 이상 읽지 않는 헌책이 꽤 많이 방치되어 있었다. 거실에 짐처럼 쌓여버린 헌책! 과감하게 정리해서 팔았다. 책장에 방치된 헌책의 90% 정도를 YES24 등에 팔았는데, 받은 돈이 115만원 정도 되었다. 부수입이 생각 외로 쏠쏠했고 거실도 눈에 띄게 넓어졌다. 또한 헌책을 처분하고 난 후 살림살이가 조금씩 심플해지기 시작했다. "그래, 짐을 줄이자!" 불필요한 물품을 정리하면서 많이 반성했고 지출도 자연스럽게 줄어들었다. 즉 심플라이프! 새로운 변화가 생긴 것이다.

헌책 처분으로 심플라이프 실현!

'norway'님의 헌책 처분 전후 인증샷

"헌책 팔기! 짐도 줄어들고 부수입도 생기고, 나아가 살림살이를 심플하게 정리할 수 있는 계기가 되었어요. 더 이상 읽지 않고 방치되어 있는 헌책! 꼭 처분해보세요."

비움의 미학을 깨닫고 심플한 삶을 실천한다는 것은 결코 쉽지 않다. 헌책 팔기를 계기로 새로운 변화를 이끌어낸 'norway'님! 정말 너무 멋지다. 항상 응원합니다!

알면 돈 되는 온누리상품권 활용법

| 월 3만원 벌기 |

온누리상품권으로 알뜰살뜰 물건 구입하기!

온누리상품권! 많은 분들이 전통시장에서 사용할 수 있는 상품권 정도로만 막연하게 알고 있다. 하지만 동네 마트 등에서도 사용할 수 있고, 무엇보다 할인된 가격으로 구입할 수 있다. 다음의 '온누리상품권 활용하기 실천법'을 참고해 실행에 옮기면 부수입뿐만 아니라 생활비도 절약할 수 있을 거라고 본다. 온누리상품권을 제대로 활용하려면 온누리상품권의 주요 특징과 구매절차부터 알고 있어야 한다.

온누리상품권 주요 특징

① 사용처 : 전국 가맹 전통시장, 상점

② 판매처 : 지류상품권(16군데 : 신한은행, 우리은행, KB국민은행, 대구은행, 부산은행, 광주은행, 전북은행, 경남은행, 수협, 신협, NH농협은행, 우체국, 새

마을금고, IBK기업은행, Sh수협은행, 하나은행), 전자상품권(7군데 : 우리

은행, 대구은행, 부산은행, 경남은행, IBK기업은행, NH농협은행, 비씨카드),

모바일상품권(농협 - 올원뱅크, 경남 - 투유뱅크, 광주 - 스마트뱅킹, 대

구 - 아이M뱅크, 부산 - 썸뱅크, 전북 - 뉴스마트뱅킹, 갤럭시아 - 머니트리,

비즈플레이 - 비플, 쿠콘 - 체크페이), 페이코, 신한은행(sol), 핀크 등

③ 가격 : 지류상품권(5,000원권, 1만원권, 3만원권), 전자상품권(5만원, 10

만원), 모바일상품권(5,000원, 1만원, 3만원, 5만원, 10만원)

④ 할인율 : 할인율 : 5~10%(지류,전자,모바일상품권)

⑤ 구매한도 : 1인당 월 50~100만원(지류상품권), 1인당 월 70~150만원

(전자,모바일상품권)

⑥ 유효기간 : 발행연도로부터 5년 (상품권 뒷면 왼쪽 하단에 표기)

⑦ 액면금액의 60% 이상 사용 시 잔액을 현금으로 돌려받을 수 있다.

⑧ 온누리상품권은 현금으로만 구매 가능하지만, 공무원복지카드나

법인카드는 구매 가능하다.

※ 할인율과 구매한도는 특별판매 기간에는 상향될 수 있다.

온누리상품권 구매절차 : 지류상품권 경우

① 구매할 돈과 신분증을 챙긴다.

② 온누리상품권 판매처로 간다.

③ 돈과 신분증을 제출한다.

④ 온누리상품권 현금할인 구매신청서를 작성한다.

⑤ 할인금액과 온누리상품권을 받는다.

※ 전자상품권 : 구매 후 BC카드 홈페이지에서 소득공제 및 인터넷·ISP 등

록을 하면 사용할 수 있다.

※ 모바일상품권 : 판매처인 금융기관 또는 간편결제사 앱(App)에서 온누리
상품권 권종을 선택하고 은행 출금계좌를 승인받으면 구매할 수 있다.

실천법 1 온누리상품권 가맹점을 미리 확인한다

온누리상품권! 정작 사용할 수 없으면 말짱 도루묵이다. 따라서 온누
리상품권을 구매하기 전에 주변 가맹점부터 확인해봐야 한다. 동네 마
트, 인근 음식점 등에서 사용이 가능한지 직접 발품을 팔며 확인할 수
도 있지만 전통시장통통(www.sijangtong.or.kr) 사이트에서 '온누리상품
권 → 가맹점포 찾기' 메뉴를 활용하면 보다 손쉽게 확인할 수 있다.

전통시장통통 → 온누리상품권 → 가맹점포 찾기

온누리상품권을 현명하게 쓰는 것도 중요하다. 식비를 효율적으로
줄일 수 있는 '통장첩 살림법'을 이용해서 온누리상품권을 최대한 현명
하게 써보길 바란다. 통장첩 살림법의 구체적인 실천법은 〈첫째마당〉

10장을 보면 된다.

 고수들만 아는 온누리상품권 활용 비법

■ **할인율이 높을 때 최대한 많이 구매한다**

구매한도까지 남편 50만원, 아내 50만원! 부부가 함께 구매하면 총 100만원을 구매할 수 있다. 온누리상품권 100만원! 부담스러울 수 있지만 유효기간이 5년! 두고두고 사용할 수 있다.

■ **1만원권보다 5,000원권 위주로 구매한다**

60% 이상 사용하면 잔액을 현금으로 돌려받을 수 있으므로 5,000원권이 현금화에 유리하다.

■ **소득공제 혜택을 받는다**

현금영수증을 발급받아 전통시장 소득공제 혜택을 받는다.

■ **할인상품 구매 시 적극 활용한다**

동네 마트 전단지 특가 할인상품을 소액으로 구입할 때 주로 활용한다.

■ **잊지 말고 가계부에 수입으로 기록한다**

10% 할인으로 60만원을 구매했다면 할인받은 돈은 6만원! 6만원을 가계부 수입란에 기록한다.

■ **온누리상품권 선순환 구조를 만든다**

① 온누리상품권 구매 시 할인받은 돈을 부수입통장에 저축한다.
② 온누리상품권 사용 후 남은 돈을 부수입통장에 저축한다. 부수입통장에 저축한 돈으로 온누리상품권을 구매한다.
③ ①~②번을 계속해서 반복한다.

실천법 ② 10% 특별할인 판매기간을 노린다

명절(설, 추석)을 앞두거나 연말 소비활성화를 위해 온누리상품권을
10% 특별할인해서 판매하는 경우가 있다. 최근에는 코로나19로 인한
지역경제 불황을 이겨내 보자는 취지로 온누리상품권 10% 특별할인
판매를 하였다. 이런 특별할인 판매기간을 집중적으로 노리는 것이 좋
다. 온누리상품권을 5%가 아닌 10% 할인된 가격으로 구매할 수 있기
때문이다.

실천법 ③ 탄소포인트제 참여하고 온누리상품권을 받는다

탄소포인트제는 가정에서 사용하는 에너지 항목(전기, 수도, 가스) 절약
시 온실가스 감축률에 따라 포인트가 적립되고 포인트당 인센티브를
받을 수 있는 제도다. 인센티브는 온누리상품권으로도 받을 수 있다.
따라서 공과금도 절약하면서 탄소포인트제를 통해 온누리상품권도 공
짜로 받아보길 바란다.

 탄소포인트제 알아보기

■ **참여 방법**

탄소포인트제(cpoint.or.kr)에 가입해서 참여하거나 관할 시·구·군 담당부서를 방문
하여 참여신청서 작성 후 참여할 수 있다. 서울시에 거주한다면 서울시 에코마일리
지(ecomileage.seoul.go.kr)에서 가입한 후 참여하면 된다.

■ **포인트 부여 기준**

에너지 항목(전기, 수도, 가스)별로 정산 시점으로부터 과거 1~2년간 월별 평균사용량 (기준사용량)과 현재사용량을 비교하여 절감비율에 따라 포인트를 산정하여 부여한다.

■ **인센티브 지급 기준(연간 최대 지급금액)**

연 2회(6월, 12월말) 포인트당 최대 2원(지방자치단체의 사정에 따라 2원 이내에서 변동) 지급된다.

▼ 감축 인센티브 : 감축률 5% 이상인 참여자에게 지급

감축률	전기	상수도	가스
5% 이상~10% 미만	5,000P	750P	3,000P
10% 이상~15% 미만	10,000P	1,500P	6,000P
15% 이상	15,000P	2,000P	8,000P

※ 1탄소포인트 : 최대 2원

▼ 유지 인센티브 : 2회 이상 연속으로 5% 이상 감축하여 인센티브를 받은
  참여자가 이어서 0% 초과 ~ 5% 미만의 감축률을 유지할 경우 지급

감축률	전기	상수도	가스
0% 초과~5% 미만	3,000P	450P	1,800P

※ 1탄소포인트 : 최대 2원

──── | 부수입 만들기 : 온누리상품권 | ────

| 부수입 만들기 | 온누리 상품권 | • 주변 가맹점 확인하기
• 10% 특별할인 노리기
• 탄소포인트제 참여하기 | ▶ | 부수입 월 3만원 벌기! |

※ 월 3만원은 가이드로 제시한 것이며, 자신의 상황에 맞는 목표금액을 설정해 도전해보세요.

"총 30만원어치 온누리상품권! 10% 특별할인으로 27만원에 구매했어요. 3만원 부수입이 생긴 셈이에요. 게다가 집 근처 마트에서 받아주니까 유용하게 쓸 수 있을 것 같아요~"

"탄소포인트제에 참여해서 받은 온누리상품권으로 시장에서 족발 사서 먹었어요. 공짜로 먹는 기분이라 너무 좋아요."

많은 카페 회원들이 온누리상품권을 할인받거나 공짜로 받아서 부수입을 만들고 있다. "5% 또는 10% 할인받아봐야 푼돈 아닌가요?" 하고 말할 수도 있다. 하지만 온누리상품권의 할인율은 곧 수익률이다. 온누리상품권을 5%만 할인받아도 1%대로 내려앉은 은행금리를 감안하면 은행이자보다 수익률이 높다.

'재벌제이린'님이 구매한 온누리상품권

이렇게 수익률로 생각해보면 온누리상품권이 절대 우습게 보이지 않을 것이다. 앞에서 소개한 '온누리상품권 활용하기 실천법'을 참고해 한 달에 평균 3만원 정도 부수입을 만들어내고, 나아가 보다 알뜰하게 장도 보길 바란다.

'LEE여사'님의
온누리상품권 재테크

'LEE여사'님은 온누리상품권을 다양하게 활용하고 있다. 전통시장, 동네마트 이외에 여행을 갈 때도 온누리상품권을 챙겨간다. 맛있는 음식을 먹거나 선물을 살 때 유용하게 쓸 수 있기 때문이다. (속초여행 : 닭강정 사먹기, 제주도여행 : 레드향 선물사기) 잠실역, 강남역, 터미널 등의 지하쇼핑센터에서도 온누리상품권 활용이 가능하다. 따라서 온누리상품권으로 쇼핑을 즐기기도 하는데 모든 음식점에서 사용 가능한 것은 아니므로 결제 전에 물어보는 것이 좋다. 그리고 온누리상품권을 중고거래로 롯데, 신세계 상품권 등과 교환하기도 한다. 롯데, 신세계 상품권 할인율은 보통 8% 정도인데 온누리상품권을 10% 할인받아 구입했다면 교환하는 것이 훨씬 이득이기 때문이다.

마지막으로 온누리상품권을 활용해서 금테크도 한다. 전통시장 안에 있는 금은방에서는 온누리상품권을 받아주므로 금을 10% 저렴하게 구입하는 효과를 볼 수 있다. 금테크에서 10%면 엄청 크다!

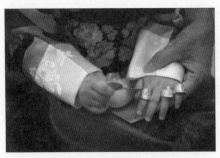

'LEE여사'님의 온누리상품권을 활용한 금테크 인증샷

'LEE여사'님의 온누리상품권 관리법

① 부수입통장에 있는 돈으로 온누리상품권을 구매한다.

② 온누리상품권을 쓴 금액만큼 부수입통장에 채워넣는다.

③ 온누리상품권을 쓸 때마다 현금영수증을 꼭 받는다. (소득공제 필수!)

④ 온누리상품권은 5,000원권, 1만원권, 3만원권 등 필요한 금액권으로 구매한다.

※ 5,000원권은 잘 없지만 조금씩 장을 볼 때는 5,000원권이 좋다.

⑤ 현금잔액이 남으면 다시 부수입통장에 넣는다.

⑥ 항상 여분의 온누리상품권을 지갑에 넣어둔다. (언제 어디서 사용할지 모른다!)

"온누리상품권을 쓰는 것도 결국 지출이니까 한번 더 생각하고 신중하게 결제해요!"

"우리 모두 온누리상품권으로 똑똑한 지출을 합시다!"

'LEE여사'님은 둘째 아이 돌반지도 온누리상품권을 활용해서 구입했다고 한다. 정말 다양하게 온누리상품권을 활용하는 모습! 역시 알뜰한 살림고수답다. 'LEE여사'님, 파이팅입니다!

월 100만원 모으기 | 4

월 20만원
재테크 수입 UP!

100원, 500원 동전을
2배, 3배 더 모으는 방법

굴러다니는 동전으로 목돈 만들기!

동전 없는 사회가 가까워지고 있다. 하지만 동전이 하루아침에 없어지는 것은 아니다. 동전 없는 사회가 완전히 구현되기 전까지는 동전을 천덕꾸러기 취급해서는 안 된다. 다음의 '동전 2배, 3배 더 모으기 실천법'을 참고해 동전을 효율적으로 모아서 저축해보길 바란다. 저금통의 배가 두둑해질수록 저축원금이 늘어날 것이며, 저축원금이 늘어날수록 이자수익도 높아질 것이다.

실천법 ❶ 최대한 지폐만 쓴다

현금으로 결제할 때는 동전보다는 지폐만 쓰는 것이 좋다. "동전을 쓰든 지폐를 쓰든 무슨 차이가 있나요?" 이렇게 반문할 수도 있는데, 꽤 미묘한 차이가 있다. 다음의 예를 통해서 살펴보자. 만약 지갑에 1,700원이 있고 600원짜리 음료수를 사 먹는다고 가정해보자. 음료수값을 현금으로 결제하는 방법은 다음 표처럼 2가지다.

| 지폐를 쓸 때와 동전을 쓸 때의 차이 |

현금 1,700원
(1,000원 1장 + 500원 1개 + 100원 2개)

600원짜리 음료수 사 먹기

결제방법1	결제방법2
500원 1개 + 100원 1개	1,000원 1장 (거스름돈 400원 받는다)

나도 모르게 쓰게 된다!

동전만 남아 있으면 잘 안 쓰게 된다!

방법1 잔액		방법2 잔액	
1,000원	1장	1,000원	없음
500원	없음	500원	1개
100원	1장	100원	6개
1,100원		1,100원	

어떤가? 방법1과 방법2의 잔액은 1,100원으로 똑같다. 하지만 방법1은 남아 있는 1,000원짜리 지폐를 나도 모르게 쓰게 되는 경우가 많다. 반면 방법2는 오로지 동전만 남아 있기 때문에 잘 안 쓰게 된다. 지갑에 지폐가 없으면 사람들은 '더 이상 쓸 돈이 없구나!' 하고 생각하게 되기 때문이다.

또한 지갑에 남아 있는 지폐는 손쉽게 확인할 수 있다. 하지만 동전은 어떨까? 동전이 많은 경우 일일이 주머니, 가방 등을 뒤져서 확인하는 것이 쉽지 않다. 꽤 귀찮고 번거롭기 때문이다. 따라서 동전이 얼마만큼 남아 있는지 잘 모르기 때문에 써야겠다는 생각을 잘 하지 못한다. 하지만 집에 돌아와서 옷을 갈아입거나 가방 정리를 하다 보면 남아 있는 동전이 발견된다. 왠지 공돈이 생긴 느낌마저 든다. 만약 지폐였다면 이미 어딘가에 써버리고 사라지지 않았을까?

따라서 방법2가 동전을 더 모을 수 있는 방법일뿐더러 잔액을 고스란히 저금통에 저금하게 될 가능성이 훨씬 큰 방법이다. 별것 아닌 것 같은 차이지만 동전 대신 지폐만 쓰면 저금통의 무게가 확연하게 차이가 나게 된다. 또한 동전 없는 사회가 되면 더 이상 동전을 쓸 수가 없다. 따라서 미리 연습한다는 생각으로 오로지 지폐만 쓰는 습관을 길러보는 것도 좋지 않을까 한다.

주머니와 가방에 있던 지폐와 동전

집에 저금통조차 없는 왕초보라면 첫 저금통을 잘 선택해야 한다. 왕초보의 경우 저금통의 종류에 따라 동전을 모으는 재미와 속도에 차이가 날 수 있기 때문이다. 다음의 '왕초보를 위한 첫 저금통 선택 가이드'를 참고하길 바란다.

만약 집에 저금통이 있다면 그냥 그대로 쓰길 바란다. 특히 더 예쁘고 특이한 비싼 저금통을 사려고 괜한 돈을 낭비하지는 말자. 고수들의 저금통일수록 굉장히 평범하고 소박하다는 것을 잊지 말자.

가이드 1 | 큰 저금통 vs 작은 저금통

작은 저금통은 가득 채우는 데 시간이 얼마 걸리지 않기 때문에 성취감을 빨리 느낄 수 있다. 따라서 왕초보라면 작은 저금통이 좋다. 반면 큰 저금통은 가득 채우는 데 상당한 시간이 걸린다. 가끔 인터넷에 동전으

큰 저금통 vs 작은 저금통

로 가득 찬 정수기용 생수통(18.9L) 인증샷이 올라오는 걸 본다. 물론 뭔가 멋있어 보이고 나도 한번 해보고 싶다는 생각이 들 수 있다. 하지만 왕초보들이 어설프게 따라했다가는 후회하기 십상이다. 가득 채웠을 때의 성취감은 크겠지만 정작 성취감을 느끼려면 5년 이상 기다려야 할지도 모르기 때문이다. 5년이라는 기간! 생각보다 훨씬 길다. 굳이

생수통에 저금하고 싶다면 그냥 2L짜리 생수병을 활용해보길 바란다.

가이드 2 | 불투명한 저금통 vs 투명한 저금통

왕초보라면 내부가 보이지 않는 불투명한 저금통이 좋다. 저금통의 내부가 보이면 눈으로 느끼는 뿌듯함이 있다. 하지만 잘못하면 심리적으로 쫓길 수 있다. 특히 저금통이 2/3 이상 채워지면 빨리 동전을 모아서 가득 채워야겠다는 욕심에 마음이 급해진다. 마음이 급해지면 재미가 반감될뿐더러 자칫 스트레스마저 받을 수 있다.

반면 불투명한 저금통은 눈으로 느끼는 뿌듯함은 없지만 가끔씩 손으로 들어봐서 무게로 뿌듯함을 느낄 수 있다. 묵직하게 무거우면 나도 모르게 뿌듯하다. 눈보다는 무게로 뿌듯함을 느끼면 마음이 급해질 일도 없고 재미를 잃지 않고 꾸준히 저금할 수 있다.

가이드 3 | 지폐만 모은다면 어떤 저금통이 좋을까?

만약 지폐만 모으기로 했다면 내부가 보이는 투명한 저금통이 좋다. 지폐는 워낙 가벼워서 무게가 별로 나가지 않는 데다, 금방 저금통이 가득 차 보여서 눈으로 느끼는 뿌듯함이 훨씬 크다.

참고로, 지폐와 동전을 같이 모은다면 불투명한 저금통을 선택하되 탁상용 달력 등에 저금한 돈을 기록하면 무게와 눈으로 느끼는 뿌듯함을 함께 느낄 수 있어서 좋다.

실 천 법 3 저금통 이름을 짓는다

　동전을 모으려고 저금통을 샀지만 얼마 되지 않아 저금통 위에 먼지만 쌓이는 경우가 많다. 정말 소중한 물건이라면 이렇게 먼지만 쌓이도록 방치해둘까? 저금통에 이름을 지어서 보다 특별한 대우를 해보길 바란다. "우리 탱꿀이, 밥 먹자!", "사랑스런 통통이, 밥 줄게!" 저금통의 이름을 부르면서 의미를 부여해본다면 분명 저금통의 배가 훨씬 빨리 차게 될 것이다.

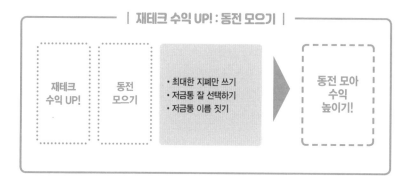

| 재테크 수익 UP! : 동전 모으기 |

재테크 수익 UP! → 동전 모으기 → · 최대한 지폐만 쓰기 · 저금통 잘 선택하기 · 저금통 이름 짓기 → 동전 모아 수익 높이기!

'eve0708'님의 저금통 '꿀순이'와 함께 동전 모으기

'eve0708'님의 저금통 이름은 꿀순이다. 자세히 보면 저금통의 위쪽이 갈라져 있다. 예전에 가득 채운 동전을 꺼내기 위해서 칼로 가른 흔적이다. 새 저금통을 다시 살까 생각도 했지만 아직 쓸 만하기에 그대로 다시 사용하고 있다.

'eve0708'님은 현금으로 결제할 때는 최대한 지폐를 써서 동전이 생기면 저금통에 모으고 있다. 또한 "푼돈이 목돈 된다! 빠지지 마! 참아!"와 같이 나만의 약속을 적어서 저금통에 붙여두었는데, 정말 센스쟁이다.

"남편이 결혼 전에 쓰던 저금통이라 더욱 애착이 가요. 비록 저금통 위쪽이 갈라져서 빈틈이 생겼지만 제 마음에는 빈틈이 없으니까 동전을 모으는 데 전혀 문제가 없더군요. 역시 가장 중요한 것은 마음가짐이 아닐까 해요."

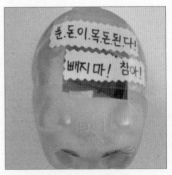

'eve0708'님의 저금통 꿀순이 인증샷

꿀순이가 토실토실 살이 찌는 것은 시간문제가 아닐까 한다. 'eve0708'님! 꿀순이와 함께 푼돈을 목돈으로 만들어보길 바라며, 항상 응원합니다!

이자를 더더더!
고금리 예적금통장 만들기

| 월 2만원 벌기 |

금리 인상기! 저축의 계절이 왔다

최근 한국은행 기준금리*가 인상되면서 은행 예적금 금리도 인상되고 있다. "그동안 은행이자가 쥐꼬리만 했는데, 이제야 저축할 맛이 조금씩 난다!"는 말도 나오는데, 초저금리 시대가 막을 내리면서 저축의 장점이 더욱 부각되고 있다. 이러한 금리 인상기에는 보다 열심히 저축하는 것이 중요하다. 괜히 무리하게 영끌(영혼까지 끌어모아 대출), 빚투(빚내서 투자)했다가는 무섭게 오르는 대출금리로 상환부담이 급격히 늘어날 수 있다.

★ **기준금리** : 금리체계의 기준이 되는 금리다. 기준금리는 매월 물가동향, 국내외 경제상황, 금융시장 여건 등을 종합적으로 고려해 결정된다. 또한 결정된 기준금리는 예적금 · 대출 금리 등의 변동으로 이어지며, 궁극적으로는 통화량, 물가, 실물경제에 영향을 미치게 된다.

저축의 장점 3가지

① 안정성 : 원금손실의 위험이 없다.

② 수익성 : 만기 때 일정한 이자를 받을 수 있다.

③ 환금성 : 필요할 때 언제든 해지해서 현금화할 수 있다.

저축은 재테크의 3원칙인 안정성, 수익성, 환금성을 모두 갖고 있다. 은행 예적금 금리가 인상되면 수익성이라는 장점은 더욱 극대화되며, 안정성과 환금성은 불변이다. 따라서 금리 인상기에는 저축의 수익성을 최대한 끌어올려야 한다.

수익성 끌어올리기! 어떻게 하면 한푼이라도 이자를 더 받을 수 있을까? 다음의 '고금리 예적금통장 만들기 실천법'을 참고해 실행에 옮기면 이자수익을 조금이라도 높일 수 있을 것이다.

실천법 1 일주일에 한 번 고금리 예적금을 체크한다

은행은 고객들에게 다양한 혜택을 제공하기 위해 정기적으로 새로운 금융상품을 출시한다. 이 중에는 고금리 예적금도 있다. 따라서 새롭게 출시된 금융상품 중에서 고금리 예적금은 없는지 매의 눈으로 확인해봐야 한다.

가장 좋은 방법은 인근 은행을 방문해서 직원에게 고금리 예적금이 출시되었는지 물어보는 것이다. 은행직원과 친해져서 나쁠 것은 없다. 친해지면 나중에 사은품이라도 하나 더 챙겨준다. 만약 시간을 내서 은행을 방문하는 것이 힘들다면 컴퓨터나 스마트폰으로 은행 홈페이지에 접속해서 확인해보면 된다. 5분도 안 걸릴 것이다.

이렇게 일주일에 한 번 정도는 주거래은행 위주로 발품이나 마우스 품을 팔아서 고금리 예적금을 찾아보길 바란다. 조금만 부지런히 관심을 기울이면 상당한 금리 차이를 만들 수 있다는 사실! 잊지 말자.

또한 고금리 예적금의 꽃은 특판상품이다. 금리가 매우 높기 때문이다. 하지만 판매기간과 판매한도가 정해져 있기 때문에 365일 언제든지 만들 수 있는 통장이 아니다. 특판상품이 출시되었는지조차 모르고 있다 놓쳐버린다면 얼마나 억울하겠는가! 특히 상호금융조합(농협, 수협, 신협, 새마을금고 등)에서 특판 이벤트를 많이 진행하므로 정기적으로 살펴보길 바란다. 특판 이벤트 정보는 '월급쟁이 재테크 연구' 카페의 [정보교환]새마을 금고, [정보교환]농협, 우체국, [정보교환]신협, 수협 게시판 등을 활용하면 빠르게 얻을 수 있다.

 예적금 금리를 간단하게 비교하는 법은?

금융감독원의 금융상품 통합 비교공시 사이트인 금융상품한눈에(finlife.fss.or.kr)에서 은행별 예적금 금리를 비교할 수 있다. 단, 변경된 금리가 지연공시 되는 경우가 있을 수 있으므로 반드시 해당 은행에 문의해서 정확한지 확인해봐야 한다. 또한 금리 이외에 펀드·대출·연금·보험상품을 비교해서 맞춤형 정보를 제공받을 수 있다.

실천법 2 주거래고객 혜택을 최대한 챙긴다

최근 계좌이동제*가 확대되면서 주거래은행 변경이 더욱 쉬워졌다. 이제는 '시중은행 – 제2금융권' 장벽도 허물어져서 모든 금융기관 간에 계좌이동이 가능하다. (예 : 시중은행 → 시중은행, 제2금융권 → 제2금융권, 시중은행 → 제2금융권, 제2금융권 → 시중은행) 즉 "한번 주거래은행은 영원한 주거래은행이야!"라는 평생 주거래은행 개념이 점점 사라지고 있다.

따라서 계좌이동제 특별상품을 출시하거나 계좌이동제 가입고객 이벤트를 진행하는 등 주거래고객 유치경쟁이 치열해지고 있다. 또한 주거래고객 이탈을 방지하기 위해 급여, 연금, 공과금을 이체하거나 카드(신용·체크) 결제계좌로 지정하는 등 거래실적이 많으면 우대금리를 제공하고 있다. 이러한 것들을 적극 활용하면 조금이라도 이자를 더 받을 수 있는 예적금통장을 만들 수 있다. 그러므로 본인의 주거래은행에서 예적금통장을 만들 때 주거래고객으로서 받을 수 있는 혜택을 최대한 챙겨보길 바란다.

★ **계좌이동제** : 본인의 자동이체 등록정보를 일괄 변경, 해지할 수 있는 제도다. 주거래 계좌를 타 은행으로 옮기면 급여, 공과금, 통신비 등의 이체 거래가 자동 이전된다. 금융결제원의 자동이체 통합관리시스템인 페이인포(www.payinfo.or.kr)에 주거래 계좌 변경을 요청하면 된다. 단, 주거래 계좌를 변경했을 때의 득과 실을 잘 따져본 후에 계좌이동제를 활용하길 바란다.

실 천 법 3 매월 초 경제신문을 읽는다

한국은행 금융통화위원회에서 국내외 경제상황, 물가동향, 금융시장 여건 등을 종합적으로 고려한 후 기준금리를 결정하고 발표한다. 만약 기준금리가 인하되면 은행 예적금의 금리도 인하된다. 반면 기준금리가 인상되면 은행 예적금의 금리도 인상된다. 즉, 은행 예적금 금리는 기준금리가 어떻게 움직이느냐에 따라 변동된다.

따라서 매월 초가 되면 한국은행의 기준금리 결정 방향을 예측해보는 것이 중요하다. 하지만 비전문가로서 기준금리가 인상될지 인하될지 정확하게 예측하기란 힘들다. 그래도 너무 걱정할 필요는 없다. 경제신문만 읽어보면 각종 전문기관들의 예측자료를 누구나 어렵지 않게 확인할 수 있기 때문이다.

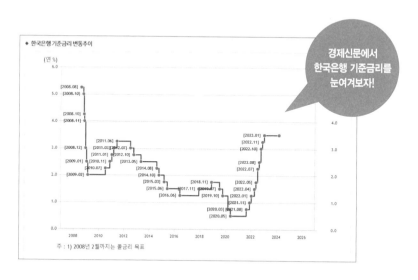

만약 기준금리가 인하될 거라는 예측이 우세하다면 한국은행 발표일 전에 미리 예적금통장을 만드는 것이 유리하다. 반대로 기준금리가 인상될 거라는 예측이 우세하다면 서둘러 예적금통장을 만들 필요가 없다. 그러니 매월 초 경제신문의 기준금리 관련 기사를 꼼꼼히 챙겨서 읽어보길 바란다. 한발 빨리 움직이면 조금이라도 이자를 더 받을 수 있는 예적금통장을 만들 수 있을 것이다.

실천법 4 돈 모으기 전용 단기 적금통장을 만든다

금리 인상기에는 저축기간을 너무 길게 가져가는 것은 비효율적이다. 더 높은 금리의 예적금이 속속 출시되지만 더 이상 저축할 여윳돈이 없어 추가 가입을 못할 경우 이자의 기회 손실비용이 발생하기 때문이다. 따라서 조금이라도 이자를 더 받기 위해서는 저축기간을 짧게 해서 저축원금을 자주자주 굴려주는 것이 좋다.

만기를 6개월~1년으로 설정할 수 있는 단기 예적금통장이 효과적이다. 다만 대부분 은행들이 단기 예금통장은 거의 출시하지 않기 때문에 단기 적금통장을 눈여겨볼 필요가 있다. 또한 스마트폰을 통한 모바일뱅킹으로 만들 수 있는 단기 적금통장이면 금상첨화다. 왜냐하면 은행들이 지점유지 비용을 절감하기 위해 모바일뱅킹으로 가입하면 우대금리를 적용해주는 경우가 많기 때문이다. 다음은 카페 회원들이 주로 만든 돈 모으기 전용 단기 적금통장 Top3이다. 물론 많은 사람들이 사용한다고 다 좋은 것은 아니지만 참고자료 정도는 될 것이다.

	카카오뱅크 자유적금	카카오뱅크 26주 적금	토스뱅크 키워봐요 적금
통장명	**함께해줘 프렌즈**	26주 챌린지	귀여운데 강력하다 연 3% 적금
저축기간	6~36개월	6개월	6개월
저축한도	월 1,000원~300만원	1천원, 2천원, 3천원, 5천원, 1만원 중 선택 가능 (최초 가입금액)	월 최대 100만원
저축형태	자유적립식	자유적립식	자유(정액)적립식
최대금리 (변동 가능)	• 6개월 : 3.7% • 12개월 : 3.9% • 24개월 : 3.9% • 36개월 : 3.9% (자동이체 시 +0.2%)	3.0% (26주 성공 시 +3.0%)	2.0%(최초 가입금액을 제 외하고, 매주 저축 25회 성 공 시 +2.5%)
특징	매일, 매주, 매월 원하 는 주기로 자유롭게 저축할 수 있다.	26주 동안 매주 최초 가입금액 만큼 자동으 로 증액되어 자동이체 된다.	꾸준히 저축하면서 동 물을 키울 수 있으며, 전설의 동물로 키우면 최대 금리를 제공한다.

특히 카카오뱅크 '26주 적금'은 이자는 더! 저축은 재밌게! 중도해지를 최소화하면서 만기의 기쁨을 누리는 데 효과적이다. 26주 적금은 적금통장을 1개 만든 이후 총 26주(6개월) 동안 저축하면 완성된다. 《맘마미아 월급 재테크 실천법》에 소개한 '52주 적금'을 초저금리 금융환경에 맞게끔 변형한 것이다. 52주 적금과 차이점이라고 한다면 총 저축기간이 절반(1년 → 6개월)으로 줄어든 반면 매주 증감하는 저축금액은 2배

(1,000원씩 → 2,000원씩)로 늘어났다는 것이다.

필자가 엑셀로 제작해서 카페에 올려둔 '26주 적금 계획표[*]'를 활용하면 매주 저축금액, 계획날짜, 달성/미달성 등을 체크하는 데 많은 도움이 될 것이다.

저축기간은 절반, 저축금액은 2배!

◆ 순방향 26주 적금 (By 월급쟁이 재테크 연구 카페)　　　　　(단위 : 원)

26주 적금 저축계획표

회차	저축금액	계획날짜	저축날짜	확인	회차	저축금액	계획날짜	저축날짜	확인
1	2,000	2024-04-29		달성/미달성	14	28,000	2024-07-29		달성/미달성
2	4,000	2024-05-06		달성/미달성	15	30,000	2024-08-05		달성/미달성
3	6,000	2024-05-13		달성/미달성	16	32,000	2024-08-12		달성/미달성
4	8,000	2024-05-20		달성/미달성	17	34,000	2024-08-19		달성/미달성
5	10,000	2024-05-27		달성/미달성	18	36,000	2024-08-26		달성/미달성
6	12,000	2024-06-03		달성/미달성	19	38,000	2024-09-02		달성/미달성
7	14,000	2024-06-10		달성/미달성	20	40,000	2024-09-09		달성/미달성
8	16,000	2024-06-17		달성/미달성	21	42,000	2024-09-16		달성/미달성
9	18,000	2024-06-24		달성/미달성	22	44,000	2024-09-23		달성/미달성
10	20,000	2024-07-01		달성/미달성	23	46,000	2024-09-30		달성/미달성
11	22,000	2024-07-08		달성/미달성	24	48,000	2024-10-07		달성/미달성
12	24,000	2024-07-15		달성/미달성	25	50,000	2024-10-14		달성/미달성
13	26,000	2024-07-22		달성/미달성	26	52,000	2024-10-21		달성/미달성
합계	182,000				합계	520,000			

매주 증액할 저축금액	2,000

26주 적금 누적 저축금액	702,000

노란색 부분에 자신만의 26주 적금을 시작할 "저축금액"을 입력해보세요!
파란색 부분에 자신만의 26주 적금이 시작되는 "첫 계획날짜"를 입력해보세요! (나머지 계획날짜는 자동계산됩니다!)
보라색 부분에 매주 증액할 "저축금액"을 입력해보세요!

26주 적금 계획표

26주 적금은 순방향·역방향·혼합방향 3가지 방법으로 운영할 수 있는데 다음은 예시다.

① 순방향 방식 : 1주차에 2,000원으로 시작해서 매주 2,000원씩 늘려가면서 마지막 26주에 52,000원을 저축!

★ **26주 적금 계획표** : '월급쟁이 재테크 연구' 카페 왼쪽 하단 메뉴 중 '월재연 자료실 → [다운]재테크 양식' 게시판에서 다운받으면 된다.

② 역방향 방식 : 1주차에 52,000원으로 시작해서 매주 2,000원씩 줄여가면서 마지막 26주에 2,000원을 저축!

③ 혼합방향 방식 : 매주 저축금액을 2,000원에서 52,000원 사이에서 2,000원 단위로 자유롭게 선택해서 저축!

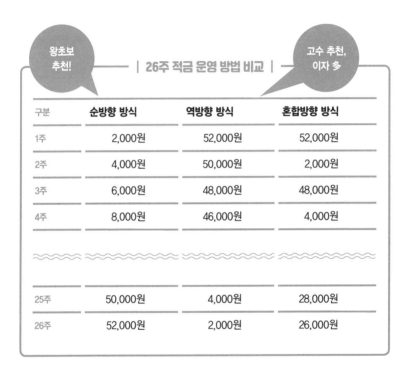

구분	순방향 방식	역방향 방식	혼합방향 방식
1주	2,000원	52,000원	52,000원
2주	4,000원	50,000원	2,000원
3주	6,000원	48,000원	48,000원
4주	8,000원	46,000원	4,000원
25주	50,000원	4,000원	28,000원
26주	52,000원	2,000원	26,000원

이자는 만기까지 남은 기간을 감안해서 계산되므로 이자를 더 받기 위해서는 역방향 방식의 26주 적금이 가장 유리하다. 하지만 저축금액이 갈수록 줄어들어서 저축의 재미를 느끼기는 어렵다. 따라서 왕초보라면 순방향 방식의 26주 적금을 운영해서 저축습관을 기르면서 재밌게 돈을 모아나가는 것이 훨씬 바람직할 수 있다. 만약 고수라면 역방

향 또는 혼합방향 방식의 26주 적금에 도전해보길 바란다.

실천법 5 이자에서 떼이는 세금을 줄인다

은행에서 예적금 만기가 되어 이자를 받으면 생각 외로 적은 경우가 많다. 이자에서 이자소득세(15.4%)를 떼이기 때문이다. 즉 세금으로 인해 이자가 쪼그라들게 된다. 따라서 떼이는 세금을 줄이면 조금이라도 이자를 더 받을 수 있는 예적금통장을 만들 수 있다.

 Tip 만기가 지난 예적금통장의 금리는?

예적금통장의 약정금리는 원칙적으로 가입 시부터 만기까지만 적용된다. 따라서 만기가 지난 시점부터는 매우 낮은 금리(0.1~1.0%)가 적용되기 때문에 이자수익 면에서 손해다. 만기가 되면 바로 만기금을 찾아서 새로운 예적금통장을 만들어 돈을 넣길 바란다. 만기가 지난 예적금통장을 그냥 방치해서는 안 된다.

1 | 비과세종합저축

65세 이상자, 장애인, 독립유공자, 국가유공상이자, 기초생활수급자, 고엽제후유의증환자, 5·18민주화운동부상자 등이라면 1인당 5,000만 원까지 이자소득과 배당소득에 대한 비과세 혜택을 받을 수 있다. 즉 세금을 한푼도 안 내도 된다는 말이다. 따라서 본인이 적용대상에 해당된다면 예적금통장을 만들 때 은행 직원에게 "비과세종합저축으로 해주세요!"라는 말을 꼭 해야 한다. 은행 직원이 어련히 알아서 해줄 거라고 기대하지 말자. 말하지 않으면 은행 직원이 알 수가 없다. 만약 영업점 방문 없이 비대면(모바일뱅킹 등)을 이용한다면 본인 스스로 비과세종합저축란에 꼭 체크해야 한다. 참고로 비과세종합저축의 적용대상에 해당되더라도 금융소득 연간 합계액이 2,000만원을 초과하면 가입이 불가한 점은 유의하자. 또한 관련 증빙서류를 사전에 준비해서 함께 제출(또는 업로드)해야 한다는 것도 잊지 말자.

2 | 세금우대저축

상호금융조합(농협, 수협, 신협, 새마을금고 등)에서 예적금통장을 만들면 세금우대저축의 세제혜택이 제공된다. 만 20세 이상 조합원이면 1인당 3,000만원까지 이자소득세(15.4%) 대신 농어촌특별세(1.4%)만 내면 되는 것이다. 조합원이 되는 방법은 간단하다. 최소 2만~5만원 정도 출자금*을 내고 가입신청을 하면 된다.

참고로 여러 상호금융조합을 이용할 경우 세금우대의 총 한도는 3,000만원을 초과할 수 없다는 것을 유의하자. 예를 들어 새마을금고에 1,500만원! 신협에 2,000만원을 넣어두었다면 총 예탁금은 3,500만원이지만 3,000만원까지만 세금우대저축의 세제혜택을 받을 수 있다.

★ **출자금통장** : 서민금융기관의 각 지점에 출자해서 조합원으로 가입할 수 있는 통장이다. 지점의 수익에 따라 배당금을 받을 수 있으나 배당률은 지점별로 상이하므로 반드시 해당 지점에 정확하게 확인해봐야 한다. 또한 1인당 출자금 1,000만원까지 비과세혜택을 받을 수 있다. 단, 예금자보호가 되지 않으므로 규모, 경영공시 등을 확인해서 우량한지 여부를 잘 판단해야 한다. 또한 수시입출금식 통장은 아니며 출금하려면 해지를 해야 한다.

상호금융조합인 새마을금고와 수협 홈페이지

실천법 6 주변 인맥을 활용한다

최대한 우대금리를 많이 받는 것이 중요하다. 하지만 우대금리 적용 조건은 매우 까다롭다. 은행은 자선단체가 아니기에! 신용카드를 마구 긁어대야 하거나 불필요한 특정 금융상품에 가입해야만 우대금리를 적용해주므로 자칫 배보다 배꼽이 클 수 있다.

상대적으로 덜 까다로운 우대금리 적용조건은 없을지 고민일 텐데, 여러 명이 모이거나 추천인을 주고받으면 보다 손쉽게 우대금리를 받을 수도 있다. 백지장도 맞들면 낫다! 친구, 지인 등 주변 인맥을 최대한 활용해보자.

만약 주변 인맥이 없다면 온라인 인맥을 활용하는 것도 방법이 될 수 있다. 현재 카페의 '[릴레이]예적금추천번호' 게시판에서도 "○월 ○일 ○○지점에서 ○○통장 만드실 분 계신가요?", "○○○님 추천완료했어요. 저도 추천부탁드려요!"라며 우대금리를 받기 위해 온라인 인맥을 활용하고 있다.

참고로 NH농협은행의 'e금리우대적금', 'KB국민은행의 특★한 적금' 등이 함께 모여서 통장을 만들거나 주위에 통장을 추천하면 우대금리를 제공하고 있다.

카페의 '[릴레이]예적금추천번호' 게시판

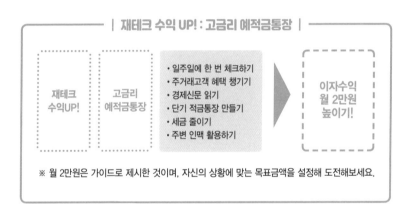

| 재테크 수익 UP! : 고금리 예적금통장 |

재테크
수익UP!

고금리
예적금통장

• 일주일에 한 번 체크하기
• 주거래고객 혜택 챙기기
• 경제신문 읽기
• 단기 적금통장 만들기
• 세금 줄이기
• 주변 인맥 활용하기

이자수익
월 2만원
높이기!

※ 월 2만원은 가이드로 제시한 것이며, 자신의 상황에 맞는 목표금액을 설정해 도전해보세요.

1년 동안 100만원씩 저축할 경우 3% 일반적금에 가입하면 이자는 19만원이다. 반면 5% 특판적금에 가입하면 이자는 32만 5천원이다. 즉 3% 일반적금에 비해 이자수익을 한 달에 1만원 조금 넘게 높일 수 있는 것이다. (세전이자 기준) 또한 1년 동안 3,000만원을 시중은행이 아닌 상호금융조합에 넣어둘 경우 세금우대를 적용받아 한 달에 1만원 정도의

이자수익을 높일 수도 있다. (금리 3% 기준)

고금리 예적금통장 만들기! 그리 어렵지 않다. 위에 정리된 실천법을 하나둘씩 실행에 옮기면 충분히 이자수익을 한 달에 2만원 이상 높일 수 있을 것이다.

'월재테크조아'님의
한발 빠른 적금통장 만들기

'월재테크조아'님은 경제신문을 읽으면서 한국은행 기준금리가 인하될 거라고 예상했다. 그래서 기준금리가 결정되기 전에 서둘러서 직장 인근에 있는 새마을금고를 방문해서 2.5% 금리로 적금통장을 만들었다. 역시 예상대로 한국은행 기준금리가 인하되었고, 얼마 지나지 않아 은행들이 예적금 금리를 인하했다. 만약 미리 적금통장을 만들지 않았다면 가만히 앉아서 금리 0.15~0.25%를 손해 보았을 것이다. 결국 한국은행 기준금리 발표일 전에 한발 빨리 움직인 결과 이자수익을 조금이라도 더 높일 수 있었다.

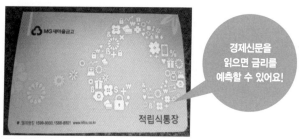

'월재테크조아'님의 적금통장 인증샷

"금리가 인하되기 전에 미리 적금통장을 만들어두길 정말 잘한 것 같습니다. 앞으로도 경제신문을 꾸준히 읽으면서 한국은행 기준금리 동향에 관심을 가지고 한발 빨리 움직일 생각입니다!"

경제신문을 읽는 습관! 적금통장을 만들 때도 도움이 되지만 나아가 경제를 바라보는 안목도 더욱 향상시켜줄 거라고 믿는다. '월재테크조아'님! 만기의 기쁨을 꼭 누려보길 바라며, 파이팅입니다!

'네콩이'님의 더 높은 금리의 특판상품으로 갈아타기

'네콩이'님은 ○○ 새마을금고 특판상품(우리아이첫걸음 정기적금)을 가입했는데 1년 후에 만기가 되었다. 만기날 ○○ 새마을금고를 방문했는데 동일한 특판상품을 최대 4.0% 금리로 재가입할 수 있다고 하였다. 바로 재가입을 했는데 한 달 뒤, 새롭게 생긴 △△ 새마을금고에서는 동일한 특판상품을 최대 5.8% 금리로 가입할 수 있다는 사실을 알았다. 이럴 수가, 금리가 1.8%나 차이가 나다니! 곧장 ○○ 새마을금고로 가서 4.0%짜리 특판상품을 해지하고 △△ 새마을금고에서 5.8%짜리 특판상품으로 갈아탔다. (표시되는 약정이율은 3.8%이지만 만기 시 2.0% 우대이율이 추가되어 최종적으로 5.8%가 된다)

참고로 가입한 기간이 전체 계약기간의 절반을 넘어간 경우라면 기존 특판상품을 유지하는 것이 좋은지, 새로운 특판상품으로 갈아타는 것이 좋은지 고민을 해보는 것이 좋다.

💲 계좌상세내역			
예금주명	김	통장(상품)명	우리아기첫걸음정기적금
계좌번호	9	계좌별칭	[ ] 등록/수정
개설금고명	파주	계약기간	12개월
계약금액	2,449,400 원	계약일자	2020.01.13
약정이율	연 3.80%	만기지급일자	2021.01.13

"특판상품에 가입하고 나면 그걸로 끝이라고 생각할 수 있지만, 더 유리한 조건의 특판상품이 출시될 수 있으니 계속 관심을 가지고 지켜봐야 할 것 같아요!"

발 빠른 정보력으로 더 높은 금리의 특판상품으로 갈아타는 데 성공한 '네콩이'님! 중도해지 없이 만기까지 잘 유지해서 목돈마련에도 성공하길 응원합니다!

27 이자에 이자가 붙는 마법의 복리통장 만들기

| 월 1만원 벌기 |

단리 vs 복리에 따라 달라지는 이자

저축 이자는 단리와 복리*에 따라 계산된다. 먼저 통장을 단리와 복리로 각각 만든 경우 이자 차이부터 알아보도록 하자. 세금우대 혜택이 있는 새마을금고 정기예금을 예로 들어 설명한다.

금리는 3.1%로 똑같지만 이자계산 방법(단리 또는 복리)에 따라 이자 차이가 발생한다. 복리통장이 단리통장에 비해 이자를 59,046원 더 받을 수 있다.

★ **단리, 복리** : 단리는 원금에만 이자가 붙고, 복리는 이자가 가산된 원금에 이자가 붙는 방식이다.

구분	정기예금(단리통장)	정기예금(복리통장)
예치금액	30,000,000원	30,000,000원
예치기간	36개월	36개월
약정금리	3.1%	3.1%
이자계산	단리	복리
세전이자	2,790,000원	2,919,904원

복리통장 만들기 1 | 정기예금 + 정기적금 조합

많은 사람들이 복리통장을 찾는다. 하지만 최근 초저금리 금융환경
이 지속되면서 안타깝게도 복리통장을 찾기가 쉽지 않다. 은행 입장에
서는 큰 이득이 없어서 점점 복리통장을 없애는 추세이기 때문이다.

혹시라도 남아 있는 복리통장은 없는지 여기저기 발품과 마우스품
을 팔아야 할까? 괜히 고생하지 말고 다음의 실천법을 참고해 단리통
장을 스스로 복리통장으로 바꾸는 저축기술을 배워보길 바란다.

실천법 ① 약정금리가 같은 월이자지급식 정기예금에 가입한다

먼저 은행을 방문해서 정기예금을 알아보되 '이자지급 방식'을 유심

히 살펴본다. 이자지급 방식의 종류는 다음 2가지다.

① 만기일시지급식 : 이자를 만기에 한꺼번에 지급하는 방식

② 월이자지급식 : 이자를 매월 1회 균등분할해서 지급하는 방식

통상 정기예금은 만기일시지급식의 금리가 월이자지급식의 금리보다 약 0.1% 높다. 하지만 잘 찾아보면 만기일시지급식과 월이자지급식의 금리가 똑같은 정기예금이 있다. 특히 새마을금고, 신협 등에서 잘 찾아보길 바란다. 새마을금고 모 지점 정기예금의 만기일시지급식과 월이자지급식 금리를 비교해보자.

| 만기일시지급식 vs 월이자지급식 |

구분	정기예금(단리통장)	정기예금(단리통장)
예치금액	30,000,000원	30,000,000원
예치기간	36개월	36개월
약정금리	3.1%	3.1%
이자계산	단리	단리
이자지급	만기일시지급식	월이자지급식
세전이자	2,790,000원 (만기 시 지급)	2,790,000원 (매월 52,500원 지급)

위의 표를 보면 만기일시지급식과 월이자지급식의 금리가 3.1%로 똑같다. 따라서 이자지급 방식에 상관없이 받을 수 있는 이자도 똑같다.

① 만기일시지급식 이자 = 2,790,000원

② 월이자지급식 이자 = 2,790,000원 = 77,500원 × 36개월

따라서 핵심은 만기일시지급식과 월이자지급식의 금리가 같은 정기
예금을 찾아서 이자지급 방식을 월이자지급식으로 선택해 가입하는
것이다. 그런 다음 매월 받는 이자를 새로운 정기적금에 저축하면 새로
이 이자수익이 발생한다. 이는 곧 단리통장을 복리통장으로 바꾸는 것
과 똑같은 효과를 낼 수 있는 방법이다.

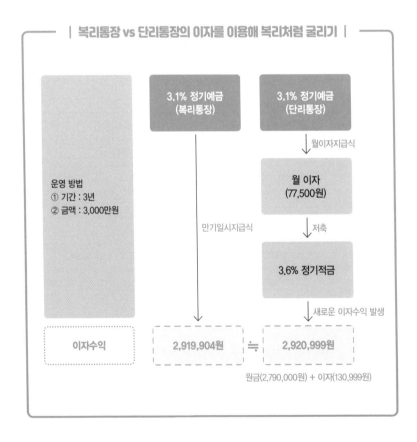

| 복리통장 vs 단리통장의 이자를 이용해 복리처럼 굴리기 |

운영 방법
① 기간 : 3년
② 금액 : 3,000만원

3.1% 정기예금
(복리통장)

3.1% 정기예금
(단리통장)

월이자지급식

월 이자
(77,500원)

만기일시지급식

저축

3.6% 정기적금

새로운 이자수익 발생

이자수익

2,919,904원 ≒ 2,920,999원

원금(2,790,000원) + 이자(130,999원)

예를 들어 살펴보자. 단리통장인 3.1% 정기예금을 월이자지급식으로 선택해 개설하고 3년간 3,000만원을 넣어두면 매월 받는 이자는 77,500원이다. 매월 받는 이자 77,500원을 3.6% 정기적금에 3년간 저축하면 새롭게 발생하는 이자수익은 130,999원이며, 만기금액은 2,920,999원이다. (이자소득세 15.4% 기준)

그러면 위와 같이 굴리는 방법과 복리통장의 이자가 얼마나 차이 나는지 이전 쪽의 표를 통해 비교해보자. 어떤가? 3.1% 정기예금(복리통장)의 이자와 거의 비슷하다. 즉, 단리통장의 월 이자를 정기적금에 저축해서 굴려주면 복리통장으로 바뀌는 마법 같은 일이 일어나는 것이다. 결국 굳이 복리통장을 찾기 위해 발품을 팔지 않아도 혼자서 자체적으로 마법의 복리통장을 만든 셈이다.

실천법 2 이자에 이자가 붙는 마법의 복리통장을 만든다

정리해보자. 단리통장인 정기예금에 정기적금을 추가해 스스로 복리통장을 만드는 방법은 다음과 같다.

① 은행에 방문해서 정기예금의 만기일시지급식과 월이자지급식의 금리를 비교해본다.

② 만약 금리가 똑같다면 월이자지급식으로 선택해서 정기예금에 가입한다.

③ 매월 받는 이자를 정기적금에 추가저축 또는 신규저축한다. 이때 이자를 받는 날짜와 정기적금의 저축날짜는 같은 날짜로 정하는 것이 좋다.

복리통장만들기2 | 정기적금 선납이연 활용법①

선납이연*은 적금을 예금처럼 굴려서 더 많은 이자를 받는 저축기술을 말한다. 단, 다음의 3가지 조건을 모두 충족해야만 활용할 수 있다.

① 예금금리보다 적금금리가 높아야 한다.

② 자유적금이 아닌 정기적금이어야 한다.

③ 정기적금은 선납이연이 가능해야 한다. (약관을 확인하거나 은행 직원에게 물어볼 것)

선납이연을 활용하기 위해서는 관련 용어의 개념부터 명확히 알아두어야 한다.

Tip 선납이연 관련 용어 정리

- 선납일수 : 납입일보다 며칠 먼저 입금했는지에 대한 일수
- 이연일수 : 납입일보다 며칠 늦게 입금했는지에 대한 일수
- 순이연일수 : 선납일수 + 이연일수
- 만기이연일수 : 순이연일수/총 납입회차
- 실제만기일 : 예정만기일 + 만기이연일수

★ **선납이연** : 선납은 '먼저 내다', 이연은 '늦게 내다'라는 뜻이다.

선납이연의 핵심은 선납과 이연을 적절히 조합해서 만기이연일수를 최대한 '0'에 가깝게 만들어 만기일을 변동 없이 유지하는 것이다. 왜냐하면 선납일수가 많다고 만기일이 빨라지는 것이 아니며 이연일수가 많다고 늦춰진 만기일만큼의 이자를 더 주는 것이 아니기 때문이다.

선납이연을 활용하는 방법은 굉장히 다양하다. 다만 꽤 복잡할 수 있기에 왕초보도 손쉽게 따라할 수 있는 대표적인 '선납이연 활용하기 실천법'만 소개하고자 한다. 참고해서 실행에 옮겨보길 바란다.

실천법 ③ 1년 적금과 6개월 예금을 결합한다

360만원이 있다고 가정할 경우 1년 적금(월 30만원 납입)과 6개월 예금(330만원 예치)을 결합하는 방법이다. 적금 1회차에만 30만원을 납입하고 더 이상 납입을 하지 않는다. 동시에 예금에는 330만원을 넣어둔다. 그리고 6개월 후에 만기된 예금의 330만원을 적금 7회차에 한꺼번에 납입한다. 즉 1년 동안 적금에 총 2회만 납입하는 것이다.

적금 2~6회차에는 이연하여 납입한 것이 되며 적금 8~12회차는 선납하여 납입한 것이 되지만 이연일수와 선납일수가 상쇄되어 만기일이 지연되지 않는다.

 만기이연일수를 계산했더니 음수(-)로 나온다면?

선납을 했다는 의미이나 선납을 했다고 만기일이 빨라지는 것은 아니다. 따라서 만기일은 변동 없이 유지되므로 이해하기 쉽게 '0'이라고 생각하면 된다.

| | 1년 적금 + 6개월 예금 | |

납입회차	예정납입일	실제납입일	(선납)이연일수
1회	2024-01-15	2024-01-15	0
2회	2024-02-15	2024-07-15	151
3회	2024-03-15	2024-07-15	122
4회	2024-04-15	2024-07-15	91
5회	2024-05-15	2024-07-15	61
6회	2024-06-15	2024-07-15	30
7회	2024-07-15	2024-07-15	0
8회	2024-08-15	2024-07-15	−31
9회	2024-09-15	2024-07-15	−62
10회	2024-10-15	2024-07-15	−92
11회	2024-11-15	2024-07-15	−123
12회	2024-12-15	2024-07-15	−153
예정만기일	2025-01-15	순이연일수	−6
실제만기일	2025-01-15	만기이연일수	0

만기된 예금을 적금 7회차에 한꺼번에 납입!

그러면 360만원을 1년 예금에 넣어두었을 경우와 이자가 얼마나 차이가 나는지 비교해보자.

납입회차	1년 예금 (3.0%)
1회	360만원
2회	–
3회	–
4회	–
5회	–
6회	–
7회	–
8회	–
9회	–
10회	–
11회	–
12회	–
만기	360만원

납입회차	1년 적금 (3.5%)	6개월 예금 (3.0%)
1회	30만원	330만원
2회	–	–
3회	–	–
4회	–	–
5회	–	–
6회	–	–
7회	330만원	만기
8회	–	
9회	–	
10회		
11회	–	
12회	–	
만기	360만원	

금액이 커질수록
극적인 효과가
기대되는 선납이연!

총 이자 : 108,000원(세전)

총 이자 : 적금이자(68,250원) +
예금이자(49,500원)
= 117,750원(세전)

이자차이의 금액은 9,750원(117,750원 − 108,000원)이다. 실망스러울 수도 있다. 하지만 백분율로 계산하면 약 10%의 차이가 발생한다. 즉 저축원금이 커지면 이자차이의 금액도 커질 수 있기 때문에 배워둬서 손해 볼 일은 없을 것이다.

자유적금을 활용해서 이자수익을 높이는 방법

목돈을 예금이 아닌 자유적금에 넣어두어도 이자수익을 높일 수 있다. 왜냐하면 통상 예금금리보다 적금금리가 높기 때문이다.

자유적금 1회차에 목돈을 한꺼번에 납입한 후 더 이상 납입하지 않고 만기까지 기다리면 된다. 즉 자유적금을 예금처럼 활용하는 것이다.

다만 자유적금의 납입한도(월 또는 분기)가 갖고 있는 목돈보다 커야 한다. 만약 납입한도가 적다면 1인당 계좌 수 제한이 없는 자유적금을 여러 개 개설하여 목돈을 분산해서 넣어두는 방법도 있다.

복리통장 만들기 3 │ 정기적금 선납이연 활용법 ②

다음은 정기적금과 예금담보대출을 결합하여 선납이연을 활용한 사례다.

실천법 ④ 1년 적금과 1개월 예금담보대출을 결합한다

1,200만원이 있다고 가정할 경우 1년 적금(월 200만원 납입)과 1개월 예금담보대출(1,200만원 대출)을 결합하는 방법이다. 적금 1회차에 6개월치인 1,200만원을 선납한다. 그리고 적금 12회차에 지금까지 납입된 예금을 담보로 1,200만원을 대출받는다. 대출받은 1,200만원을 적금 12회차에 납입하면 만기일의 변동없이 2,400만원짜리 적금에 가입한 효과를 볼 수 있다.

| 1년 적금 + 1개월 예금담보대출 |

납입회차	예정납입일	실제납입일	(선납)이연일수
1회	2024-01-15	2024-01-15	0
2회	2024-02-15	2024-01-15	-31
3회	2024-03-15	2024-01-15	-60
4회	2024-04-15	2024-01-15	-91
5회	2024-05-15	2024-01-15	-121
6회	2024-06-15	2024-01-15	-152
7회	2024-07-15	2024-12-14	152
8회	2024-08-15	2024-12-14	121
9회	2024-09-15	2024-12-14	90
10회	2024-10-15	2024-12-14	60
11회	2024-11-15	2024-12-14	29
12회	2024-12-15	2024-12-14	-1
예정만기일	2025-01-15	순이연일수	-4
실제만기일	2025-01-15	만기이연일수	0

> 예금담보대출을
> 적금 12회차에
> 한꺼번에 납입!

그러면 1,200만원을 1년 예금에 넣어두었을 경우와 이자가 얼마나 차이가 나는지 비교해보자.

납입회차	1년 예금 (3.0%)	납입회차	1년 적금 (3.5%)	예금담보대출 (4.0%)
1회	1,200만원	1회	1,200만원	–
2회	–	2회	–	–
3회	–	3회	–	–
4회	–	4회	–	–
5회	–	5회	–	–
6회	–	6회	–	–
7회	–	7회	–	–
8회	–	8회	–	–
9회	–	9회	–	–
10회	–	10회	–	–
11회	–	11회	–	–
12회	–	12회	1,200만원	1,200만원 대출
만기	1,200만원	만기	2,400만원	1,200만원 상환

총 이자 : 360,000원(세전)

총 이자 : 적금이자(455,000원) –
대출이자(40,000원)
= 415,000원(세전)

이자차이의 금액은 50,000원(415,000원 - 360,000원)이며 백분율로 계산하면 약 14%의 차이가 발생한다. 참고로 이해하기 쉽도록 대출금리는 '예금금리 + 1.0%'로, 대출한도는 '적금 잔액의 100%'로 가정하였다. 대출금리가 상향되거나 대출한도가 줄어들 경우 위의 계산결과는 달라질 수 있다는 점은 유의하자.

"선납이연, 헷갈려요!" 머리가 아파올 수 있다. 따라서 예적금 금리차이가 0.5%도 안 난다면 굳이 머리 아파하며 선납이연을 활용할 필요는 없다. 왜냐하면 이자차이가 그리 크지 않기 때문이다. 또한 사전에 선납이연을 활용할 경우 얼마나 이자수익을 높일 수 있는지, 만기일이 지연되지는 않는지 등에 대한 시뮬레이션을 꼭 해보길 바란다.

 선납이연 시뮬레이션을 해보려면?

'월급쟁이 재테크 연구' 카페 왼쪽 하단 메뉴 중 '월재연 자료실 → [다운]재테크 양식' 게시판에서 선납이연 계산양식(엑셀)을 다운받아 시뮬레이션할 수 있다.

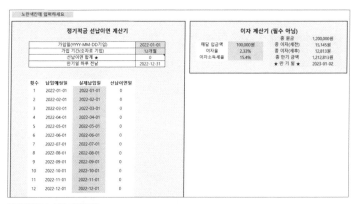

카페의 '선납이연' 계산양식

| **재테크 수익 UP! : 복리통장** |

| 재테크
수익 UP! | 복리통장 | • 월이자지급식 활용하기
• 선납이연 활용하기 | ▶ | 이자수익
월 1만원
높이기! |

※ 월 1만원은 가이드로 제시한 것이며, 자신의 상황에 맞는 목표금액을 설정해 도전해보세요.

주식, 부동산에서 투자기술이 중요하듯이 예금, 적금에서도 저축기술이 중요하다. 물론 투자기술에 비해 저축기술의 효과는 미미할 수 있다. 월이자지급식, 선납이연 등 다양한 저축기술을 활용해서 이자수익을 한 달에 1만원 정도 높였지만 '그래봐야 푼돈 아닌가?'라는 생각이 들 수도 있다. 하지만 푼돈이라고 저축기술을 우습게 여겨서는 안 된다. 금리 인상기에 접어들면 우습게 여겼던 저축기술이 더 큰 이자수익의 차이를 만들어낼 수도 있다는 사실을 명심하자.

마법의 복리통장으로 이자수익을 높이는
'samsara'님

'samsara'님은 새마을금고 정기예금에 가입하면서 이자지급 방식을 월이자지급식으로 선택했다. 만기일시지급식과 월이자지급식의 금리가 똑같았기 때문이다. 여유자금 1,400만원을 넣어두었는데, 2.18% 금리를 적용받아서 매월 25,456원을 이자로 받고 있다. 그리고 월 이자인 25,456원을 정기적금에 추가저축해서 이자수익을 높이고 있다.

"단리통장인 정기예금이지만 매월 받는 이자를 정기적금으로 굴리니까 복리통장인 정기예금에 가입한 느낌이에요. 게다가 정기적금에 저축하는 돈도 많아지니까 더 뿌듯한 마음이 들어요."

'samsara'님의 새마을 금고 정기예금 인증샷

복리! 아인슈타인 박사가 세계의 8번째 불가사의라고 경이로움을 표하기도 했다. 'samsara'님만의 마법의 복리통장! 분명 시간이 지날수록 복리의 힘은 더욱 강해질 것이다. 'samsara'님, 파이팅입니다!

28 출자금통장 만들어 짭짤하게 배당금 받기

| 월 2만원 벌기 |

출자금통장으로 짭짤하게 배당금 챙기기

출자금통장은 조합원으로서 상호금융조합(농협, 수협, 신협, 새마을금고 등)에 출자금을 넣어둔 통장이다. 출자금이란 상호금융조합을 위해 투자한 돈을 말한다. 이러한 출자금은 상호금융조합의 자본금이 되어 상호금융조합을 운영하는 데 사용된다.

즉 출자금통장은 "내가 돈을 줄 테니까 약속한 이자만 나한테 줘!"라는 예적금 개념의 저축통장이 아니며 "내가 돈을 줄 테니까 이익이 발생한 만큼 나한테 줘!"라는 주식 개념의 투자통장이라고 할 수 있다. 따라서 출자금통장을 만들면 은행 이자보다 짭짤한 배당금을 받을 수 있다. 다음의 '출자금통장 만들기 실천법'을 참고해 실행에 옮겨보길 바란다.

실천법 1 조합원으로 가입하고 출자금을 낸다

출자금통장을 만들기 위해서는 조합원 가입이 우선되어야 한다. 따라서 자신이 거주하고 있는 행정구역 내 상호금융조합을 방문해서 조합원 가입신청서를 작성하고 출자금 1좌 이상의 금액(통상 2만~5만원, 지점별로 상이함)을 납부하면 출자금통장을 만들 수 있다.

 출자금통장 개설에 필요한 서류는?

해당 지역에 거주하고 있다는 것을 증명할 수 있는 신분증(또는 주민등록등본)이 필요하다. 참고로 지점별로 상이하나 거주지가 아닌 직장 인근에서도 출자금통장을 만들 수 있다. 이런 경우에는 해당 직장을 다니고 있다는 것을 증명할 수 있는 명함, 재직증명서 등이 필요하다.

실천법 2 출자금 배당을 받는다

상호금융조합은 출자금을 1년 동안 운용한 뒤 이익이 발생했다면 조합원에게 이자 형태로 배당금을 지급한다. 배당금의 규모는 배당률에 따라 다른데 배당률은 출자금을 납입한 이듬해 정기총회 때 결정된다. 내가 출자금통장을 만든 상호금융조합의 당기순이익이 높고 재무상태가 우수할수록 배당률이 높아져서 더욱 많은 배당금이 지급된다.

배당금! 얼마일까? 은행 이자보다 많을까? 궁금할 수 있을 것이다. 아쉽게도 배당금이 얼마인지는 미리 알 수가 없다. 왜냐하면 해당 상호금융조합의 1년간 운용결과를 따져봐야 알 수 있기 때문이다.

만약 당기순이익이 악화되고 재무상태 개선조치가 내려졌다면 배당금이 대폭 줄어들거나 배당 자체가 불가능할 수도 있다. 하지만 평균적으로 배당률은 시중금리보다 다소 높은 수준을 보이고 있기에 은행 이자보다 많은 배당금을 지급받을 가능성이 크다.

실천법 3 절세효과를 누린다

은행에서 예적금 만기가 되어 이자를 받을 때 15.4%의 이자소득세(소득세 14% + 농어촌특별세 1.4%)를 떼인다. 쥐꼬리만 한 이자에 세금까지 내면 정말 우울하다. 하지만 출자금은 최대 1,000만원까지 배당소득세를 면제받을 수 있다. 농어촌특별세도 내지 않는 완전한 비과세 혜택을 누릴 수 있는 것이다.

실천법 4 이용고 배당을 받는다

이용고 배당이란 해당 상호금융조합의 사업에 기여한 실적에 비례해서 배당하는 것을 말한다. 대출, 예적금, 보험, 카드 등 항목별로 배점화해서 기여도가 높을수록 이용고 배당을 많이 받을 수 있다. 예를 들어 대출이자를 많이 냈거나 예치금을 많이 넣어두었거나 보험상품에 가입했거나 카드를 많이 사용했다면 출자금 배당과 별개로 이용고 배당이 지급된다. 설령 이용고 배당을 받지 못하고 있더라도 기여도를 평가하는 항목별 배점기준이 어떻게 구성되어 있는지 정도는 알아두면 나쁘지 않을 것이다.

실천법 5 출자금통장의 단점을 숙지한다

출자금통장은 굉장히 매력적인 장점을 갖고 있다. 하지만 단점도 분명 존재한다는 것을 유의해야 한다. 출자금통장의 단점은 다음과 같다.

1 | 예금자보호가 안 된다

만약 해당 상호금융조합이 파산을 하게 되면 납입한 출자금을 되돌려 받을 수 있는 법적인 방법이 없다. 즉 출자금을 몽땅 잃어버릴 수 있다. 왜냐하면 시중은행처럼 예금자보호를 받을 수 없기 때문이다. 따라서 사전에 해당 상호금융조합의 경영공시(자산규모, 자기자본비율, 당기순이익, PF대출 등)를 확인해서 우량한지 여부를 살펴보는 것이 좋다.

2 | 자유롭게 인출할 수 없다

내가 원할 때 출자금을 바로 돌려받을 수 없다. 조합원을 탈퇴하고 출자금통장을 해지한 후 다음 회계연도의 결산(통상 매년 1~2월)이 완료될 때까지 기다려야만 출자금(배당금 포함)을 돌려받을 수 있다. 또한 갑자기 급전이 필요하다고 중도해지해서 출자금의 일부 돈만 인출할 수도 없다. 반드시 탈퇴·해지를 통해 출자금의 모든 돈을 찾아야 한다. 출자금통장은 인출에 제한이 있고 현금 유동성이 떨어진다는 것을 유의하자.

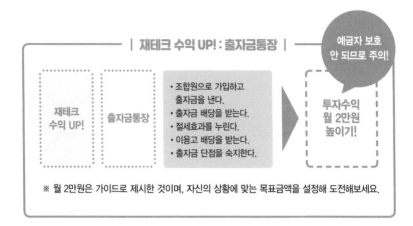

※ 월 2만원은 가이드로 제시한 것이며, 자신의 상황에 맞는 목표금액을 설정해 도전해보세요.

　　만약 1년간 1,000만원을 출자하고 배당률이 2.4%라면 24만원의 배당금을 받을 수 있다. 즉, 한 달에 2만원의 투자수익을 올린 셈이다.

　　나에게 적절한 출자금 규모는 얼마인지, 거주지 또는 직장 인근에 있는 상호금융조합의 배당률은 몇 %였는지 등을 잘 따져본 후 출자금통장을 통해 배당금이라는 투자수익을 올려보길 응원한다.

'에스'님의 출자금통장으로 배당금 챙기기

'에스'님은 새롭게 가입할 예적금통장을 알아봤는데 금리가 너무 낮아서 좌절했다. 그러던 차에 동네 새마을금고의 작년 배당률이 5%나 된다는 것을 알았다. 일단 1,000만원을 넣었다. 왜냐하면 출자금은 1,000만원까지 완전 비과세혜택을 받을 수 있기 때문이다. 만약 배당률이 5%라면 50만원의 배당금을 세금 한 푼 내지 않고 받는 것이다.

하지만 출자금통장의 최대 단점은 예금자보호가 되지 않는다는 것이다. 굉장히 안전 추구형이지만 요즘 워낙 저금리라 조금은 위험을 감수하기로 했다. High Risk, High Return이니까! 참고로 지점마다 배당률이 다르므로 잘 비교해봐야 하며, 예금자보호가 안 되므로 해당 지점의 자기자본비율(BIS)도 꼭 확인해야 한다는 것을 잊지 말자.

'에스'님의 출자금통장 인증샷

"은행 금리가 너무 낮아서 고민이라면 출자금통장에도 관심을 가져보세요!"

'에스'님은 더도 말도 딱 5% 배당률만 나와 주면 좋겠다는 말도 남겼다. 분명 짭짤한 배당금을 받을 거라 믿으며 응원 드린다. '에스'님, 파이팅입니다!

29 금 모으는 재미가 쏠쏠!
1년에 1냥씩 금테크

| 월 3만원 벌기 |

금테크의 2가지 방법, 현물거래와 간접투자

금테크란 금과 재테크의 합성어로, 금을 활용해서 자산을 늘리는 재테크를 말한다. 일반적으로 금테크 방법은 다음 2가지라고 할 수 있다.

① 현물거래 : 골드바, 막금* 등 구입하기

② 간접투자 : 금펀드, 금ETF, 골드뱅킹** 등에 투자하기

금테크의 핵심은 금값이 내릴 때 구입 또는 투자한 후 금값이 오르면 수익을 얻는 것이다. 하지만 단순히 눈에 보이는 수익만 좇아서는 안

★ **막금** : 가공되지 않은 기본 상태의 금을 말한다. 가공된 골드바에 비해 저렴하지만 외관상 아름다움은 떨어진다. 투박한 느낌이라 일명 '못난이 막금'이라고도 부른다.

★★ **골드뱅킹** : 은행에서 금과 관련된 상품을 사고팔 수 있는 제도를 말한다.

된다. 눈에 보이지 않는 수익인 행복감도 중요하다. 따라서 이왕 금테크를 할 거라면 금이 가져다주는 행복감도 최대한 만끽해야 하지 않을까? 이런 행복감은 비록 눈에 보이지는 않지만 돈으로 따질 수 없는 가치를 지니고 있다.

하지만 골드바, 막금 등을 구입해서 오로지 장롱 속에만 보관한다면 남들에게 자랑하고 보여줌으로써 얻는 행복감을 느끼기 힘들다. 또한 금펀드, 금ETF 등은 언제든 수익률이 떨어져서 원금손실을 볼 수 있는 위험이 크고, 골드뱅킹은 수익에 대한 세금(15.4%)을 내야 하는 데다 예금자보호 대상도 아니다.

골드바(출처 : 한국금거래소)

금테크 조건 3가지는 행복, 수익, 재미!

따라서 일반 서민에게 가장 적합한 금테크 방법의 기본전제는 다음 3가지가 아닐까 한다.

① 금이 가져다주는 행복감도 최대한 만끽할 수 있어야 한다.

② 원금손실은 NO! 안정적이면서 최대한 수익을 올릴 수 있어야 한다.

③ 금을 차곡차곡 모으는 재미를 느낄 수 있어야 한다.

먼저 필자의 사례를 소개할까 한다. 필자는 연애시절부터 조금씩 금에 관심을 갖기 시작했다. 처음에는 서프라이즈 선물용으로만 금을 사다가 2005년부터 본격적으로 금을 모았다. 금은 곧 현찰이라는 생각이 들었기 때문이다. 금을 사기 위해 계획적으로 저축하면서 순금 액세서리(목걸이, 반지 등)를 하나둘씩 샀다.

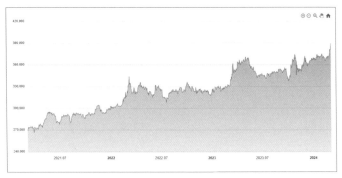

최근 3년간 금 시세 그래프(내가 살 때, 3.75g 기준)

금값이 서서히 오르다가 2011년 하반기에 접어들면서 최고점을 찍었다. 그 당시 금값이 워낙 많이 올라서 돌잔치 때 돌반지 1돈[★]을 선물하는 경우도 거의 없었다. 그때 필자는 꾸준히 모아둔 순금 액세서리를 모두 팔았는데, 1냥에 약 220만원의 가격으로 판 것으로 기억한다. 한 짝을 잃어버려 방치해둔 18K 귀걸이도 이때는 정말 많은 도움이 되었다.

★ **금의 단위** : 금의 단위를 결정짓는 것은 바로 중량이다. 1돈 = 3.75g, 10돈 = 1냥 = 37.5g이다. 국제적으로 통용되는 금 단위는 트로이온스(약 31.1034g)이지만, 우리나라에서는 대부분 '돈' 또는 '냥'이라는 단위로 부른다.

결과적으로 각종 순금 액세서리를 차고 다니면서 행복감도 느끼고 약 900만원 정도의 수익도 올릴 수 있었다. 금테크의 힘을 깨닫는 순간이었다.

그 뒤부터는 1년에 1냥씩 꾸준히 금을 모으고 있다. 보다 정확하게는 1년에 1냥에 해당하는 순금 액세서리(목걸이, 반지 등)를 꾸준히 사고 있다. 눈에 보이는 수익을 좇으면서 눈에 보이지 않는 행복감도 만끽하기에는 몸에 착용할 수 있는 액세서리가 최고이기 때문이다. 참고로, 액세서리의 디자인은 18K 등이 예쁘지만 실제 금을 팔 때는 24K 순금이 최고다.

다음은 '1년에 1냥 모으기 실천법'의 개념도이니 참고하길 바란다.

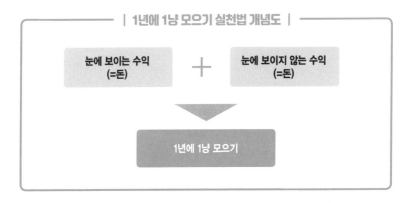

| 1년에 1냥 모으기 실천법 개념도 |

눈에 보이는 수익
(=돈)

+

눈에 보이지 않는 수익
(=돈)

1년에 1냥 모으기

실천법 ① 매일 금값을 확인하고 기록한다

인터넷에서 금값을 확인하는 수준에 그칠 것이 아니라 별도의 일지를 만들어서 금값을 기록해보길 바란다. 눈으로 확인하는 것보다 손으로 기록하는 것이 기억에 오래 남을뿐더러 쉽게 습관으로 만들어준다. 필자는 매일 금 시세를 확인해서 《맘마미아 가계부》에 기록하고 있다. 단, 금값은 부가가치세(VAT) 10%를 감안해서 실제 금을 살 때 적용되는 가격으로 기록하되 환율도 함께 기록하면 금상첨화다.

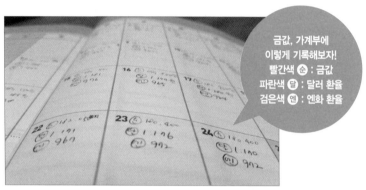

《맘마미아 가계부》에 금값 기록하기

 Tip 금값과 환율은 어떤 영향이 있을까?

통상 금값은 달러의 가치와 반대로 움직인다. 달러가 약세라면 금값은 올라가고 달러가 강세라면 금값은 내려가는 경향이 크다. 물론 절대적인 것은 아니다. 따라서 금값을 기록할 때 절대지표가 아니라 참고지표로 환율도 함께 기록하는 습관을 길러주는 것이 좋다.

더불어 앞으로의 금값을 정확하게 예상해본다? 이런 욕심은 버리길 바란다. 우리는 전업 금투자자가 아니다. 또한 금값은 각국 금보유량, 환율, 실질금리 등 매우 다양한 요인들에 복잡하게 얽혀서 결정되므로 정확하게 금값을 예상한다는 것은 거의 불가능하다.

그러므로 정확한 금값을 예상하기보다는 금값의 변동에 발 빠르게 대응하는 능력을 키우는 것이 중요하다. 그러기 위해서는 매일 금값을 확인하고 기록함으로써 관심의 끈을 놓지 않아야 한다.

Tip 금값을 확인할 수 있는 사이트는?

한국금거래소, 아시아골드, 순금나라 등이 있다. 별도의 앱도 출시되었기에 모바일을 통해서도 매일 손쉽게 금값을 확인할 수 있다.

한국금거래소(www.koreagoldx.co.kr)

아시아골드(asiagold.co.kr)

실 천 법 2 금테크 적금통장을 만든다

많은 사람들이 기념일, 생일 등에 금 액세서리를 선물한다. 하지만 비상금 또는 다른 용도로 모아둔 목돈을 탈탈 털어서 선물을 사는 경우가 많다. 이제는 금 모으기를 위한 금테크 적금통장을 만들어서 보다 계획적으로 돈을 저축해보길 바란다. 금테크 적금통장은 만기 1년 정도로 매일 자유롭게 강제저축이 가능한 상품이 좋다. 다음은 금테크 적금통장으로 적합한 Top3인데 참고하길 바란다.

| 금테크 적금통장 Top3 |

통장명	신한 알·쏠 적금	우리 WON 적금	신한 스마트적금
저축기간	12개월~36개월	12개월	12개월
저축한도	월 1천원~300만원	월 50만원	월 100만원
저축형태	자유(정액)적립식	자유(정액)적립식	자유적립식
최대금리 (변동 가능)	3.0% ~ 4.3% (우대금리 1.3% 적용 기준)	4.2% (우대금리 0.2% 적용 기준)	3.6%
특징	입금이 자유롭고 알차고 쏠쏠하게 목돈을 만들 수 있다.	스마트폰으로 간편하게! 복잡하지 않고 간단한 적금이다.	복잡한 우대금리 조건이 없다.

그리고 금테크 적금통장의 저축금액은 본인의 조건과 상황을 감안해서 산정하는 것이 바람직하다. 금테크 적금통장의 저축금액을 산정하는 방법으로는 다음 2가지가 있다.

1 | 금의 중량부터 결정한 후 저축금액을 산정한다

1년에 모으고자 하는 금의 중량을 결정한 후 최근의 금값을 감안해서 저축금액을 산정하는 방법이다. 1년에 1냥 모으기가 목표라면 매일 5,000원 이상 강제저축하면 된다.

2 | 여유자금의 10% 정도로 저축금액을 산정한다

한 달 여유자금이 60만원이라면 여유자금의 10%인 6만원을 저축금액으로 산정하는 방법이다. 저축은 매일 할수록 습관이 된다. 여유자금 6만원을 한 달에 한 번 저축하지 말고, 일 단위로 나눠서 매일 2,000원씩 강제저축하는 것이 좋다.

실천법 ③ 1년에 1냥 모으기 선순환 시스템을 만든다

금 액세서리를 살 때는 부가가치세 10%, 수수료 5% 등의 추가부담이 발생한다. 또한 살 때보다 팔 때 금값이 낮다. 결국 금값이 최소 15~20% 이상 올라야만 수익을 기대해볼 수 있다. 그런데 금값에 큰 변동이 없거나 오히려 금값이 내리면 조급한 마음이 생길 수 있다. 그러면 행복감은커녕 오히려 스트레스를 받을 수 있다.

따라서 금테크를 시작하려면 먼저 단기간에 수익을 올려야겠다는 욕심부터 버려야 한다. '금테크 = 10년 적금통장 = 금 10냥'이라는 생각으로 장기투자 관점에서 시작하는 것이 바람직하다. 10년 적금통장을 만들어서 꾸준히 저축하듯이 10년 동안 꾸준히 금테크를 실천하다 보면 분명 기회가 찾아올 것이다.

또한 한두 번 금을 비싸게 샀다고 자책하지 말길 바란다. 10년 장기투자 관점에서 본다면 결국 금을 매입하는 단가가 평준화되기 때문이다. 금을 사는 시점을 10년간 분산하는 셈이므로 금을 비싸게 사는 위험을 줄이면서 안정적인 수익을 확보할 수 있다. 이는 적립식펀드의 최대 장점인 매입단가 평준화 효과(Cost Averaging Effect)와 일맥상통하는 것으로, 금테크에도 동일하게 적용된다.

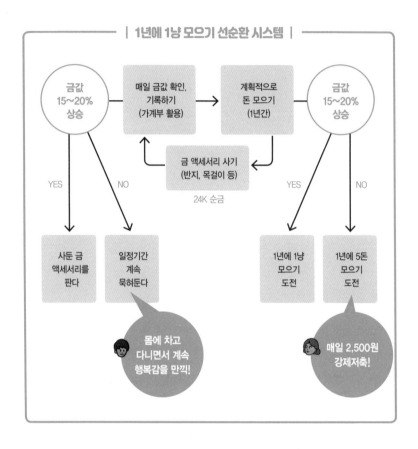

금 적금통장이 만기되어 금을 사려고 하는데 금값이 높다면?

적금통장 만기금(원금 + 이자)을 받아서 금을 살 때는 합리적인 판단이
중요하다. 금값이 내렸다면 큰 고민 없이 금을 사면 된다. 하지만 금값

이 과도하게 오른 상태라면 적금통장 만기금을 정기예금 또는 CMA통장에 일정기간 굴리되, 지속적으로 금값을 확인하면서 최적의 시점을 따져봐야 한다. 다만 6개월 이내에는 되도록 금을 사는 것이 좋다. 금테크의 재미는 금을 살 때 생기는데 정작 금을 구경조차 못 하고 있다면 재미가 반감되기 때문이다.

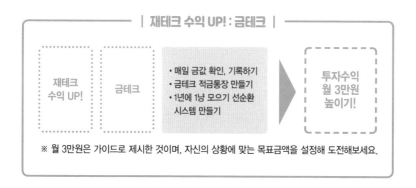

| 재테크 수익 UP! : 금테크 |

| 재테크
수익 UP! | 금테크 | • 매일 금값 확인, 기록하기
• 금테크 적금통장 만들기
• 1년에 1냥 모으기 선순환
  시스템 만들기 | 투자수익
월 3만원
높이기! |

※ 월 3만원은 가이드로 제시한 것이며, 자신의 상황에 맞는 목표금액을 설정해 도전해보세요.

1년에 1냥! 24K 순금 액세서리(반지, 목걸이 등)을 사서 착용하고 다니다가 3년 후에 금값이 45~50% 정도 올라서 팔았다면 행복감도 만끽하면서 한 달에 3만원 정도의 투자수익을 올린 효과를 볼 수 있다. 특히 최근 코로나19 사태로 경제 불황이 지속되면 금값이 정말 '금값'이 되어 투자수익은 훨씬 증대될 것이다. 제2의 코로나19 사태가 또다시 터질지 누가 알겠는가!

사랑하는 가족, 연인에게 멋진 서프라이즈 선물! 나를 위한 선물! 장기투자(자녀 대학등록금 마련, 노후준비 등)를 생각하고 있다면 한 번쯤 '1년에 1냥 모으기 실천법'을 참고해 실행에 옮겨보길 바란다. 분명 행복감뿐만 아니라 알찬 투자수익까지도 올릴 수 있을 것이다.

- 다음 금테크 방법들의 단점을 보완할 수 있다
  - 골드바 : 보관이 어렵다. 5% 안팎의 수수료를 내야 한다. 남들에게 보여주는 행복감이 적다.
  - 금펀드, 금ETF : 수익률이 떨어져서 원금손실이 발생할 수 있다.
  - 골드뱅킹 : 세금(15.4%)을 내야 한다. 원금보장이 안 되고 예금자보호도 못 받는다.
- 올바른 저축습관을 길러준다.
  - 금을 사기 위한 돈을 보다 계획적으로 모을 수 있다. (예 : 매일 2,500원 또는 5,000원 강제저축)
- 가계부 활용도를 높여준다.
- '재테크의 최종목표 = 행복'이라는 개념에 부합한다.
  - 눈에 보이는 수익뿐만 아니라 눈에 보이지 않는 수익(행복감)도 얻을 수 있다.
- 소액으로 장기투자의 힘을 경험해볼 수 있다.
- 금값이 내리고 오를 때 발 빠르게 대응하는 능력을 키울 수 있다.

'kmk9759'님의 1년에
반지 3돈으로 행복감 느끼기

'kmk9759'님은 1년 동안 돈을 모아서 순금 3돈 반지를 구입하는 것을 목표로 정했다. 먼저 매일 가계부에 금값과 환율을 기록하기 시작했다. 빨간색 ㉜은 금값! 검은색 ㉝은 달러 환율이다.

또한 《맘마미아 월급 재테크 실천법》에 소개한 '매일 푼돈 500원을 목돈으로 바꾸는 비밀달력'을 참고해 'kmk9759'님만의 비밀달력을 만들어 매일 500원 이상 저축하고 있다. 500원! 푼돈이 아니라 금을 부르는 동전이 아닐까 한다.

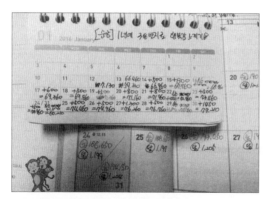

'kmk9759'님의 가계부와 금값 모으기 비밀달력 인증샷

"금값이 오르락내리락 변하는 것을 지켜보니까 너무 재밌어요. 꾸준히 저축해서 순금 3돈 반지를 꼭 구입해 행복감을 느끼고 싶어요~"

'순금 3돈 반지'라는 목표를 정해서 저축하는 모습! 명확한 목표를 가진 저축은 반드시 성공하기 마련이다. 'kmk9759'님, 순금 3돈 반지를 끼고 인증샷을 찍는 그날까지 파이팅입니다!

'행복한미래'님의 14K, 18K, 순금 액세서리 금테크

'행복한미래'님은 결혼 9주년을 맞은 주부인데 결혼할 때 예물을 거의 하지 않았다. 남편과 커플링 딱 하나만 장만했다고 해도 과언이 아니다. 하지만 지금은 서랍장에 14K, 18K, 순금 액세서리가 가득 차 있는데 오히려 친구들이 가진 예물보다 훨씬 많다. 조금씩 푼돈을 저축해서 결혼기념일마다 꾸준히 액세서리를 사 모았기 때문이다. 또한 평소에도 불필요한 옷, 신발 등을 사기보다는 14K, 18K 액세서리를 샀다. 되도록 큐빅 등 장식이 없는 것으로 샀는데 나중에 팔 때 보다 많은 수익을 올리기 위해서다.

'행복한미래'님의 14K, 18K, 순금 액세서리 인증샷

"옷, 신발 등은 몇 년 사용하면 닳아서 버려야 하고 괜히 산 것 같아 후회되지만 금 액세서리는 다른 것 같습니다. 예쁘게 착용하다가 나중에 금값이 오르면 팔 수도 있으니 훌륭한 재테크 수단이라고 생각합니다. 또한 금이 주는 소소한 행복도 함께 느낄 수 있어서 너무 좋습니다!"

남편과 함께 꾸준히 저축해서 모은 금 액세서리에 행복도 함께 모아지고 있을 거라고 본다. '행복한미래'님의 가정도 분명 순금처럼 더욱 반짝반짝 행복하게 빛날 것입니다!

'진샘'님의 주물형 순금 모으기

'진샘'님은 작년부터 매일 금값을 기록하면서 본격적으로 순금을 모으기 시작했다. 저축하면서 여유자금(상여금, 보너스 등)을 일부 모아서 주물형 순금을 사고 있다. 평소 액세서리를 착용하지 않기에 주물형 순금이 더욱 실속이 있을 거라고 보았다.

'진샘'님이 순금을 모으는 이유는 돈보다는 가족의 행복과 나중에 아이들에게 물려주기 위해서다. 재테크의 최종목표는 행복이라는 것을 진실되게 삶 속에서 실천하는 모습! '진샘'님이야말로 진정으로 행복한 부자가 아닐까!

'진샘'님의 주물형 순금 인증샷

"한번씩 남편이랑 모아둔 순금을 꺼내놓고 보면 정말 뿌듯하고 행복하더라고요. 앞으로 계획적으로 저축해서 꾸준히 순금을 모아볼까 해요~"

'진샘'님이 모은 순금에는 아이들에 대한 사랑도 담겨 있을 것이다. 또한 이런 사랑이 아이들에게 고스란히 전해져서 아이들이 더욱 행복하게 커나갈 거라고 믿는다. '진샘'님, 항상 행복하시길 바랍니다!

환테크는 비상금으로 시작하는 것이 바람직!

환테크란 무엇일까? 한마디로 환율을 통해 수익을 올리는 재테크를 말한다. 현재 환테크를 할 수 있는 다양한 간접투자상품(달러 ELS, 엔화 FX 마진거래 등)이 있지만, 구조도 복잡하고 리스크가 커서 원금손실을 꺼리는 사람들이 무턱대고 시작하기에는 어려움이 있다.

따라서 일반인들이 손쉽게 안정적으로 환테크를 할 수 있는 방법은 '외화통장'을 활용하는 것이다. 외화(달러, 엔화 등)가 쌀 때 사서 외화통장에 묵혀두었다가 비쌀 때 되팔아서 환차익(환율 차이로 인한 수익)을 올리는 것을 말한다.

예를 들어 원달러 환율이 1,000원일 때 달러를 사두었다가 1,100원일 때 되팔면 약 10%의 환차익을 올릴 수 있다. 하지만 이제 막 환테크에 눈을 뜬 왕초보가 여유자금을 환테크에 올인해서 투자하는 것은 바람직하지 않다. 외환시장이 불확실하고 원금손실 위험이 항상 존재하기 때문이다. 따라서 왕초보라면 '비상금으로 외화통장 만들기 실천법'을 참고해 비상금의 일정규모 내에서 환테크를 시작하는 것이 바람직하다.

이제는 글로벌 시대! 다양한 통화로 비상금 모으기

사람들은 대부분 비상금을 오로지 원화(한국 돈)로만 갖고 있는데, 이제는 다양한 통화(달러, 엔화 등)로 갖고 있길 바란다. 글로벌 관점에서 본다면 원화는 신흥국의 통화에 불과할 뿐이고 안전한 통화는 달러, 엔화라고 할 수 있다. 참고로 비상금통장은 증권사 CMA통장이 적합하며, 비상금의 규모는 월급의 3배 정도가 이상적이다.

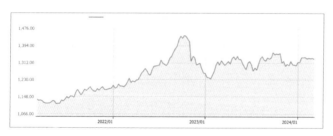

최근 3년간 달러 환율 그래프

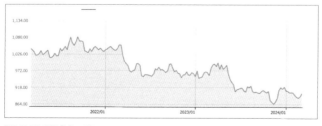

최근 3년간 엔화 환율 그래프

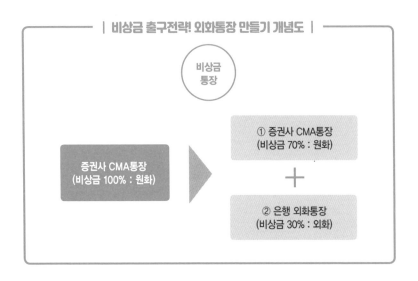

| 비상금 출구전략! 외화통장 만들기 개념도 |

비상금
통장

증권사 CMA통장
(비상금 100% : 원화)

① 증권사 CMA통장
(비상금 70% : 원화)

＋

② 은행 외화통장
(비상금 30% : 외화)

먼저 위 개념도와 같이 비상금통장을 ① 증권사 CMA통장과 ② 외화통장으로 쪼개주는 것이 핵심이다. 만약 본인의 투자성향이 공격투자형이라면 비상금의 50% 이상을 외화로 갖고 있을 수도 있지만, 이러면 자칫 안정성이 떨어질 수 있다.

따라서 비상금은 '증권사 CMA통장 : 외화통장 = 70 : 30'으로 분산하는 것이 무난하다. 예를 들어 비상금의 규모가 600만원이라면 증권사 CMA통장에 420만원(비상금의 70%)의 원화, 외화통장에 180만원(비상금의 30%)의 외화를 갖고 있는 것이다.

만약 본인의 투자성향이 안정추구형이라면 비상금을 '증권사 CMA통장 : 외화통장 = 80 : 20 또는 90 : 10'으로 분산하는 것도 방법이 될 수 있다.

먼저 환테크의 기본이 되는 다음 용어는 꼭 기억해두길 바란다.

① 매수 : 외화를 산다는 뜻

② 매도 : 외화를 판다는 뜻

실천법 1 매일 환율을 확인하고 기록한다

우리는 환율 전문가가 아니기 때문에 환율 관련 서적을 읽어봐도 이해하기 힘들고 쪽집게처럼 환율을 맞추기도 어렵다. 그래서 앞으로의 환율 변동 방향을 정확하게 예상하는 것은 사실상 쉽지 않다. 환율에 대한 정확한 예상보다는 발 빠른 대응력을 키우는 것이 훨씬 중요하다. 그러기 위해 매일 환율을 확인하고 기록하는 습관이 필요하다.

환율은 가계부에 기록하는 것이 좋다. 단, 주말은 제외다. 은행은 주말, 공휴일 등 비영업일에는 환율을 고시하지 않는다. 주말에는 환율 변동이 없다고 생각하고 환율 확인을 안 해도 무방하다. 참고로, 환율은 매일 실시간 변동되므로 본인만의 환율 확인 시간을 정해두거나 장이 마감된 이후 종가(마지막에 결정된 가격)로 일관되게 기록해주는 것이 좋다.

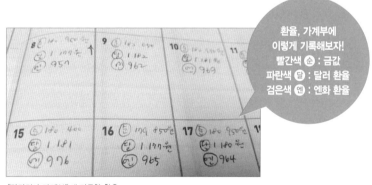

《맘마미아 가계부》에 기록한 환율

실천법 2 투자기간, 매수 계획을 설정한다

매일 환율을 확인하고 기록하다 보면 분명 외화를 매수할 시점(기회)이 찾아오게 된다. 따라서 사전에 다음과 같은 투자기간, 매수 계획을 설정해두는 것이 중요하다.

투자기간 설정

환테크는 단기 재테크 방법이 아니므로 최소한 1~2년 이상 장기투자 관점에서 시작해야 한다.

매수 계획 설정(달러의 경우)

① 매수 기준 환율 : 달러 환율이 1,100원 이하로 떨어지면 달러를 산다. 이것은 예시로 제시한 기준이지 절대적인 기준은 아니다.

② 매수 원칙 : 한 번에 달러를 왕창 사는 것보다 40 : 30 : 30 등과 같이 분할매수하는 것이 좋다. 매수 기준 환율에 도달하면 1차로 40% 매수, 조금 더 지켜본 후에 2차로 30% 매수 등과 같이 분할매수를 하면 안정성이 높아질 뿐더러 달러를 조금이라도 더 싸게 살 수 있다.

③ 매수 규모 : 비상금의 10~30%

매수 계획 설정(엔화의 경우)

① 매수 기준 환율 : 엔화 환율이 1,000원 이하로 떨어지면 엔화를 산다. 역시 예시로 제시한 기준이지 절대적인 기준은 아니다.

② 매수 원칙 : 분할매수(달러와 동일)

③ 매수 규모 : 비상금의 10~30%

달러

엔화

외화통장을 만들고 매도 계획을 설정한다

비상금을 활용해서 외화(달러, 엔화 등)를 싸게 매수했다면 외화통장에 일정기간 묵혀두었다가 비쌀 때 되팔기 위한 시점(기회)을 노리면 된다. 사전에 다음과 같은 매도 계획을 설정해두길 바란다.

매도 계획 설정(달러의 경우)

① 목표 수익률 : 달러를 샀을 때보다 환율이 10% 이상 오르면 판다. 예시로 제시한 기준이지 절대적인 기준은 아니다. 단, 공격지향적 투자성향을 갖고 있는 사람이라도 15%를 넘지 않는 것이 좋다. 과도한 욕심은 금물!

② 매도 원칙 : 한 번에 달러를 왕창 파는 것보다 40 : 30 : 30 등과 같이 분할매도하는 것이 좋다. 목표 수익률에 도달하면 1차로 40% 매도, 조금 더 지켜본 후에 2차로 30% 매도 등으로 분할매도를 하면 안정성이 높아질뿐더러 달러를 조금이라도 더 비싸게 팔 수 있다.

매도 계획 설정(엔화의 경우)

① 목표 수익률 : 10%(달러와 동일)

② 매도 원칙 : 분할매도(달러와 동일)

외화통장의 종류 2가지는 외화보통예금, 외화정기예금

외화통장은 크게 외화보통예금과 외화정기예금 중 선택해서 만들
수 있다.

① 외화보통예금 : 수시입출금이 가능하다. 금리혜택이 거의 없다.

② 외화정기예금 : 금리혜택이 있다. 만기를 설정해야 한다.

다음은 카페 회원들이 주로 만든 외화통장 Top3인데 참고하길 바란
다. 자유롭게 외화거래를 할 수 있으므로 환테크에 딱이다.

참고로 외화통장은 환율우대를 받기 위해서 되도록 주거래은행에서
만드는 것이 좋다. 또한 통상 달러를 입금하고 출금할 때는 별도의 수
수료가 없지만 엔화 등은 은행에 따라 수수료(약 1.5%)를 1회 내야 하는
경우도 있다. 따라서 외화통장을 만들 때는 반드시 수수료 부분도 함께
확인해야 한다.

통장명	하나 밀리언달러 통장	KB국민 외화정기예금	하나 외화다통화예금
가입기간	제한없음	제한없음	제한없음
가입금액	제한없음	제한없음	제한없음
특징	해외주식 매매와 최대 27개 통화까지 거래가 가능하다.	입출금이 자유롭고 최대 11개 통화까지 거래가 가능하다.	입출금이 자유롭게 최대 27개 통화까지 거래가 가능하다.

수수료 확인은 필수!

※ 금리 : 가입 당시 영업점 또는 홈페이지에 고시된 외화보통예금 금리가 적용된다.

욕심은 금물! 비상금 한도 내에서 투자!

만약 다음에 해당되는 분들이라면 앞에서 소개한 '비상금으로 외화통장 만들기 실천법'을 참고해 한 번쯤 환테크에 도전해보길 바란다. 분명 재미도 느끼면서 성공적인 결과물을 만들어낼 수 있을 것이다.

① 큰 욕심 없이 증권사 CMA통장 금리보다 조금 높은 수익만 올렸으면 좋겠다는 분(현재 증권사 CMA통장 금리가 평균 1%대라 상당히 불만족스러운 게 현실이다.)

② 해외여행 후 외화를 갖고 있는 분, 해외여행을 계획 중인 분, 해외 유학 중인 자녀가 있는 분

외화통장에 240만원(비상금의 30%)의 외화를 갖고 있다가 1년 뒤 환율이 13~14% 정도 올라서 팔았다면 한 달에 2만원 정도의 투자수익을 올릴 수 있다.

비상금 70% : 원화(증권사 CMA통장)   비상금 30% : 달러, 엔화(은행 외화통장)

참고로, 환테크로 엄청난 투자수익을 올릴 수 있다는 환상을 가져서는 안 된다. 물론 고액자산가는 억대 규모로 달러, 엔화 등을 사서 엄청난 투자수익을 올릴 수도 있겠지만 일반인들은 입장이 다르다. 비상금의 한도 내에서 소소하게 환테크를 시작한 이후에 조금씩 매매량을 늘리고 투자수익을 높여나가는 것이 바람직하다.

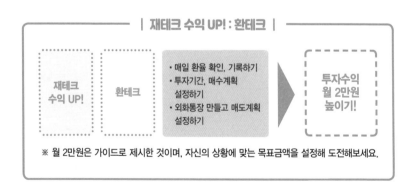

| 재테크 수익 UP! : 환테크 |

재테크
수익 UP!

환테크

• 매일 환율 확인, 기록하기
• 투자기간, 매수계획
  설정하기
• 외화통장 만들고 매도계획
  설정하기

투자수익
월 2만원
높이기!

※ 월 2만원은 가이드로 제시한 것이며, 자신의 상황에 맞는 목표금액을 설정해 도전해보세요.

 **맘마미아식 환테크의 장점**

- 외화통장을 활용해서 손쉽게 안정적으로 환테크를 시작할 수 있다.
- 환율이 내리고 오를 때 보다 발 빠르게 대응하는 능력을 키울 수 있다.
- 은행 금리 이상의 수익(환차익)을 올릴 수 있다.
- 비상금으로 환테크의 재미와 힘을 느껴볼 수 있다.
- 가계부 활용도를 높여준다.
- 경제를 바라보는 안목과 인사이트(통찰력)가 향상된다.

'쪼알콩'님의 다양한 외화 매수하기

'쪼알콩'님은 2014년 9월부터 본격적으로 다양한 외화를 모았다. 해외여행을 다녀오면서 환율에 눈을 뜨게 되고 자연스럽게 환테크를 시작하게 된 것이다. 모아둔 외화의 양도 상당하다. 현재 유럽 5,850유로, 스위스 300프랑, 일본 161만 3,000엔, 미국 4,500달러, 홍콩 610홍콩달러 등을 모았으며, 약 160만원 정도의 수익(환차익)도 올렸다. 최근에는 영국의 유럽연합(EU) 탈퇴, 즉 브렉시트(Brexit)의 영향으로 영국 파운드의 환율이 급락하고 있어 파운드도 모으는 중이다.

'쪼알콩'님의 다양한 외화 인증샷

"IMF 외환위기 전에 외화를 많이 모아두지 못한 것이 너무 아쉽더군요. 하지만 환테크를 어떻게 해야 성공할 수 있는지 공부할 수 있었던 계기가 된 것 같습니다. 앞으로도 꾸준히 다양한 외화를 모아서 보다 많은 환차익을 올려볼 생각입니다~"

외환시장은 항상 변하게 마련이다. 결국 발 빠르게 대응해야만 환테크에 성공할 수 있지 않을까? 그동안 쌓인 '쪼알콩'님만의 노하우가 분명 더욱 성공적인 환테크를 이끌어낼 수 있을 거라고 믿는다. '쪼알콩'님, 파이팅입니다!

31 초저금리시대에 매력적인 채권투자하기

정부, 기업 등에 돈을 빌려주는 채권투자

채권(Bond)이란 정부, 공공단체, 기업 등이 자금을 조달하기 위해 발행하는 유가증권*을 말한다. 자금은 투자자로부터 돈을 빌려서 조달하게 된다. 따라서 돈을 빌린 정부, 공공단체, 기업 등은 채무자가 되고 돈을 빌려준 투자자는 채권자가 된다. 즉 채권은 채무자가 채권자에게 빚을 졌다는 것을 보여주는 차용증서라고도 할 수 있다.

채권은 발행기관에 따라 국채, 지방채, 회사채, 금융채, 특수채 등으로 나뉜다.

★ **유가증권** : 권리와 증권의 결합체로 재산적인 권리를 표시한 증서다. 상품증권, 어음, 수표, 주식, 채권 등이 해당된다.

| 채권과 주식의 차이점 |

구분	채권	주식
발행기관	정부, 지방자치단체, 주식회사, 은행, 특별법인 등	주식회사
형식	차용증권	지분증권
자본의 성격	타인자본	자기자본
소지자 지위	채권자	주주
권리와 의무	원리금 지급 – 수령	주주권 행사, 배당금 지급 – 수령
상환	만기 상환	만기 없음

| 발행기관에 따른 채권 종류 |

구분	국채	지방채	회사채	금융채	특수채
발행기관	국가	지방자치단체	주식회사	은행	특별법인
주요종류	• 국고채 • 재정증권 • 국민주택채권	• 지역개발공채 • 도시철도채권 • 도로공채	• 보증사채 • 담보부사채 • 전환사채	• 통화안정증권 • 산업금융채 • 중고기업금융채	• 토지개발채 • 전력공사채

그럼 채권투자는 어떻게 하면 될까? 다음의 '채권 투자하기 실천법'을 참고해 실행에 옮겨보길 바란다.

실 천 법 ① 채권투자 수익구조를 이해한다

채권에 투자해서 얻을 수 있는 수익은 무엇이 있을까? 바로 이자수익과 자본차익이다.

1 | 이자수익

이자수익은 채권의 발행기관에 돈을 빌려준 대가로 받는 사용료라고 할 수 있다. 공짜로 돈을 빌려줄 수는 없으니까! 그럼 이자수익은 어떻게 결정될까? 채권을 발행할 때 투자자에게 "이만큼 이자를 드리겠습니다."라고 약속을 한다. 즉 이자수익률은 채권 발행 시 결정된다. 그리고 결정된 이사수익률은 절대 변하지 않는다. 이 때문에 채권을 고정자산(Fixed-Income Asset)이라고도 부른다. 일반적으로 이자는 3개월, 6개월, 1년 등 정해둔 일정 기간마다 지급받는다. 또한 채권은 투자자에게 "이때까지 원금을 상환하겠습니다."라고 만기를 정해두는데 채권의 만기가 길수록 이자수익률은 높아진다. 반면 채권의 만기가 짧을수록 이자수익률은 낮아진다.

 이자 지급방식에 따른 채권의 종류는?

이자를 정기적으로 받는 이표채, 이자를 미리 채권가격에서 할인하여 발행하는 할인채, 이자를 재투자해 만기 때 이자를 원금과 함께 지급받는 복리채 등으로 나뉜다.

2 | 자본차익

채권 매매를 통해 자본차익을 얻을 수 있다. 자본차익이란 시세차이에 따른 자본소득을 말한다. 예를 들어 만기 5년에 3%짜리 채권을 갖고 있는데 몇 년 뒤에 시중금리가 1%대로 인하되었다고 가정해보자. 시중금리가 인하되면 예금의 이자율은 함께 내려간다. 하지만 채권은 시중금리가 인하되더라도 발행 시 약정한 이자수익률은 내려가지 않고 고정*된다. 따라서 앞으로 발행될 1%짜리 채권보다 기존에 발행된 3%짜리 채권에 대한 수요가 많아지게 된다. 이렇게 되면 기존에 발행된 3%짜리 채권가격이 상승하게 된다. 따라서 기존의 3%짜리 채권을 갖고 있던 사람은 그동안 이자수익도 꼬박꼬박 받으면서 원금보다 훨씬 높게 팔아서 자본차익까지 얻을 수 있다. 일반적으로 시중금리와 채권가격은 '역'의 관계에 있는 구조라고 할 수 있다. 시중금리가 인하되면 채권가격은 상승하며, 반대로 시중금리가 인상되면 채권가격은 하락한다. 이 때문에 채권투자가 초저금리시대에 유리한 전략이라고 말한다.

실천법 2 발행기관의 신용도를 확인한다

이자수익률이 높다고 신용도가 낮은 채권을 무작정 매수했다가는 자칫 해당 기관이 채무불이행 상태에 빠져서 원금손실을 볼 수도 있다.

★ **채권에 필수적으로 적혀 있는 것** : 채권에는 액면가, 만기일, 이자수익률이 적혀 있는데 변하지 않는 고정값이다.

따라서 이자수익률뿐만 아니라 발행기관의 신용도를 함께 고려해야 한다. 신용도는 만기 상환에 대한 신뢰와 직결되며 한국신용평가, 한국기업평가, 나이스신용정보 등 신용평가사가 평가한 신용등급을 통해 확인할 수 있다. BBB 이상의 신용등급은 투자 적격등급이며 BB 이하의 신용등급은 투기등급이다. 채권 왕초보라면 투기등급은 피하는 것이 바람직하다.

 신용등급은 어떻게 구분할까?

총 10등급(AAA, AA, A, BBB, BB, B, CCC, CC, C, D)으로 구분한다. AAA등급으로 갈수록 이자수익과 자본차익은 낮아지나 수익변동성의 위험은 적어진다. 반면 D등급으로 갈수록 이자수익과 자본차익은 높아지나 수익변동성의 위험은 커진다. 참고로 AA등급부터 B등급까지는 등급 내 우열에 따라 +, - 기호가 붙는다.

이 채권들의 신용등급은 A-와 BBB+이다.

증권사에서 보내주는 기업 채권 투자 권유 문자

실천법 3 투자기간을 결정한다

채권은 상환기간에 따라 단기채, 중기채, 장기채로 구분된다. 단기채
는 상환기간이 1년 이하인 채권으로 통화안정증권, 재정증권 등이 있
고 중기채는 상환기간이 2~5년 미만인 채권으로 국고채, 회사채 등이
있다. 상환기간이 5년 이상인 채권은 장기채로 국민주택채권, 도시철
도채권 등이 있다. 만약 수익이 적더라도 안정적으로 운영하려면 단기
채가 적합하며 보다 높은 수익을 목표로 한다면 중·장기채가 적합하
다. 단, 중·장기채는 단기채에 비해 상대적으로 금리에 따른 가격 변동
의 리스크가 크다는 점을 유의하자.

실천법 4 환율을 고려한다

선진국 또는 신흥국의 해외채권에 투자할 때 중요한 변수는 환율이
다. 왜냐하면 3~4% 수익을 얻었다고 해도 해당 통화 가치하락으로 인
해 3~4% 이상의 환차손*이 발생할 수 있기 때문이다. 하지만 해당 통
화가 강세로 진행된다면 추가적으로 환차익**까지 얻을 수 있으므로
해외채권 투자 시에는 반드시 환율의 흐름을 면밀히 살펴봐야 한다.

★ **환차손** : 환율변동에 따른 손실을 말한다.
★★ **환차익** : 환율변동에 따른 이익을 말한다.

채권투자 방법을 결정한다

채권투자 방법은 크게 직접투자, 간접투자로 나눌 수 있다.

1 | 직접투자

증권계좌를 통해 투자할 수 있다. 채권은 주식과 달리 장외거래***
가 압도적으로 많아서 채권가격이 어떻게 형성되고 있는지 알기가 어
렵다. 따라서 개인이 장외거래를 통해 채권에 투자하기란 쉽지 않기 때
문에 증권사를 방문하거나 HTS를 활용해 증권사에서 장외거래를 통해
확보한 채권물량의 일부를 직접 매수하여 투자하면 된다. 또한 주식시
장에 상장된 채권형 ETF에 투자할 수도 있다. 채권형 ETF는 다양한 채
권들이 포함되어 있기에 분산투자의 효과를 노려볼 수 있다는 장점이
있다. 참고로 금리 하락기에는 타겟 듀레이션****이 긴 채권형 ETF
가, 금리 상승기에는 타겟 듀레이션이 짧은 채권형 ETF가 좋다.

2 | 간접투자

채권형 펀드 등에 가입하여 투자전문가에게 운용을 맡겨서 투자할

*** **장외거래** : 증권거래소가 개설하는 정규시장 이외의 모든 장소에서 이루어지는 증권거래
를 말한다. 고객과 증권사 또는 증권사간에 전화, 메신저, 문자 등을 통해 거래된다.

**** **타겟 듀레이션**(Target Duration) : 시중금리가 움직였을 때 채권의 가격이 얼마큼 움직일 것
인지를 나타내는 변동성 개념의 지표다. 예를 들어 타겟 듀레이션이 0.5년이라면 시중금
리가 1% 상승했을 때 채권의 가격이 0.5% 하락하고, 반대로 시중금리가 1% 하락했을 때
채권의 가격이 0.5% 상승한다는 의미다.

수 있다. 채권 왕초보라면 리스크를 줄이기 위해 증권계좌를 통해 직접 채권을 사고파는 직접투자보다는 채권형 펀드 등의 금융상품을 활용하는 간접투자부터 시작하는 것이 바람직하다. 다만 간접투자는 투자 전문가에게 운용을 맡기므로 수수료가 발생한다는 점은 감안하자.

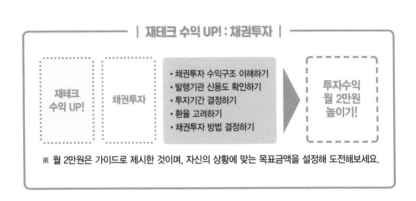

| 재테크 수익 UP! : 채권투자 |

재테크 수익 UP! → 채권투자 → • 채권투자 수익구조 이해하기 • 발행기관 신용도 확인하기 • 투자기간 결정하기 • 환율 고려하기 • 채권투자 방법 결정하기 → 투자수익 월 2만원 높이기!

※ 월 2만원은 가이드로 제시한 것이며, 자신의 상황에 맞는 목표금액을 설정해 도전해보세요.

채권은 초저금리시대에 진입하는 금융환경에서 분명 굉장히 매력적인 투자처이다. 차근차근 채권에도 관심을 가지면서 기회를 노려본다면 충분히 한 달에 2만원 정도의 투자수익은 올릴 수 있을 것이다. 하지만 채권도 엄연한 투자이기에 100% 안전자산은 아니라는 것은 잊지 말자.

 높은 수익을 기대해볼 수 있는 채권형펀드는?

신흥국 채권형펀드와 글로벌 하이일드 채권형펀드가 있다. 다만, 자칫 환차손이 발생할 수 있고 상대적으로 신용등급이 낮아 부도 위험이 크다는 점은 유의하자.

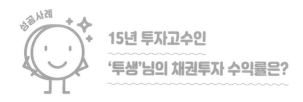

15년 투자고수인
'투생'님의 채권투자 수익률은?

'투생'님은 15년 넘는 투자내공을 가진 고수다. 하지만 재린이(재테크 어린이) 시절에는 채권에 대해 잘 몰랐다. 채권은 은행 이자보다 조금 더 높은 수익에 만족하는 자산가들이 큰 돈을 안정적으로 투자하는 방법이라는 정도만 막연히 알고 있었다. 또한 채권은 최소 투자금액이 1억원이라는 말을 듣기도 해서 관심 밖이었다. 하지만 꾸준히 투자공부를 하면서 깨닫게 된 사실은 채권은 중장기로 보유할 경우 주식보다 훨씬 안정적일뿐 아니라 주식 못지않은 수익까지 얻을 수 있다는 것이었다. 현재 국채 3년물 ETF, 미국채 10년물 ETF, 글로벌 고수익 채권형 펀드를 보유중이다. 최근 코로나 19로 인해 주식시장이 폭락했을 때 미국채 10년물 ETF 수익률이 14%까지 치솟아 채권투자를 해야 하는 이유를 더욱 크게 깨달았다. 지금은 주식시장이 회복되어 7.2% 정도로 내려갔지만 중장기 보유할 계획이라 조금씩 사서 모으고 있다.

보수적이고 안정적인 중장기 투자를 하고 싶거나, 은행 이자보다 약간 높은 수익을 목표로 마음 편하게 투자하고 싶거나, 주식형 펀드나 주식형 ETF에 투자 중이라면 채권투자에도 관심을 가져보길 바란다.

최근 3년간 KODEX 미국채 10년 선물 시세 그래프

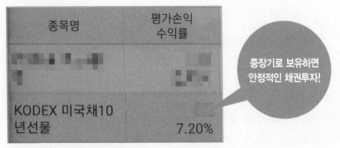

KODEX 미국채 10년 선물 평가손익 수익률

"세계적인 투자고수들이 주식보다 채권에 2배 이상 더 투자하는 것을 보며 채권투자가 선택이 아닌 필수임을 다시 한 번 느낍니다!"

'투생'님은 앞으로 무슨 일이 일어날지 모르니 투자손실로부터 스스로를 보호할 수단이 꼭 있어야 하며, 그 보호막이 채권투자라는 말도 남겼다. '투생'님, 더욱 성공적인 채권투자를 응원 드립니다!

32 세관공매로 돈 번다! 저렴하게 명품 득템!

전문가 인증 완료! 안전한 세관공매

　세관공매는 세관에 보관중인 물건 중에서 일정 기간이 지나도 주인이 찾아가지 않는 물건을 법률에 따라 공매 처분하는 것을 말한다. 공매란 국가나 공공기간이 주체가 되어 실시하는 경매를 뜻한다. 따라서 세관공매를 활용하면 다양한 물건을 굉장히 저렴하게 살 수가 있다. 또한 전문가의 감정으로 모두 진품만을 취급하기에 위조품을 살 위험도 없다. 그렇다면 세관에는 어떤 물건이 보관되어 있을까? 정해진 기간 내 관세, 부가세를 내지 않아 수입통관이 안 되었거나 수입통관 시 면세한도 초과 또는 구매 제한품목 수입 또는 밀수 등으로 압류된 물건 등이 보관되어 있다. 명품 시계·가방, 화장품, 고가의 양주·귀금속, 의류, 신발, TV, 자동차, 컴퓨터 등 종류도 굉장히 다양하다.

　세관공매로 쏠쏠한 수익을 내려면 다음의 '세관공매 재테크 실천법'

을 참고해 실행에 옮겨보길 바란다.

실천법 1 세관공매 참여방법을 알아둔다

세관공매에 참여하려면 어떻게 해야 할까? 그리 어렵지 않다. 차근
차근 따라하면 누구나 손쉽게 세관공매에 참여할 수 있다.

① 관세청에서 공매 10일 전쯤에 공고를 내면 관세청 통관시스템 유
니패스(unipass.customs.go.kr)를 통해 공고를 확인한다.

회원가입 → 로그인 → 업무지원 → 체화공매 → 공고 확인

② 마음에 드는 물건이 있으면 해당 입찰날짜에 입찰서를 작성하여
제출한다. 단, 입찰서 제출 전에 희망가격의 10%를 입찰보증금으
로 납부해야 한다.
③ 입찰서를 제출한 후, 개찰발표 당일(오후 1시 이후)에 전자입찰 시스
템에 들어가 입찰결과를 확인한다. 입찰가격이 예정가격 이상인
사람들 중에서 최고가를 적어낸 사람이 낙찰자가 된다. 단, 동점
자가 있는 경우는 추첨으로 낙찰자를 결정한다. 낙찰이 되었다면
잔금을 해당 계좌로 입금한다. 낙찰이 되지 않았다면 입찰보증금

은 환불된다.

④ 낙찰된 물건을 공항 여객터미널 또는 보관창고에서 찾거나 세관
에 연락해 배송신청을 하여 수령한다.

 유찰이 되면 가격이 어떻게 바뀔까?

감정가에 관세와 부가세가 붙어 최초 예정가격이 결정된다. 최초 예정가격은 한 번
유찰될 때마다 10%씩 떨어진다. 세관공매는 총 6회까지 진행되므로 6회까지 유찰
되면 최종 예정가격은 최초 예정가격의 50%가 된다. 참고로 6회까지도 낙찰되지
않은 물건은 폐기처분된다.

실천법 2 발품을 팔아 물건을 확인한다

관세청 통관시스템 유니패스에 올라온 사진만으로는 물건의 결함,
파손, 유통기한 등을 정확하게 확인하기 어렵다. 따라서 자칫 낙찰받은
물건에 흠집이 있거나 상태가 불량할 수도 있다. 일단 낙찰이 되면 교
환이나 환불이 불가능하기에 물건을 확인한 후 입찰하는 것이 중요하
다. 세관 직원에게 요청 시 보관창고에 가서 물건을 확인할 수 있다. (신
분증 지참)

실천법 3 입찰 시 제한되는 규정을 숙지한다

입찰자는 '개인'과 '사업자'로 구분되어 있다. 개인입찰자는 구매할 수
있는 물건이 최대 3개까지로 제한된다. 즉 아무리 많이 사고 싶어도 살

수가 없기 때문에 평소 눈독을 들였다가 입찰하는 것이 좋다. 사업자가 입찰할 때는 인증을 필요로 하는 물건인지를 확인해야 한다. 주류의 경우는 주류수입면허증, 의약품의 경우는 의약품제조업체등록증 등이 필요하다.

실천법 4 재판매를 하려면 사전에 계획을 잘 세운다

낙찰 받은 물건을 자신이 소장하거나 선물하지 않고 재판매해서 차익을 얻으려고 할 수 있다. 이런 경우에는 사전에 해당 물건의 온·오프라인 실거래가를 확인해야 하며 판매방법도 준비해두어야 한다. 얼마의 가격에 팔고, 어디에 팔 것인지 등 재판매 계획을 충분히 세우지 않고 무작정 덤볐다가는 오히려 손해를 볼 수 있다는 점을 유의하자.

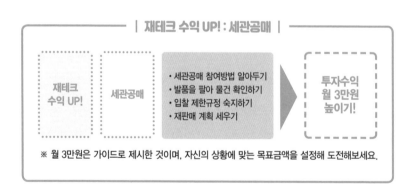

| 재테크 수익 UP! : 세관공매 |

재테크 수익 UP! → 세관공매 →
• 세관공매 참여방법 알아두기
• 밀품을 팔아 물건 확인하기
• 입찰 제한규정 숙지하기
• 재판매 계획 세우기
→ 투자수익 월 3만원 높이기!

※ 월 3만원은 가이드로 제시한 것이며, 자신의 상황에 맞는 목표금액을 설정해 도전해보세요.

세관공매로 120만원짜리 명품 핸드백을 30% 싸게 낙찰 받았다면 36만원을 아낀 것이 된다. 또한 아낀 돈 36만원을 투자수익으로 환산하면 한 달에 3만원인 셈이다. 꽤 쏠쏠하지 않은가!

세관공매는 한번 배워두면 평생 써먹을 수 있다. 이번 기회에 찬찬히 공부해서 세관공매를 통해 평소 갖고 싶었던 물건을 싸게 사고 투자수익도 올려보길 바란다.

명품가방을 반의 반값에 살 수 있다?
'설춘환 교수'님의 세관공매 낙찰기

'설춘환 교수'님은 필자가 운영하는 카페에서 부동산경매 강의도 진행하고 있는데 세관공매 최고 전문가로 통한다. 세관공매는 10만원만 있어도 손쉽게 투자가 가능하며 경쟁이 치열한 아파트경매보다 훨씬 높은 투자수익도 충분히 기대해볼 수 있다고 한다. 또한 명품, 고급 화장품, 양주 등 세관공매에 나오는 물건은 굉장히 다양하다는 것도 장점이라고 한다. 마트, 백화점에 있는 물건이 모두 있다고 해도 과언이 아니다. 실제 360만원짜리 명품가방을 반의 반값 수준인 98만원에 낙찰 받아 아내에게 선물하기도 했다. 또한 정가 10만원짜리 폴로셔츠 300벌을 1만 5,000원씩 450만원에 낙찰 받은 후 재판매하여 차익을 얻기도 했다. 위조품이 아닌 진품을 정말 저렴한 가격에 사서 투자수익을 쏠쏠하게 올린 셈이다.

'설춘환 교수'님의 세관 공매 낙찰 인증샷

"세관공매는 아직까지 많은 사람들에게 알려지지 않아 훌륭한 틈새 재테크가 될 수 있습니다! 다만 직접 세관에 가서 어떤 물건인지를 꼭 확인해보시길 바랍니다!"

누구나 입찰해서 명품 등을 저렴하게 살 수 있는 세관공매! 정말 매력적인 것 같다. '설춘환 교수'님, 앞으로도 보다 많은 분들께 선한 영향력을 나눠주시길 응원 드립니다!

매달 배당금 입금 완료!
미국 배당주!

| **월 5만원 벌기** |

통상 3개월마다 배당하는 미국 배당주 월급처럼 받기

미국 배당주란 배당*을 많이 주는 미국 기업의 주식을 말한다. 이러한 미국 배당주를 적절히 조합해서 운영하면 적금 풍차돌리기로 매달 은행 이자를 받는 것처럼 미국 배당주 풍차돌리기로 매달 배당금을 받을 수 있다.

왜냐하면 대부분의 한국 기업은 배당 지급이 연 1회로 제한되어 있지만 미국 기업은 통상 분기(3개월)마다 배당을 하기 때문이다. (매월 1회 배당하는 곳도 있다.) 실제 S&P500**에 속한 약 400개의 기업이 분기(3개월)마다 배당금을 지급하고 있다.

★   **배당** : 기업이 주식을 가지고 있는 사람들에게 이익의 일부를 나누어주는 것이다.

★★ **S&P500** : Standard & Poor사가 선정한 500개 대형기업의 주식을 포함한 지수를 말한다.

미국 배당주로 매달 배당금을 받으려면 다음의 '미국 배당주 풍차돌리기 실천법'을 참고해 실행에 옮겨보길 바란다.

실천법 ① 계좌를 개설한다

별도의 해외주식계좌가 필요하다. 증권사 지점을 방문하거나 온라인(비대면)을 통해서 해외주식계좌를 개설해야 한다. 만약 국내주식계좌가 있다면 '외화증권약정'과 '해외주식매매신청'만 등록하면 된다.

실천법 ② 종목을 선정한다

증권사의 HTS/MTS에서 제공하는 배당수익률 순위를 보고 종목을 선정할 수 있다. 하지만 배당수익률이 1위라고 무조건 좋은 배당주라고 맹신해서는 안 된다. 오랫동안 안정적으로 배당금을 지급하거나 증액해주고 있는지를 확인하는 것이 중요하다. 왜냐하면 당장의 배당수익률이 높은 고배당주보다 꾸준히 배당이 증액되는 배당성장주가 중장기 투자측면에서는 훨씬 유리하기 때문이다. 따라서 매년 발표되는 배당킹, 배당귀족, 배당챔피언, 배당블루칩 리스트를 참조해서 종목을 선정하는 것이 효과적이다.

　종목을 선정할 때는 기업의 배당역사, 시가총액 등 전반적인 것을 따져보는 것이 좋다. 다만 우량주들은 1주의 가격이 적어도 300~400달러를 훌쩍 넘는 경우가 있기에 부담이 될 수 있다. 하지만 요즘은 소수점 투자를 지원하는 증권사도 있어서 0.01주, 0.1주씩 매수하는 것도 가능하다.

　참고로 배당챔피언(Dividend Champions)은 10년 이상 배당을 증액, 지급한 기업을 말하며 배당블루칩(Dividend Bluechips)은 5년 이상 배당을 증액, 지급한 기업을 말한다. 배당챔피언과 배당블루칩은 급성장한 기업이 많으나 배당킹과 배당귀족과 중복되는 기업도 있다. 배당킹, 배당귀족, 배당챔피언, 배당블루칩 리스트는 슈어디비던드닷컴(www.suredividend.com) 등에서 다운받아 확인할 수 있다.

Ticker	Name	Price	Dividend Yield	Market Cap ($M)	Forward P/E Ratio	Payout Ratio	Beta
ABM	ABM Industries, Inc.	$34.09	2.2%	$2201.49	16.0	34.0%	1.15
AWR	American States Water Co.	$82.97	1.4%	$3024.49	36.4	50.9%	0.89
CBSH	Commerce Bancshares, Inc. (Missouri)	$59.35	1.7%	$6458.23	16.5	27.6%	1.03
CINF	Cincinnati Financial Corp.	$71.81	2.8%	$13309.04	169.4	537.9%	1.19
CL	Colgate-Palmolive Co.	$71.11	2.4%	$60904.46	25.8	62.1%	0.73
CWT	California Water Service Group	$49.73	1.6%	$2369.45	38.0	60.3%	0.88
DOV	Dover Corp.	$94.91	2.1%	$13414.42	18.4	37.8%	1.23
EMR	Emerson Electric Co.	$57.53	3.5%	$33476.52	16.3	56.0%	1.23
FMCB	Farmers & Merchants Bancorp (California)	$702.00	2.0%	$557.39	9.9	20.3%	0.16
FRT	Federal Realty Investment Trust	$77.23	5.6%	$5376.71	16.0	89.9%	1.06
GPC	Genuine Parts Co.	$79.22	1.9%	$11271.47	18.5	71.6%	1.16
HRL	Hormel Foods Corp.	$47.76	1.8%	$25087.25	26.0	47.0%	0.50
JNJ	Johnson & Johnson	$151.39	2.5%	$406762.44	N/A	N/A	0.71
KO	The Coca-Cola Co.	$46.74	3.4%	$200914.95	20.0	68.3%	0.79
LANC	Lancaster Colony Corp.	$140.47	1.9%	$3830.63	26.2	49.3%	0.82
LOW	Lowe's Cos, Inc.	$103.52	2.1%	$76982.15	18.9	30.9%	1.30
MMM	3M Co.	$157.61	3.7%	$88388.85	19.9	72.8%	0.87
NDSN	Nordson Corp.	$159.99	0.9%	$9359.11	27.0	24.6%	1.32
NWN	Northwest Natural Holding Co.	$66.02	2.9%	$1993.19	31.4	90.4%	1.18
PG	Procter & Gamble Co.	$116.89	2.4%	$290761.92	61.2	156.1%	0.77
PH	Parker-Hannifin Corp.	$146.45	2.4%	$18189.04	13.8	31.9%	1.52
SCL	Stepan Co.	$96.31	1.1%	$2119.60	21.0	22.9%	1.01
SJW	SJW Group	$59.78	2.0%	$1735.79	72.6	145.8%	1.15
SWK	Stanley Black & Decker, Inc.	$117.82	2.4%	$17364.70	18.3	41.0%	1.57
TGT	Target Corp.	$112.00	2.4%	$55045.70	17.4	40.8%	0.76
TR	Tootsie Roll Industries, Inc.	$35.53	1.0%	$2366.18	35.2	34.7%	0.33
MO	Altria Group, Inc.	$40.71	8.3%	$73870.21	-58.0	-466.9%	0.72
FUL	H.B. Fuller Co.	$35.12	1.9%	$1771.11	13.9	25.5%	1.18
ITW	Illinois Tool Works, Inc.	$166.48	2.5%	$53828.30	21.4	53.2%	1.13
SYY	Sysco Corp.	$55.84	2.9%	$29927.31	15.8	45.8%	1.24

배당킹 리스트(출처 : 슈어디비던드닷컴)

실천법 3 환전 및 거래한다

해외주식계좌의 환전서비스를 이용하거나 증권사로 전화해서 달러로 환전한다. 그리고 주문 창에서 거래하려는 종목을 고른 후 수량과 가격을 입력하면 된다. 미국 배당주를 사고파는 방법은 국내주식과 동일하다. 다만, 미국과의 시차가 있기 때문에 야간(한국시간 기준 23:30~06:00, 서머타임 적용 시 한 시간씩 당겨짐)에 장이 열린다. 따라서 실시간 거래를 하기 위해서는 해당 시간에 맞추거나 예약주문 기능을 활용해야 한다.

또한 증권사에서 제공하는 시세는 15분 지연되어 제공된다. 만약 실시간 시세를 확인하려면 별도의 수수료(월 8달러, 키움증권 기준)를 내고 실시간 시세이용신청을 하거나 인베스팅 닷컴(www.investing.com) 등과 같은 해외사이트를 활용해야 한다. 참고로 중장기투자를 생각한다면 예약주문을 하고 15분 지연시세를 확인해도 큰 문제가 없다.

실천법 ④ 미국 배당주 풍차돌리기를 완성한다

배당시점이 다른 3종목을 매수하여 조합하면 매달 배당금을 받을 수 있는 미국 배당주 풍차돌리기가 완성된다. 지속적으로 운영하면 재미를 느끼면서 투자수익까지 증대시킬 수 있을 것이다.

| 미국 배당주 풍차돌리기 예시 |

종목	1월	2월	3월	4월	5월	6월	7월	8월	9월	10월	11월	12월
A주식	배당			배당			배당			배당		
B주식		배당			배당			배당			배당	
C주식			배당			배당			배당			배당

- 1, 4, 7, 10월에 배당을 주는 종목을 고른 후 매수한다. (A주식)
- 2, 5, 8, 11월에 배당을 주는 종목을 고른 후 매수한다. (B주식)
- 3, 6, 9, 12월에 배당을 주는 종목을 고른 후 매수한다. (C주식)
- 'A + B + C' 주식을 통해 1년에 12번! 매달 배당금을 받을 수 있다.

미국 배당주 풍차돌리기 장점

① 투자원금은 주식시장 상황에 따라 변동되는 주가에 영향(이익 또는 손실)을 받지만 배당금은 주가가 떨어지더라도 계속 지급되므로

따박따박 돈이 들어오는 재미를 느낄 수 있다.

②투자원금에 배당금이 차곡차곡 쌓이는 효과를 볼 수 있으며 배당금을 추가 투자하면 더 많은 배당금을 받을 수 있다.

실천법 ⑤ 미국 배당주 세금체계를 알아둔다

한국의 배당소득세는 15.4%(소득세 14% + 지방세 1.4%)이다. 반면 미국은 15%의 배당소득세를 부과한다. 예를 들어 100달러의 배당금을 받을 예정이라면 배당소득세 15%를 제외한 85달러의 배당금을 받게 된다. 참고로 한국의 세율보다 낮은 나라인 경우는 차액만큼의 배당소득세를 추가로 납부해야 한다.

"그럼 미국도 해당되는 거 아닌가요?" 의문이 생길 수도 있다. 하지만 미국은 한국보다 세율이 높기 때문에 추가로 배당소득세를 낼 필요는 없다. 왜냐하면 한국의 배당소득세에는 지방세 1.4%가 포함되어 있기 때문에 세율 자체는 14%이기 때문이다. (미국 15% > 한국 14%)

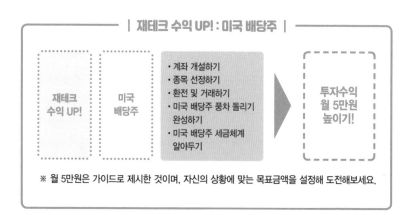

| 재테크 수익 UP! : 미국 배당주 |

※ 월 5만원은 가이드로 제시한 것이며, 자신의 상황에 맞는 목표금액을 설정해 도전해보세요.

미국은 전 세계 주식시장 시가총액(주식가격을 주식수와 곱한 것)의 약 50%를 차지하는 거대한 시장이며 글로벌 1등 기업도 많기에 한국보다 훨씬 매력적인 투자처일 수 있다. 또한 무엇보다 미국 배당주 투자의 최대 장점은 소액(통상 주당 10~200달러)으로 시작할 수 있다는 것이다.

미국 배당주로 단기간에 고수익 시세차익을 노리기보다 소소하게라도 매달 안정적으로 배당금을 받는 것을 목표로 한 번쯤 도전해보길 바란다. 충분히 한 달에 5만원 이상의 투자수익은 올릴 수 있을 거라고 본다.

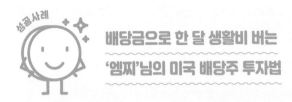

배당금으로 한 달 생활비 버는
'엠찌'님의 미국 배당주 투자법

'엠찌'님은 얼마 전부터 미국 배당주 투자를 시작했다. 보수적인 투자성향이고 투자금이 크지 않은 편이라 배당락일 전에 매수해서 배당금을 받는 전략을 쓰고 있다. 배당락일이란 배당기준일이 경과해서 배당을 받을 수 있는 권리가 사라지는 날을 말한다. 따라서 배당락일 이전까지는 해당 종목을 보유하고 있어야 정상적으로 배당금을 받을 수 있다. 이렇게 배당락일 직전에 줍줍했던 종목들은 계속 보유하기도 하지만 필요에 따라 바로 매도하고 다른 종목으로 갈아타기도 한다. 지난달부터 배당금을 받았는데 비록 큰돈은 아니지만 배당금 입금알림이 울릴 때마다 굉장히 기분이 좋았다.

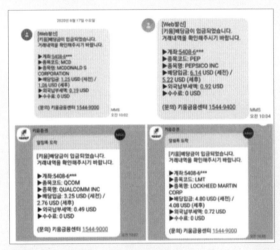

'엠찌'님의 미국 배당주 투자 인증샷

꾸준한 수익이 발생하는 것을 선호하기에 가능하면 매월 배당금을 받을 수 있도록 포트폴리오를 구성했다. 그리고 부담없이 소소하게 매수했다. 0.05주, 0.11주씩!

일자	상태	금액
2020.06.03	매수 0.05주	4,865원
2020.06.03	적립완료	5,000원
2020.06.01	매수 0.05주	4,802원
2020.06.01	적립완료	5,000원
2020.05.26	매수 0.11주	10,749원
합계		50,000원

지난달에 받은 배당금은 총 17.22달러로 환산하면 약 2만원 정도다. 환율이 낮을 때 조금씩 환전하면 더욱 유리하고 운이 좋으면 여기에 시세차익까지 덤으로 가지고 갈 수 있다. 아직까지는 미국 배당주 투자를 갓 시작한 꼬꼬마 수준이지만 꾸준히 공부하고 투자금을 늘려가서 2년 후에는 배당금만으로 생활하는 것이 최종 목표다.

배당금으로 생활하기 프로젝트

① 1단계 목표금액 : 한 달 커피 한 잔 값
② 2단계 목표금액 : 한 달 통신비
③ 3단계 목표금액 : 한 달 보험료
④ 4단계 목표금액 : 한 달 생활비(변동지출 기준)

"한 달 생활비를 배당금으로 버는 날까지 열심히 공부하며 투자하겠습니다!"

벌써 1단계가 성공했으니, 분명 마지막 4단계까지 '배당금으로 생활하기 프로젝트'가 꼭 성공할 거라 믿는다. '엠찌'님 항상 응원 드립니다!

푼돈목돈
부자 6인의
재테크 노하우

34 취준생 짠테크부터 초년생으로 1,000만원 모으기!

| 닉네임 : 규잉 kyuing |

※ 카페 회원 '규잉 kyuing'님의 이야기를 토대로 필자가 재구성한 글입니다.

취업 후 6개월에 1,000만원 모으기 성공!

처음 '월급쟁이 재테크 연구' 카페를 알게 되었을 때는 취업준비생 시절이었다. 알바비로 짠테크를 하며 겨우 생활을 이어가고 있었는데 어느덧 취업을 하고 사회초년생이 되었다.

취업을 하고 1년 동안은 카페 활동도 잘 하지 않았고 고삐 풀린 송아지처럼 열심히 돈을 쓰고 다녔다. 그동안 감사했던 분들에게 선물도 팍팍 사드리고 친구들에게 한턱도 내고 그렇게 살았다.

그러다 마주한 나의 첫 연말정산, 흥청망청했던 지난날의 소비내역들이 적나라게 드러났다. 그리고 깊은 반성을 하게 되었다. 초심으로 돌아가고 싶었고 많은 도움을 받았던 '월급쟁이 재테크 연구' 카페가 그리웠다. 다시 카페 활동을 시작하면서 "6개월에 1,000만원을 모아보자!"라는 목표를 설정했다. 그리고 감사하게도 현재 목표를 달성했다.

절약저축의 시작은 계획 세우기

먼저 월급 공개부터 한다. 월급은 220만원 정도였지만 초과근무 등의 기타수당이 추가되면 230만~240만원까지 받을 수 있었다. 일단 기본 소득이 많아야 돈 모으는 속도가 빨라지기에 야근도 열심히 해가며 일했다. 피곤하고 힘들 때도 많았지만 두둑해진 월급을 받으면 내 열심을 보상받는 기분이었다.

6개월에 1,000만원을 모으려면 매달 약 167만원을 모아야 한다. 현재의 소비패턴으로는 절대 불가능했다. 그래서 월급 중 130만~140만원은 무조건 저축하고 남은 100만원으로 최대한 생활해보기로 했다. 또한 200만원 정도의 명절·기타 상여금도 저축에 보태는 것으로 결정했다. 월급(135만원×6개월) + 명절·기타 상여금(200만원) = 1,010만원! 즉 이렇게 6개월에 1,000만원 모으기 계획을 세웠다.

가장 기본이면서 중요한 가계부 쓰기!

계획을 세운 후 본격적으로 돈을 모으기 위해 가장 먼저 한 일은 가계부를 쓴 것이다. 가계부 쓰기는 가장 기본이면서 중요하다고 생각한다. 2018년부터 《맘마미아 가계부》를 계속 쓰고 있는데 디자인도 귀엽고 무엇보다 내용과 구성이 알차다.

밖에서는 지출내역을 바로 기록할 수 있도록 가계부 앱을 사용했다. 그리고 집에 돌아와 자기 전 《맘마미아 가계부》에 지출내역을 옮겨 쓰고 생활비 잔액을 확인했다. 또 카페의 '[부자]맘마미아 가계부' 게시판에 인증샷을 올려서 다른 회원들과 소통했는데, 확실히 혼자보다는 여럿이 함께하면 꾸준히 가계부를 쓸 수 있는 힘이 생기는 것 같다.

'규잉 kyunig'님의 《맘마미아 가계부》

카페의 '[부자]맘마미아 가계부' 게시판

푼돈으로 재테크하기! − 적금, 체크카드, 앱테크

1 | 적금 모아 태산! 적금 풍차 돌리기!

단기간에 푼돈을 안정적으로 모으려면 역시 저축이 최고인 것 같아 적금통장도 만들었다. 부득이한 사정으로 급전이 필요할 때 적금을 중도해지하여 손해 보는 일을 조금이라도 줄이기 위해서 적금통장을 여러 개로 쪼개서 분산시켰다.

특판상품을 포함해서 적금통장만 12개였는데 헷갈리지 않도록 적금통장 목록(은행·적금명, 납입금액, 만기일 등)을 작성해서 가계부 맨 앞에 붙여두었다.

적금통장 목록표

적금 인증샷

2 | 체크카드로 지출은 줄이고 혜택은 챙기고!

또 소비패턴을 고려해서 체크카드를 만들어 사용했다. 주요 지출을 체크카드로 연결해서 전월 실적으로 인정받고, 남은 전월 실적의 차액만큼만 생활비로 결제하면 부담 없이 체크카드 이용실적을 충족하면서 다양한 할인혜택을 받을 수 있었다. (대중교통비 : 우리 쿠키체크카드, 통신비 : KT멤버십 더블혜택 체크카드 등) 참고로 삼성페이, 페이코, 토스 등 결제앱에서 다양한 이벤트를 진행한다. 이러한 이벤트도 놓치지 않고 참여해서 부지런히 포인트를 모았다.

3 | 자투리 시간엔 앱테크!

앱테크는 내가 할 수 있는 시간 안에서 최대의 혜택을 뽑을 수 있는 리워드앱 위주로만 했다. 앱테크는 자칫 과유불급이 될 수 있다. 일단 본업에 충실하면서 자투리 시간에 할 수 있는 만큼만 하는 것이 좋지 않을까 한다. 앱테크로 모은 포인트는 현금화하여 생활비에 충당했다.

4 | 통신사할인과 각종 이벤트 응모도 잊지 말자!

이동통신사의 VIP 혜택도 놓치지 않았다. 연간 6회! 1인 무료영화 혜택이 있었는데 잘 활용하면 1년에 영화 관람비를 10만원 정도 아낄 수 있다.

그리고 '월급쟁이 재테크 연구' 카페의 '[응모]이벤트 정보방'에 올라오는 수많은 이벤트에 적극 참여해서 꽤 많은 부수입을 올렸다. 이벤트는 전원 당첨인 것도 있지만 추첨 당첨이 많다. 추첨으로 당첨될 확률은 적지만 응모하지 않으면 당첨될 확률은 0%다! 당첨이 되든 안 되든 일단 이벤트는 최대한 많이 응모하려고 노력했다.

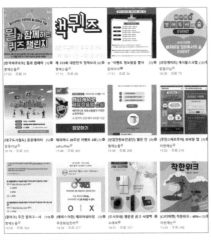

카페의 '[응모]이벤트 정보방' 게시판

목표 달성 후 또다시 도전하는 것이 중요!

목표를 설정하고 계획을 세운 후 6개월 동안 푼돈목돈 재테크를 실천한 결과 1,033만 4,000원을 모을 수 있었다. 1,000만원이 살짝 넘는 돈이었다. 정말 뿌듯했다. 하지만 목표를 달성했다는 성취감에 도취되어 나태해져서는 안 된다! 또다시 '6개월에 1,000만원 모으기'에 도전하고 있다. 그동안 몸에 붙은 절약저축습관이 앞으로의 목표도 달성할 수 있게 이끌어줄 거라 믿는다.

마지막으로 취업준비생에서 사회초년생까지 힘들고 행복한 순간들을 함께하며 나를 성장시켜준 동지, 동료와 같은 '월급쟁이 재테크 연구' 카페에 애정과 감사의 마음을 표한다. 그리고 대한민국의 사회초년생 여러분, 모두 파이팅입니다!

35

푼돈을 모으고 아끼고 만들어 1,500만원 달성!

| 닉네임 : 리쁘 |

※ 카페 회원 '리쁘'님의 이야기를 토대로 필자가 재구성한 글입니다.

사회초년생의 모으고, 아끼고, 만들고!

나는 《90년생 재테크!》라는 책에 공동저자로 참여했다. 그 당시 책에는 '사회초년생 O년 만에 2,700만원 달성!'에 관한 이야기를 담았는데 그 후 6개월 만에 약 1,500만원 정도의 돈이 불어났다. 이번에는 이러한 과정에 대한 경험담을 이야기해볼까 한다.

"푼돈이 목돈 된다!"라는 말을 한 번쯤 들어보았을 것이다. 푼돈은 '모으는 것'도 중요하지만 푼돈을 '아끼는 것', 푼돈을 '만들어내는 것'도 중요하다. 그 말이 그 말인 것 같지만 엄연히 다르다.

《90년생 재테크!》

라이프 스타일에 따른 강저와 푼저 도전하기

첫 번째 푼돈을 '모으는 것'은 저축이다. 대표적인 예시가 강제저축과 푼돈저축이다. 강제저축(강저)은 커피강저·담배강저·도시락강저·무지출강저 라는 이름을 붙이고 커피·담배·도시락·지출에 쓰였을 돈을 안 쓰고 모아서 목돈을 만들어내는 것이다. 강제저축과 비슷한 의미지만 푼돈저축(푼저)은 잔돈저축, 자투리저축처럼 동전과 같은 잔액을 저축하는 것을 말한다.

나도 강제저축을 해봤지만 나의 라이프스타일과는 잘 맞지 않는 것 같아서 요즘은 잘 하고 있지 않다. 이미 과소비 없이 최대한 절약하는 기준으로 생활비 목표금액을 잡았기에 강제저축으로 더 압박을 하면 부담이 됐기 때문이다.

하지만 충동적 지출이 잦거나 생활비가 매달 들쭉날쭉하거나 절약과는 거리가 먼 삶을 살고 있다면 강제저축이든 푼돈저축이든 꼭꼭! 실천해보길 추천한다.

아끼기 1 | 고정지출, 알면 줄일 수 있다

두 번째 푼돈을 '아끼는 것'은 절약이다. 가장 중요하다고 생각하는데 열심히 절약해서 지켜낸 푼돈! 모이면 정말 무시 못 하기 때문이다.

푼돈을 아끼기 위해 먼저 고정지출을 줄여야 한다. 고정지출은 매달 이만큼 당연히 나간다고 생각해서 줄이려는 노력을 하지 않는 경우가 많다. 만약 그렇다면 고정지출을 줄이는 방법에 대해 한번 더 고민해 볼 필요가 있다.

나는 최근에 가족결합할인, 가족데이터 주고받기, 통신사 할인카드 혜택 등을 활용해서 고정지출 중 통신비를 7만 2,800원이나 줄였다. 그 외에도 조금만 더 신경을 쓰면 고정지출을 줄일 수 있는 방법이 많다. 다음은 대표적인 예시다. 좀 더 아낄 수 있었는데 나도 모르게 그냥 지출되었을 푼돈을 지켜내서 고정지출을 줄여보길 바란다.

'리쁘'님이 실천한 고정지출 줄이기

- 공과금 줄이기 : TV 수신료 1년 치 선납하기
- 공과금 줄이기 : 모바일 청구서와 자동이체로 할인받기
- 관리비 줄이기 : 신세계상품권 이용하기
  - 할인할 때 사서 SSG페이 납부하고 60% 사용 후 환불받는다.
- 교통비 줄이기 : 광역알뜰교통카드, 보유한 카드혜택을 잘 확인해서 할인받기

아끼기 2 | 앱테크와 이벤트를 이용해 생활비 잡기!

나의 목표는 '한 달 생활비 35만원 지출하기'다. 한 달 35만원이 엄청 빠듯한 돈은 아니지만 그렇다고 넉넉한 돈도 아니다. 그런데 35만원에 맞춰서 생활하기 위해 무조건 안 쓰고 버티기만 할까? 아니다. 실상은 한 달 35만원으로 누릴 수 있는 것보다 더 많은 것을 누리면서 생활하고 있다. 왜냐하면 한 달 동안 절약한 돈이 무려 100만원이 넘기 때문

이다.

　즉 생활비로 135만원만큼의 지출을 하였지만 실제 통장에서 빠져나
간 실지출은 35만원이고 나머지 100만원은 절약(=지출방어)을 했다는 것
이다. 655원 절약부터 11만 4,000원 절약까지! 절약금액이 다양한데 이
런 푼돈을 모았더니 100만원이 되었다.

0원 구매 인증샷

　생활비 절약의 핵심은 앱테크·이벤트를 활용한 기프티콘, 상품권,
포인트, 카드혜택 등인데 핵심적인 팁만 소개해본다.

'리쎄'님의 생활비 절약 꿀팁

- 기프티콘 : 핫딜로 구매하거나, 신규가입 시 기프티콘 증정 등의 이벤트 활용, 앱테크 등으로 모은 적립금·포인트로 구매하기
- 상품권 : 신세계·현대·롯데 백화점상품권, 해피머니·컬쳐랜드·북앤라이프 등의 상품권을 핫딜로 구매하거나 앱테크·이벤트로 모으기
- 적립금 : 신규가입 시 또는 친구추천 시 적립금 증정 등의 이벤트와 출석체크를 통해서 적립금을 얻을 수 있는 앱테크 활용하기
  - 예 : 집밥(정원e샵), 간식·커피·음료(나만의냉장고, 칠성몰, 에누리 + 앱테크는 아니지만 스타벅스), 생필품(SK스토아, 맘큐, 문고리닷컴, 락앤락몰), 자기계발(해피머니, 인터파크도서, 교보문고), 미용(AP몰), 건강(솔가몰) 등
- 카드혜택 : 갖고 있는 카드의 개별적인 주요 특성은 꼭 확인하고 상황에 맞게 활용하기

이렇게 다양한 방법을 활용해서 푼돈을 절약했고, 절약한 푼돈이 모여 목돈이 되었다. 또한 지출이 줄어드는 덕분에 자연스럽게 저축률까지 높아졌다.

만들기1 | 여기저기 따져 모아 부수입 만들기

세 번째 푼돈을 '만드는 것'은 부수입 만들기다. 고정적인 주수입 외에도 부수입을 다양한 방법으로 만들고 있다. (기프티콘 모아서 팔기 등) 역시 푼돈이지만 모이면 컸다. 실제로 기프티콘 관련한 부수입만 따져봐도 한 달에 20만원 정도가 된다. 그 외에도 많은 파이프라인을 구축해

서 부수입을 늘리기 위한 노력을 하고 있다.

글을 읽으면서 '이 많은 걸 어떻게 다 하나?' 라고 생각할 수도 있다. 나도 처음에는 그랬다. 하지만 강제저축 하나만으로도 얼마든지 푼돈을 모을 수 있고 앱테크 또는 이벤트 하나만으로도 얼마든지 푼돈을 아낄 수 있다. 또한 기프티콘 하나만으로도 얼마든지 푼돈을 만들 수 있다.
일단 단 하나라도 실천해보길 바란다. 분명 푼돈으로 목돈을 만드는 날이 올 것이다. 푼돈목돈 재테크! 진심으로 응원한다.

36 외벌이에 육아맘, 2년 만에 5,000만원 상환!

| 닉네임 : 악어펭귄 |

※ 카페 회원 '악어펭귄'님의 이야기를 토대로 필자가 재구성한 글입니다.

육아용품 핫딜정보로 득템하기!

절약과 저축은 푼돈목돈 재테크의 기본 중 기본이다. 일단 절약은 계획을 잘 세워서 지출을 효율적으로 줄이는 것이 중요하다. 우리 집은 육아가족이라 지출의 최대 변수가 육아비다. 따라서 불필요한 육아비를 줄이기 위한 계획을 체계적으로 세운 후 육아비 절약을 실천중이다. 먼저 기저귀, 물티슈, 아기 간식은 매월 구매해야 하는 품목이므로 다 떨어지기 전에 재고를 미리 파악해서 여유 있게 구매해두고 있다. 특히 기저귀는 미리 준비하면 최저가로 구매＊가 가능하다.

고가의 육아용품은 핫딜정보를 꼭 파악해둔다. 간혹 위메프 50% 적

★ **최저가 구매방법 3가지** : ① '월급쟁이 재테크 연구' 카페 [선착]핫딜정보방 참조하기, ② 지역 카페 정보 확인하기, ③ 구매 전 미리 인터넷으로 최저가 검색하기

립행사가 있는데, 10만원이 넘는 육아용품은 기다렸다가 이런 행사를 활용해서 사곤 한다. 그리고 육아용품은 깔끔하게 쓰고 중고로 되팔고 있다. 장은 몰아서 보지 않고 평소 필요한 걸 파악해서 수시로 본다. 이렇게 하면 식재료도 신선하고 식비도 덜 나간다. 주로 유기농 가게를 이용하는데 방문 전에 홈페이지에서 행사정보를 체크하고 간다. 세일기간에 미리 사두면 평소 사는 양을 훨씬 저렴하게 구매할 수 있다.

아이와 함께 놀며 절약하기 – 육아종합지원센터, 앱테크

키즈카페는 한 달에 1~3번 정도 가고 있다. 물론 지금은 코로나19로 인해 가지 않지만 전에는 아이가 심심해하거나 미세먼지로 공기가 좋지 않을 때 주로 갔다. 정액권을 끊어두면 저렴하지만 아이 컨디션에 맞춰 유동적으로 방문여부를 결정해야 하고 일부러 더 가게 되는 것 같아서 정액권 구매는 하지 않았다.

그리고 지역 육아종합지원센터를 적극 활용하고 있다. 가끔 무료 수업이 있는데 일정이 맞으면 수강을 한다. 그리고 유료 문화센터에서도

중앙육아종합지원센터(central.childcare.go.kr/ccef/main.jsp)

키즈카페(출처 : 마마지트 돈암점)

분기마다 일일 특강을 여는데 1,000~2,000원에 수강이 가능하다. 저렴한 금액에 아이와 재미있게 놀다올 수 있어 꼭 신청하고 있다. 놀잇감은 앱테크의 힘을 많이 빌려서 최대한 저렴하게 구매하며 상황에 따라 아이와 함께 교구를 만들어 놀기도 한다.

육아 가계부로 똑똑하게 살림하기

또한 육아비 가계부를 써서 결산관리를 한다. 예외적인 지출은 돌발 지출로 잡아 처리한다. 그래야만 결산할 때 소비패턴 파악이 용이하기 때문이다. 육아비 가계부를 쓰면 지출패턴이 한눈에 파악되고

육아 가계부 인증샷

지출할 품목을 미리 대비할 수 있어 원하는 예산 안에서 육아비를 통제할 수 있다.

나에게 맞는 부업 찾아 실천하기

저축은 주수입이 들어오는 즉시 적금통장으로 직행하도록 자동이체

를 걸어두었다. 그리고 남은 금액으로 생활한다. 선저축만큼 확실한 방법은 없는 것 같다. 기본적인 절약저축을 실천하고, 거기에 부수입 파이프라인까지 추가되면 더할 나위 없이 좋지 않을까! 그래서 앱테크, 경매, 샵인샵, 취미 등을 활용해 부수입을 얻고 있다. 하나하나 소개해 보겠다.

틈날 때마다 앱테크를 활용해서 소소하게 현금화했더니 연 100만 원이 넘는 부수입을 벌 수 있었다. 주로 하고 있는 앱테크는 L.Point, OK 캐쉬백, 해피포인트, 토스, 하나머니, 리브메이트, 위비꿀머니 등이다.

경매는 육아하랴 공부하랴 애먹었지만 부동산 수익이라는 부수입을 얻게 해줬다. 남편과 번갈아가면서 시간을 쓴 덕분에 가능했던 것 같다. 경매는 책을 중심으로 공부했고 부족한 내용은 강의를 통해 보충했다.

샵인샵(출처 : 온일레븐)

'악어펭귄' 님의 꽃꽂이 인증샷

샵인샵은 신혼 초기에 기틀을 잘 다져둔 덕분에 어렵지 않게 부수입을 올릴 수 있었던 부업이다. 자녀계획을 세우기 전 시간이 많을 때 최대한 움직여둔 보람이 있다는 생각이 들었다.

그리고 취미도 수익이 될 수 있다. 꽃꽂이를 좋아해서 꽃다발, 꽃바구니, 인테리어용품을 만들어 프리마켓 카페에서 판매하곤 한다. 단순히 취미로만 하기에는 아까워서 부업으로 연결해보았는데 쏠쏠한 부수입을 안겨주고 있다.

모은 돈은 잘 굴려야 한다. 나만 일하지 않고, 나의 돈도 함께 일을 하게 하는 것! 정말 중요하다. 열심히 아끼고 저축하고 부업해서 모은 돈인데 그냥 방치해서는 안 된다.

펀드를 통해 돈의 몸집 불리기

펀드, 주식을 통해 돈이 스스로 몸집을 불리도록 굴리고 또 굴렸다. 그러면 소액의 푼돈도 얼마든지 목돈이 될 수 있기 때문이다. 작년 한 해 동안 앱테크로 모은 130만원을 펀드에 투자했고 현재 약 14%의 수익을 봐서 환매신청을 한 상태다.

펀드투자는 펀드슈퍼마켓을

총 평가금액(원금+수익)
1,489,661 원

총 수익률   총 수익금
14.59%   189,661원

투자현황   거래진행중

총 1건   **가입일순**   평가금액순   수익률순

K200인덱스   **1,489,661원**
교보악사 파워인덱스증권투자신
탁1호 (주식-파생형) Ae   ▲ 189,661원   14.59%

통해서 했는데 이제 한국포스증권 FOSS로 변경이 되었다. 코스피지수를 따라가는 인덱스펀드가 끌려서 펀드공부를 조금씩 하다가 기회를 보고 들어갔다. 주가가 한참 폭락할 때 조금씩 매수를 해뒀더니 회복세에 무서운 기세로 수익률이 치솟았다. 하루하루 수익률이 올라서 목표 수익률 10%를 넘어섰다. 또한 열심히 저축해서 모아둔 1,000만원으로

주식투자도 하고 있다. 주식은 당장의 수익률에 연연하지 않고 중장기적인 관점에서 노후대비 수단으로 투자하려고 한다.

우리 가족은 이렇게 푼돈을 모으고 모아 2년 만에 대출금 5,000만원을 상환했다. 신혼 초에 항상 듣던 이야기가 아이가 태어나면 돈을 모으지 못한다는 말이었다. 하지만 육아를 하면서도 얼마든지 돈을 모을 수 있었다. 또한 푼돈은 항상 푼돈으로만 보일 수 있다. 하지만 아무리 푼돈이라도 몸집을 계속 불려나가니 어느새 꽤 큰 목돈으로 바뀌어 있었다. 푼돈이 목돈 된다는 진리를 다시 한 번 깨닫는다.

37 전월세로 시작했지만 분당 내집마련 성공!

| 닉네임 : 자기야 |

※ 카페 회원 '자기야'님의 이야기를 토대로 필자가 재구성한 글입니다.

특별한 인연으로 시작된 공동목표 '내집마련'

결혼 전 10번이 넘게 전월세 집을 전전하며 살았다. 결혼하기 직전 29살에는 지하 월세방에 네 식구가 함께 살 정도로 가계살림이 기울었다. 그 당시에는 거창한 집이 아니어도 좋으니 지하가 아닌 집에서만 살았으면 했다. 내 집은 생각조차 못했다. 그러던 중에 지인 소개로 신랑을 만났다.

소개팅 날부터 우리의 대화주제는 '집'이었다. 신랑은 종잣돈이 없어 방 한 칸 얻기 어렵다는 이야기와 작은 아버지네 얹혀살며 눈칫밥 먹는 이야기를 해주었다. 나도 학자금 대출, 월세 지하집 등 재정상황을 솔직하게 털어 놓았고 둘만의 공동목표가 생겼다. 바로 '우리 집을 사자'였다.

뭐에 콩깍지가 씌었던지 연애와 동시에 결혼 준비를 시작했다. 최대한 많은 돈을 저축하고 결혼식 비용을 최소화하는 데 집중하기로 의견을 모았다. 그래서 데이트 코스는 늘 산과 도서관이었다. 특히 도시락 싸들고 남한산성을 주야장천 갔었다. 여름에는 물가에 발 담그고 놀았고 그곳에서 심야영화도 보여줘서 영화관 갈 일도 없었다.

'자기야'님의 제주도 셀프웨딩촬영 인증샷

허례허식 NO! 꼭 필요한 것만! 내집마련 성공!

결혼 준비를 위해 웨딩카페에 가입해서 이것저것 결혼 준비리스트 파일을 찾아 다운받고 다른 예비 신부들의 이야기를 살펴보면서 내가 뭐하는 건지 싶었다. 허례허식으로 챙겨야 할 것들이 많았고 아무리 일생에 단 한 번뿐이라지만 터무니없게 비싼 가격을 보면서 시간 낭비, 돈 낭비라는 생각이 들어 웨딩카페 발길을 딱 끊었다.

그 후 함께 상의해서 예단은 농산물 도매시장에서 양가 부모님이 좋아하시는 것들로 20만원 내외로 준비! 예물은 커플링 한 개로 끝냈다. 살림살이랑 스드메(스튜디오+드레스+메이크업)는 웨딩박람회를 알차게 이용했다.

상견례 후 8개월 남짓 남은 기간 동안 얼마나 모을 수 있을까 싶었지만 생활비를 최대한 아끼면서 결혼 축하금, 명절 보너스, 연차수당, 퇴직금까지 최대한 끌어 모았다. 그리고 신랑이 퇴근 후와 주말에도 쉬지 않고 녹즙 배달 아르바이트를 해서 부수입을 얻었다. 그렇게 해서 목돈 5,000만원을 손에 쥐게 되었다.

그리고 오래되었지만 그나마 괜찮은 아파트를 찾아 '종잣돈 + 생애최초 내집마련 대출금 + 친인척에게 빌린 돈'을 합쳐서 매매하기로 결정했다. 드디어 공동목표였던 '내집마련'을 이루게 된 것이다.

월급 쪼개서 푼돈목돈 재테크하기!

1 | 아동수당카드로 금테크 도전!

내집마련을 하고 나서는 저축과 투자를 병행해서 푼돈목돈 재테크를 실천중이다. 먼저 월급의 5% 정도는 안전자산인 금에 투자하고 있다. 우연히 금은방에서 아동수당카드로 금을 살 수 있다는 광고글을 보고 백일반지, 돌반지를 구입하기 시작하면서 자연스럽게 금테크를 시작했다. 그 후로 꾸준히 금을 사고 있는데 돈으로 따지면 지금은 거의 1,000만원이 넘는 것 같다. 만약 아동수당카드를 마땅히 쓸데가 없거나 최악의 경제 상황을 대비하고 싶다면 금테크에도 관심을 가지면 좋지 않을까 한다.

2 | 까다롭게 골라 조심히 투자하는 P2P!

월급의 30% 정도는 P2P 부동산 대출, 개인 간 대출 상품에 투자하고 있다. 역시 고위험 상품이라고 은행에서는 말렸다. 하지만 P2P 상품의 장점은 일정기간 동안 돈을 빌려주고 매달 이자를 먼저 지급받는다는 점이다. 또한 매달 선 지급되는 이자를 재투자할 수 있어 복리효과를 누릴 수도 있다. 다만 대출해주는 기간 동안 중도해지가 불가능하고 빌려간 사람한테서 돈을 못 받을 수 있는 위험성도 당연히 존재한다.

그래서 20만원 단위로 쪼개서 투자하되 투자금 회수기간이 3개월 내외이면서 채권자의 등급이 A인 곳만 투자하고 있다. 비록 이자가 소소하지만 매일 이자를 지급받는 기분이 생각보다 좋다.

순금 돌반지(출처 : 한국금거래소)

총 지급금 ⑦ 2,191,439원			
상환원금 2,163,329원			
세후수익율 ⑦ 26,110원			
지급건수 18건			

지급일	세후지급금	상환원금	세후이익금
3일	1,404원	0원	1,404원
4일	477,414원	468,359원	9,055원
6일	0원	0원	0원
7일	2,226원	0원	2,226원
10일	200,545원	200,000원	545원
11일	598,636원	596,970원	1,666원
14일	200,543원	200,000원	543원
18일	2,416원	0원	2,416원
19일	500,250원	500,000원	250원
26일	7,009원	0원	7,009원
27일	200,030원	200,000원	30원
28일	967원	0원	967원

대출상품 투자 인증샷

3 | 안전이 최고, 높은 이자는 덤! 연금저축과 비과세상품!

월급의 65% 정도는 안정적으로 연금저축, 비과세상품에 저축하고 있다. 연금저축은 해지하지 않고 꾸준히 납입하고 있다. 결혼 전에 가입해 둔 상품인데 비과세 혜택을 받을 수 있어서 좋다. 다만 중도해지 시 원금보다 적은 금액을 돌려받을 수 있으므로 주의가 필요하다. 참고로 연금저축은 월 납입금액의 200%까지 추가 납입이 가능하며 추가 납입에 대해서는 운용 수수료를 부과하지 않는다.

비과세상품으로 새마을금고 출자금 통장을 활용하고 있다. 아기 적금 대신 출자금통장에 정부지원으로 받는 양육수당 20만원까지 꾸준히 넣고 있다. 집 근처의 새마을금고는 재작년에는 4.5%, 작년에는 6%대의 출자배당률을 지급하였는데 비과세 혜택까지 받으니 웬만한 적금통장보다 훨씬 높은 이자를 받을 수 있었다.

첫아기와 함께 재택근무 시작 – 공공기관 계약직, 블로그 도전!

첫 아기를 가진 걸 알고 난 후 아기를 보면서 할 수 있는 재택근무를 찾기 시작했다. 매년 상반기에 채용공고가 뜨는 곳은 한국지식재산보호원과 한국저작권보호원이며 경력단절 여성을 우선으로 채용한다.

출산 5일차에 조리원에 있다가 면접을 보고 한 달 뒤부터 한국지식재산보호원 9개월 계약직 재택근무를 시작해 현재 실업급여를 받고 있다. 한국지식재산보호원은 하루 4시간 근무, 월 20일 근무를 하고 주말은 쉬고 월차도 한 달에 1개 사용 가능하며 월 80만원 상당의 월급을 받을 수 있었다. 계약만료 후 실업급여 신청도 가능해서 좋다. 혹시 재택근무를 찾고 있다면 한 번쯤 관심을 가져보길 바란다. 이와 비슷한 재택근무를 할 수 있는 한국저작권보호원에는 내년에 지원해보려고 한다.

한국지식재산보호원(www.koipa.re.kr)

한국저작권보호원(www.kcopa.or.kr)

요즘은 실업급여를 받으면서 블로그에 글을 쓰고 있다. 블로그를 개설한 지 이제 겨우 두 달째라 일 방문수가 100~200명 정도밖에 되지 않지만, 의외로 체험단을 신청하면 당첨이 잘 되었다. 그리고 네이버와 티스토리 블로그를 함께 운영 중인데 지난달에는 광고수익으로 3만원 정도 부수입을 얻었다. 체험단과 광고수익! 무시할 수 없는 부수입이다.

지독한 절약으로 경제적 자유를 누리기까지!

마무리로 절약, 절약, 또 절약! 지독한 절약 이야기를 할까 한다.

1 | 외식은 최대 한 달에 한 번만!

연애시절에도 1인당 7,000원 넘는 밥은 기념일 때나 먹곤 했다. 아기가 둘이나 생기면서 지금은 조금 느슨해졌지만 외식은 정말 정말 가뭄에 콩나듯한다. 신랑의 단골 멘트가 있다. "미세먼지 수치가 높아서 밖에서 외식하면 안 좋을 것 같아~", "비가 올 것 같아!", "퇴근시간 혹은 주말이라 차 막히고 붐비겠는데?' 이 3가지 멘트를 피할 수 있는, 미세먼지가 없고 평일이면서 화창하고 사람 붐비지 않을 오후 즈음에만 외식을 할 수 있다 보니 로또만큼은 아니지만 아주 희박한 외식이다.

2 | 에어컨 없이 생활했던 신혼 3년

임신하고 나서 너무 더운 날씨에 도저히 잠을 잘 수가 없어서 에어컨을 사자고 졸랐었다. 그때 신랑이 낮에는 집 앞 도서관에 가면 어떻겠냐 해서 도서관으로 출근했던 적이 있다. 도시락을 싸들고 가서는 거기서 책도 보고 낮잠도 잤다. 그 와중에 보조 배터리 두 개를 챙겨주며 충전해오라던 신랑 말은 또 왜 그렇게 잘 들었는지 모르겠다.

만삭이 되면서 결국 에어컨을 사긴 샀으나, 분명 컸는데 더워서 깨보면 "저녁이니까 바람 불 거야~"라며 창문을 열고 있는 신랑 때문에 정말 많이 울었다. 아기가 태어나고서는 에어컨으로 싸우는 일이 사라졌지만 그때를 생각하면 가끔 서러운 건 어쩔 수 없는 것 같다.

3 | 난방비 1만원 이하, 전기세 5,000원 이하

아기가 없었던 시절이지만 난방비는 1만원 이하였다. 전기장판은 잘 때만 켜고 잤고 TV, 컴퓨터, 에어컨 등 전기 잡아먹는 주범들이 없어서 전기세는 5,000원 이하였다. 전자제품이라고 할 게 냉장고, 세탁기, 밥솥 정도밖에 없었다. 지금은 육아지원 정책에 따라 정부에서 난방비와 전기세 할인혜택을 받고 있다.

4 | 핸드폰 요금은 둘이 합쳐 2만 5,000원

직업 특성상 통신비 지원을 받고 있기도 한데 퇴사 후에는 신제품 휴대폰 체험단에 당첨돼서 휴대폰 요금을 내지 않고 있다. 신랑은 500M짜리 저렴한 가족할인 요금제에 가입해서 데이터 선물을 받는 형태로 이용하고 있다. 다음 달이면 신제품 휴대폰 체험기간이 끝나는데 에그를 하나 구입해서 사용할 생각이다.

5 | 문화생활은 헌혈로

신랑이 헌혈을 자주 한다. 나는 빈혈이 있어서 못 하지만 신랑이 헌혈하는 날은 꼭 따라나서서 영화 찬스를 얻곤 했다. 그리고 통신사 멤버십 VIP혜택으로 1년간 6번 무료영화 예매도 놓치지 않고 사용했다.

최근에 분당에 있는 새 아파트를 사서 이사를 갔다. "서울·분당권으로 생활권을 옮기자!"는 또 다른 공동목표를 이룬 것이다. 그리고 신랑이 제약회사를 퇴사하고 "내 사업을 해야겠다!"는 꿈을 이뤄줄 트럭장사를 시작한 지 6개월 남짓 되었다. 앞으로 1~2년 정도 더욱 열심히 모아서 신랑만의 진짜 가게를 오픈하려고 한다.

마지막으로 10년 뒤 아기가 초등학교 다닐 즈음에는 경제적 자유를 누리는 삶을 살고 싶다. 그날이 올 때까지 오늘도 최선을 다해 살 것이다.

원룸 신혼생활 끝에 신축아파트 입성!

38

| 닉네임 : 헬로마녀 |

※ 카페 회원 '헬로마녀'님의 이야기를 토대로 필자가 재구성한 글입니다.

공장 원룸에서 시작한 신혼 생활 탈출기

결혼생활을 빨리 시작했다. 대학생 새내기! 벚꽃이 피지도 않은 3월, 입학과 함께 복학생을 만나 4년의 연애. 그리고 뭐가 그렇게 급했는지 4학년 2학기 때 결혼식을 올렸다. 그리고 24살! 공장에 딸린 원룸에 살며 임신과 출산을 경험했고 자영업인 남편의 직업 때문에 공장의 옥탑방으로 이사를 했다.

옥탑방에서 벗어나고자 수입 150만원 중에 100만원을 저축하며 악착같이 모으기로 했다. 먼저 수입에 비해 과도했던 보험료를 때려잡았다. 가입한 보험의 우선순위를 정한 뒤 우선순위가 낮은 보험을 정리했다. 그리고 수입이 늘어날 때마다 보험을 하나씩 늘려나갔다. 파스타가 먹고 싶고 피자도 먹고 싶었지만 식비 절약을 위해 식단을 단일화시켰다. 아침은 국 하나에 달걀과 김치 그리고 수프와 모닝빵을 번갈아

먹었고 저녁은 삼겹살, 닭고기, 참치 3가지 중 하나와 찌개 하나로 통일했다.

세제는 안 살 수 없으니 최대한 비메이커를 성분표를 보고 저렴히 구입했고 옷은 대학생 때 입었던 옷 그대로를 입었다. 속옷에 구멍 난 것쯤이야 남편밖에 볼 사람이 없으니 그냥 입었고, 나의 임부복을 제외하면 처음으로 산 옷은 결혼 5년 뒤였다.

결혼하자마자 아이가 생겼기에 아이용품이 필요했지만 될 수 있으면 다 얻어 입히고 중고품을 썼다. 아기 옷은 지역카페에서 옷 정리하다 한 번에 내놓은 것을 구입해서 입히고, 장난감은 외할아버지의 직장 후배들이 내놓은 것을 가져다가 쓰거나 살림들을 꺼내서 활용했다. 내복, 속옷을 제외하고 아이의 새 옷을 산 건 7살 돌봄지원금이 나왔을 때였다.

이렇게 최대한 저축률을 끌어올려서 결혼한 지 2년 만에 3,000만원을 모을 수 있었다. 수많은 우여곡절을 이를 악물고 버텨내면서 수입도 안정적으로 늘어났고 저축액도 제법 많아졌다. 투룸 빌라 전세쯤은 갈 수 있겠구나 싶어 이리저리 구경도 다녔다. 하지만 자영업 특성상 대출이 잘 안 나왔다.

고민하다가 시부모님이 집을 사게 되어 전셋값이다 생각하고 시부모님께 돈을 드리고 12평짜리 주택 2층에 들어갔다. 1층은 시부모님이, 2층은 우리 가족이 살게 되었다. 거실 하나, 화장실 하나, 냉장고가 들어가면 딱 맞는 이상하게 생긴 작은 방 하나, 거실만 한 안방 하나, 부엌은 복도에 있었다. 그곳에서 가장 길게 1년 8개월을 살았다. 더욱 악착같이 돈을 모았다.

결혼 4년차 다사다난 우리 집 입성기

그러다 덜컥 둘째가 생겼다. 아이 2명을 12평에서 키우기엔 너무 좁다는 생각이 들어 여기저기 쓰리룸 전세를 알아보았다. 가까운 곳부터 먼 곳까지 근처 매물이란 매물은 다 알아보던 중 시부모님이 조금 돈을 보태줄 테니 근처에 사는 것이 어떠냐고 하셨다. 운명인지 장난인지 시가 바로 옆집이 매물로 나온 것이었다.

하지만 매매가격을 보니 갖고 있는 돈으론 턱도 없었다. 대출을 알아봤지만 정부의 대출규제가 시작되는 시점이라 아파트가 아닌 주택은 대출이 더욱 안 나왔다. 그때 거래하던 은행 지점장님이 기술보증대출이라는 것을 알려줬다. 되든 안 되든 서류라도 작성해보자고 했다. 남편이 특허를 5개 갖고 있었기 때문이다. 서류에 부족한 금액을 다 썼는데 운이 좋았는지 대출 승인이 났다.

그렇게 해서 드디어 집문서라는 것을 손에 쥐게 되었다. 비록 50년 가까이 된 낡은 단독주택이었지만 우리 집을 갖게 된 것이었다. 기온이 35도를 넘나들던 한여름에 이삿짐 센터를 부를 돈이 없어서 짐을 하나씩 직접 옮기는 고생을 한 끝에 드디어 만삭의 몸으로 '우리 집'에 입성하게 되었다.

이사하면서 물려받았던 20년 된 세탁기도 새롭게 바꿨다. 이때 태어나서 처음으로 신용카드 할부를 긁었던 것 같다. 지금까지 원룸, 투룸에서 벗어나 본 적이 없었는데 무려 쓰리룸이라는 벅찬 마음에 8개월 만삭임에도 힘든 줄 몰랐다. 남편 나이 33살, 내 나이 28살, 첫째 딸 나이 5살에 마련한 첫 번째 우리 집! 정말 행복했다.

'헬로마녀'님의 내집마련 인증샷

새롭게 바꾼 세탁기 인증샷

행복은 가까이에! 내집마련으로 얻은 행복

첫 번째 우리 집에서 둘째도 낳았다. 마당에서 공놀이도 하고, 여름이면 타일욕조에서 수영도 하고, 이상한 구조였지만 아기 방도 만들어 주었다. 비록 순수하게 우리만의 돈으로 마련한 집은 아니지만 열심히 살아온 보람이 느껴졌다. 앞으로 더 발전해 나가는 것도 중요하지만 하루하루 이쁘게 행복하게 살게 되어서 늘 감사하다. 망해도 보고 사기도 당해보고 전기세 낼 돈이 없어 각종 아르바이트도 하고 떡볶이가 먹고 싶어도 한 달을 참고 그랬었는데…… 이젠 모두 추억이다.

그 후 첫 번째 우리 집을 떠나 새로운 곳으로 이사할 계획을 세웠다. 아파트와 상가 딸린 2층 단독주택 중에서 고민을 했다. 리모델링비, 수리비 등 비용이 얼마나 들어가는지 그리고 월세를 얼마나 받을 수 있는지 등을 비교했을 때 상가 딸린 2층 단독주택이 더 좋아보였다. 그래서 상가가 딸린 2층 단독주택을 구입해서 월세를 놓기 좋은 구조로 리모델링을 했다. 그리고 옥탑방을 벗어났을 때처럼 악착같이 돈을 모았고 돈이 늘어날 때마다 2층 상가 하나하나 월세를 놓았다. 큰 금액은 아니지만 상가 월세를 받게 된 것이다. 그 후 상가가 딸린 2층 단독주택은 전세를 놓고 모아둔 돈과 대출을 합쳐서 꿈에 그리던 신도시 신축 아파트로 이사를 했다.

신축 아파트 이사 인증샷   상가 월세 인증샷

현재 주식도 정액투자법을 활용해서 10% 가까이 꾸준히 수익을 내고 있다. 정액투자법이란 매달 N원씩 주식을 적금처럼 꾸준히 매수하는 방법이다. 목표 수익률을 10%로 정하고 한 달에 적금을 넣을 수 있는 돈만큼 재무구조가 튼튼하고 인기 있는 종목에 투자하고 있다. 당장의 주가등락에 크게 연연할 필요가 없고 평균 매수단가가 자연스럽게 맞춰져서 좋다.

힘들더라도 이를 악물고 버티고, 푼돈일지라도 악착같이 모으면 결국 이루어지는 것 같다. 노력 없이 거저 얻는 건 없지만 노력한 만큼 더 얻을 수 있을 거라 믿는다.

39 마이너스 1,200만원에서 평창동 사모님이 되었다

| 닉네임 : 나는루비(RUBY) |

※ 카페 회원 '나는루비(RUBY)'님의 이야기를 토대로 필자가 재구성한 글입니다.

마이너스 1,200만원에서 안정된 삶으로 가기까지!

주택에 살고 있는 여자 50이다. (50살? 헉! 하는 분들이 많으실까?) 나이가 있는 만큼 넉넉한 맞벌이 급여와 두 곳에서 받는 임대소득으로 안정되고 여유로운 삶을 살고 있다. 하지만 지금보다 더 나은 내일을 위해 '월급쟁이 재테크 연구' 카페에서 날마다 새롭게 배우고 느낀 것을 실천하고 있다.

나의 시작은 마이너스 1,200만원이었다. 26년 전, 남편과 나 각각 600만원씩 빌려 반지하 월세에서 신혼을 시작했다. 이후 자잘한 사연은 생략한다. 나보다 더 알뜰하게 열심히 사는 분들이 많기에 부끄럽기도 하고, 지금까지 겪어온 시간에서 여러분에게 도움이 될 만한 핵심적인 이야기를 하는 게 더 좋을 것 같아서다.

20대 | 이자 먹는 괴물! 할부 금지!

3년 자동차 할부를 끝내고 그동안 낸 이자 총액을 계산해보았다. 그 어마어마함과 아까움에 부들부들! 그 후부터 할부는 절대 하지 않는다. 내가 가지고 있는 돈으로 살 수 있는 것만 산다.

30대 | 빈 수레가 요란하다! 거품 빼기!

열심히 이곳저곳 기웃거리고 재테크를 했다. 거주용이 아닌 집을 사서 팔아봤고, 분양권도 사서 팔아봤다. 주식투자도 했지만 매일매일 달라지는 주가 변동에 신경이 너무 쓰여서 접었다. 어디가 개발된다더라는 정보를 얻으면 타지방까지도 갔다. 그렇게 크고 작은 부수입을 얻어 49평 아파트를 기둥만 남기고 싹 인테리어 했고 검은색 고급세단을 타고 다녔다. 백화점 매장에 들어서면 "어머, 나오셨어요~" 알은체에 내심 기세등등하며 다니기도 했다.

하지만 속을 들여다보면 그게 다 대출이었다. 거의 돌려막기였다고 해도 과장이 아니다. 여기서 대출받아 저걸 사고, 거기 대출이 어디로 들어가고……. 남편과 나! 각각 마이너스 통장도 매월 그득그득 채워 돌아갔다. 임대수입이 있기는 했지만 이자 내고 나면 실제 남는 건 없었다. 요란한 빈수레인 것이다.

다행히 지금 생각하면 천운으로 생활 터전을 외국으로 옮기게 되었고, 그 속에서 깨달음을 얻었다. 거품을 빼고 보여주기에서 벗어나자!

돌아오면서 명의뿐인 부동산을 모두 팔고 정리하니 서울 인근의 신도시 32평 아파트 전세값 조차도 부족해서 대출을 했다. 임대소득이 있는 상가 하나만 남겼는데 역시 깔고 있는 대출이 억대였다.

40대 | 대출갚아 아긴 이자 모아 내집마련!

9년 동안 어떠한 소문과 주위의 권유에도 흔들리지 않으며 집을 사지 않고 굳건히 전세로 지내며 대출을 갚아 나갔다. 대출은 최대한 빠르게 중도상환하여 월 납입이자를 줄였다. 그리고 저축, 저축, 그리고 또 저축, 저축했다. '월급쟁이 재테크 연구' 카페에서 푼돈목돈 재테크(가계부 작성법, 카드 사용법, 공과금 줄이기 등)를 배우고 행동으로 실천했다.

마침내 2016년, 대출 청산에 성공했다. 그리고 꿈에도 생각하지 못했던 in서울! 지금 살고 있는 집을 사서 이사한 지 3년이 되었다. 남편이 주택 생활을 원했고 두 아들이 양방향 각각(동일시간 소요) 시내버스로 통학할 수 있다는 게 결정적 이유이기도 했다.

'나는 루비(RUBY)'님의 예쁜 집에서 인증샷

여유는OK!사치는NO!절약은꾸준히!

누가 뭐래도 자동차는 사고 싶은 것에서 한 단계 내려 구매하고 가능한 오랫동안 바꾸지 않고 탄다. 얼마 안 된 차도 있지만 13년 된 자동차도 잘 타고 다니고 있다. 냉장고, 세탁기도 오랫동안 바꾸지 않고 썼다. 동생이 집에 올 때마다 "누나, 아휴~ 저 냉장고랑 세탁기! 전기세를 더 많이 낼 것 같지 않아?"라고 농담을 하곤 했다. 냉장고, 세탁기는 에너지효율 1등급 제품 구매 할인 행사가 있어서 최근에야 바꿨다. 당연히 스타일러, 건조기 등 최신 가전제품은 있을 리 없다. 양문형 냉장고조차 없다.

14년 된 세탁기 인증샷

에너지효율 1등급 인증샷

명품백, 수입자동차 등은 필요를 못 느낀다. 다만 필요하다 여기지 않을 뿐 아끼고만 사는 건 절대 아니다. 아이 둘 자라는 동안 가족끼리 30개가 넘는 나라를 틈틈이 자유롭게 여행 다녔다. 지금은 더더욱 사고 싶은 거 하고 싶은 거에 구애 없이 지낸다.

마지막으로 '월급쟁이 재테크 연구' 카페에서 은퇴 이후의 삶을 기획하고 있다. 냉파를 열심히 하고 매일 도시락도 쌀 것이다. 그리고 한 달 동안 생활비로 ○○만원만 쓰기에 도전하고 이벤트 사은품으로 받은 편의점 상품권 2,000원도 자랑스럽게 여길 것이다. 푼돈의 소중함을 알기에!

Refresh, Unique, Beautiful, Young이고 싶은 여자 50 '나는루비(RUBY)'였습니다.

100만 열광!
나에게 맞는 〈맘마미아〉 시리즈는?

20대 사회초년생	30대 맞벌이/외벌이 부부	40대 늦깎이 재테커

20대 사회초년생
- ✓ 난생 처음 돈 벌었다!
- ✓ 절약저축 습관을 키우고 싶다!
- ✓ 대책 없는 YOLO는 싫다!

30대 맞벌이/외벌이 부부
- ✓ 월급으로 대출금 갚고 싶다!
- ✓ 부업으로 돈 좀 벌고 싶다!
- ✓ 외식비 줄여서 적금 붓고 싶다!

40대 늦깎이 재테커
- ✓ 지금까지 저축밖에 몰랐다!
- ✓ 주식, 부동산 등 재테크 기초를 다지고 싶다!
- ✓ 자녀 경제교육을 함께 하고 싶다!

20대 추천!
- ·맘마미아 푼돈목돈 재테크 실천법
- ·90년생 재테크!
- ·맘마미아 21일 부자습관 실천북

30대 추천!
- ·맘마미아 월급 재테크 실천법
- ·맘마미아 냉파요리 시리즈
- ·왕초보 월백만원 부업왕

40대 추천!
- ·맘마미아 월급 재테크 실천법
- ·맘마미아 21일 부자습관 실천북
- ·맘마미아 어린이 경제왕

굿노트 PDF
가계부도 출시!

9년 연속 1등! 〈맘마미아 가계부〉는 남녀노소 필수템!

돈이 된다! 주식투자

김지훈 지음 | 24,000원

삼성전자만큼 매력적인
똘똘한 성장주 39 대공개!

- 돈 버는 산업도 내일의 금맥도 한눈에 보인다!
- 차트도 재무제표 분석도 어려운 왕초보도 OK!
- 〈포스트 코로나 투자리포트〉 쿠폰 무료 제공!

★ 네이버 최고 기업분석 블로거의 족집게 과외 3단계!
1. 좋아하는 기업을 찾는다.
2. 뒷조사를 한다.
3. 가장 쌀 때를 노린다.

돈이 된다! 스마트스토어

엑스브레인 지음 | 19,800원

네이버 No.1 쇼핑몰 카페 주인장
엑스브레인의 스마트스토어 비밀 과외!

- 취업준비생, 자영업자, 제2의 월급을 꿈꾸는 직장인 강추!
- 포토샵 몰라도, 사진이 어설퍼도, 광고비 없어도 OK!

★ 스마트스토어로 부자 되기, 단 5일이면 충분!
1일차 | 스마트스토어 세팅하기   2일차 | 상세페이지 만들기
3일차 | 상위노출하기   4일차 | 돈 안 내고 광고하기
5일차 | 매출분석하기

미국 배당주 투자지도

서승용 지음 | 22,000원

나는 적금 대신 미국 배당주에 투자한다!

- 미국 배당주 BEST 24 추천!
- 수익률 10% 고배당주, 1년에 4번 현금배당!
- 초보자도 쉽게 배우는 종목 분석 체크리스트 제공!

★ 월급쟁이부터 퇴직자까지 투자자 유형별 종목 추천!
1. 퇴직자라면? 고정배당 우선주(배당률 5~8%)
2. 월급쟁이라면? 배당성장주(배당률 2~4%)
3. 공격적 투자자라면? 고배당주(배당률 10%)

서울 연립주택 투자지도

이형수 지음 | 22,000원

서울 내집마련의 마지막 기회가 왔다!
5천만원으로 시작하는 신축아파트 투자법!

- 서울 연립주택 BEST 100 대공개!
- 대지지분, 용적률 등 돈 되는 알짜정보가 가득!
- 연립주택 4단계 투자법으로 왕초보도 간단하게!

부록 | 실시간 발품정보 '연립주택 AS 쿠폰' 제공

왕초보 유튜브 부업왕

문준희 지음 | 19,800원

소소한 용돈부터 월세수익까지
현직 유튜버의 영업비밀 대공개!

- 대본 쓰기부터 스마트폰 촬영,
  프리미어 프로까지 1권이면 OK!

- 조회수 Up! 구독자수 Up!
  3분 동영상 홍보비법 완벽 공개!

왕초보 유튜브 프리미어 프로

쟌느(이하나) 지음 | 23,000원

어도비 인정! 유튜버 인정!
쟌느의 고품격 '있어빌리티' 강의

- 70여 개 다양한 예제 수록!
- 동영상 강의 QR코드 제공!

★ 왕초보를 중고급자로 변신시키는 마법의 학습서!

1. 왕초보도 하루 만에 편집 기본기 완성!
2. 예능 자막, 영상 합성, 사운드 편집으로 고품격 동영상도 OK!